FRONTIERES
DU CONTE

FRONTIERES DU CONTE

avant-propos Michel LIOURE
Etudes réalisées par

James Austin
Bernadette Bricout
Béchir Garbouj
Dany Hadjadj
Daniel Madelenat
François Marotin
Lucette Perol
Claude Roussel
Alain Theil

Michel Bellot-Antony
Guy Demerson
Roger Gardes
Teresa Kostkiewicz
André Maraud
Alain Montandon
Françoise Rancoule
Jacqueline Tauzin
J. Vincenzo Molle

rassemblées par

François Marotin

EDITIONS DU CENTRE NATIONAL
DE LA RECHERCHE SCIENTIFIQUE
15 quai Anatole France - 75700 PARIS

1982

7ᵉ Circonscription du CNRS : Ain, Allier, Ardèche, Cantal, Côte-d'Or, Doubs, Haute-Loire, Haute-Saône, Jura, Loire, Nièvre, Puy-de-Dôme, Rhône, Saône-et-Loire, Yonne.

ISBN 2-222-03211-3

AVANT-PROPOS

Après les "approches de la littérature populaire", en 1979, le Département de Français de la Faculté des Lettres de Clermont, avec la collaboration d'enseignants appartenant à d'autres Instituts, venus d'Universités voisines ou représentant des pays étrangers, a choisi d'explorer les "frontières du conte".

Ce goût des lisières et des contours ne trahit aucune complaisance à la méthode de la "grande ceinture", aucune propension à une "circumnavigation mentale excentrique", attardée à cerner du dehors les abords d'un domaine au lieu de pénétrer hardiment au coeur du sujet. Il manifeste, avec modestie mais fermeté, la conscience aiguë de l'ambiguïté des genres et de l'imprécision des formules et des définitions communes.

Le conte, en effet, plus que tout autre genre, échappe aux étiquettes et aux catégories trop strictement tranchées. Depuis des décennies, la critique, avec un bonheur inégal, s'acharne à le définir en le distinguant du roman, du récit ou de la nouvelle. Mais tous les essais de typologie se heurtent à la diversité d'oeuvres infiniment variées dont on s'efforce en vain de découvrir le fil conducteur ou le dénominateur commun. La tâche est d'autant plus ardue que le corpus est plus étendu dans l'espace et dans le temps. De cet ensemble immense et mouvant qui va du Lai de Guingamor *au* Petit Chaperon Rouge *et des* Nouvelles de Bonaventure des Périers *aux* Trois contes *de Flaubert, où Diderot voisine avec Stevenson et Henri Pourrat avec Gabriel Garcia Marquez, où commence, où passe, où finit la "frontière" ? Si les présents essais ne sauraient aucunement constituer le relevé définitif d'un univers constamment en expansion, du moins contribuent-ils, pour leur part, à enrichir la carte et à préciser la géographie du conte.*

S'il peut paraître un peu vain de vouloir fixer, une fois de plus, des frontières aux contours mobiles et indécis, le parcours effectué permet, avec plus de profit, d'inventorier les avenues d'un monde où se croisent inextricablement les voies de la création. Le conte est effectivement l'un de ces carrefours privilégiés où se rencontrent et se mêlent indistinctement la tradition orale et la transcription écrite, les mythes collectifs et les fantasmes individuels, les structures sociales et les visions personnelles, les données de l'existence et les métamorphoses de l'art. Des "frontières" du conte, on s'"approche" alors, infailliblement, de ce coeur de l'imaginaire où s'aventure aujourd'hui la critique. C'est à cette exploration que nous convient, chacun dans sa perspective et sa spécialité, les travaux ici rassemblés.

Michel Lioure
Directeur du Département de Français
de la Faculté des Lettres de Clermont

PRESENTATION

A l'origine de ce livre se trouve le désir commun à dix-sept chercheurs français et étrangers de réfléchir sur un genre protéiforme, qui ne cesse et ne cessera de déconcerter. Qui n'en serait fasciné puisque son origine remonte à l'aube des civilisations et des cultures ? Son caractère oral fait problème en présence d'une littérature qui s'enorgueillit de ses monuments écrits. Aussi ne s'étonnera-t-on point si, dans les pages qui suivent, une question revient avec insistance : quels sont les rapports que le conte entretient tant avec la littérature orale qu'avec les genres élaborés de la littérature "savante" ?

Le conte oral s'inscrit dans des traditions. A ce titre, il s'inspire souvent de lointains thèmes mythiques. Parfois même sa structure est celle du mythe et relève des méthodes d'analyse qui lui sont appropriées : telles sont, par exemple, les conclusions auxquelles conduit une étude attentive du conte narré par le septième Sage dans le roman médiéval de Dolopathos. A côté de la tradition mythique, ce que l'on peut appeler la tradition fantastique pose la question de l'authenticité du récit. Tout conteur veut être cru, faire admettre le merveilleux comme la réalité même. Les lais narratifs "bretons" s'intéressent ainsi de près au statut du récit. Guingamor, qui s'apparente aussi bien au conte merveilleux qu'à la nouvelle fantastique, met en scène un héros qui, ayant cherché aventure et gloire, revient, et surtout trouve quelqu'un à qui raconter ce qui lui est arrivé. Le héros devient dès lors héros-conteur ; il réussit dans son entreprise héroïque dans la mesure précise où le récit de son aventure a été conservé, transmis, preuve qu'il est véridique puisqu'il donne à lire son origine. Produit d'une tradition, - et par conséquent authentique, - le récit garantit en retour l'authenticité de la tradition dont il est issu. Grâce à ce cercle, la fiction narrative possède une cohérence redoutable, qui est pour beaucoup dans le charme inquiétant qu'exercent encore nombre de lais narratifs "bretons".

L'extension de la littérature écrite en France contribue à renverser les perspectives. La préoccupation est moins de garantir l'authenticité du conte oral que de faire apparaître son infériorité devant des formes littéraires plus élaborées. Les contes deviennent un fonds dans lequel les littérateurs puisent des motifs. Bonaventure Des Périers, qui utilise dans ses nouvelles le motif de l'onomatopée, des cris bestiaux, revendique explicitement le rôle du conteur : transmettre une matière traditionnelle. Mais dans les contes exploités, les onomatopées fonctionnent comme des "enclancheurs" au sein d'une structure narrative rudimentaire : elles créent un effet d'étrangeté et cantonnent l'aboyeur, le siffleur ou le hennisseur dans un rôle d'"actant" sans rapport avec la réalité sociale. Chez Des Périers, en revanche, les onomatopées deviennent des idiolectes : les virtualités d'analyse psychologique sont développées, le récit quitte le domaine du conte pour entrer dans celui de la nouvelle, où apparaît le moment de la prise de conscience d'un destin. Surtout la convivialité de la nouvelle suppose la supériorité du langage articulé et fait déplorer l'échec de la communication, que masquait l'oralité du conte ; la forme simple du récit folklorique accède donc à la complexité de la forme littéraire dans la nouvelle.

Des Périers pose deux problèmes. D'abord celui de la communication : de ce point de vue, son attitude devant le conte oral trouve un lointain prolongement dans le conte humoristique américain et notamment dans cette étonnante shaggy-dog-story, véritable contre-conte aux origines folkloriques très profondes, dont le propos, inintelligible, est de n'en pas avoir, dont le résultat est de jouer un mauvais tour au public. . . et au conteur lui-même. Ensuite, le nouvelliste attire l'attention sur un aspect souvent méconnu du conte : le motif. Tel qu'il a été défini par Veselovski, il n'a que trop rarement été pris en considération par les critiques, et c'est dommage.

Parce qu'il diffère souvent d'une version à l'autre, on a estimé le motif accidentel, accessoire. Quelle importance, par exemple, si le loup de notre tradition orale invite le petit Chaperon rouge à choisir entre deux chemins - celui des Aiguilles et celui des Epingles - tandis qu'ils perdent leur nom dans la version de Charles Perrault ? Or l'étude de ce motif et de ses variantes éclaire d'un jour nouveau un conte très connu. Une lecture pluridisciplinaire qui utilise l'histoire, la lexicologie, l'ethnologie, permet de montrer combien l'écrivain, en escamotant ce motif dans son entreprise littéraire, déforme la tradition dont il se veut l'interprète : d'un conte initiatique, l'adaptateur savant fait un conte d'avertissement.

Ainsi une meilleure connaissance du conte passe-t-elle par une recherche de ses frontières du côté de la tradition orale. La tâche est difficile mais non point impossible. L'oeuvre et les travaux d'Henri Pourrat se prêtent tout particulièrement à pareille étude. Ils permettent, en effet, une comparaison linguistique minutieuse entre un corpus limité de littérature orale authentique - les contes oraux, dûment authentifiés, recueillis de la bouche même du menu peuple dans la région d'Ambert - et les contes populaires écrits auxquels ils ont donné naissance, publiés sous leur forme définitive dans le Trésor des Contes. Cette comparaison permet de saisir sur le vif les métamorphoses du conte dit ainsi que la difffficile quête de la fidélité au modèle populaire : depuis la fidélité de l'ethnologue jusqu'à ce que l'auteur de Gaspard des Montagnes considère comme la vraie fidélité, la fidélité du poète.

L'oeuvre de Pourrat présente un autre intérêt. Si elle donne l'occasion de préciser les rapports qu'entretiennent le conte oral et le conte écrit, elle permet d'étudier aussi la manière dont s'opère la transformation du conte en roman. Gaspard des Montagnes, en effet, est un roman né d'un conte populaire aux nombreuses versions, tant françaises qu'étrangères, et la métamorphose explique en grande partie les multiples difficultés rencontrées par le romancier. Pour construire le roman, Pourrat doit combiner, regrouper des épisodes empruntés à des versions divergentes et les insérer dans la trame extensible du conte ; en sens inverse, dans un deuxième temps, il est amené à abréger pour échapper à la confusion. Corrélati-

vement, il s'interroge sur le statut des personnages. Celui de Gaspard, organisateur de l'intrigue, prend une telle importance qu'il finit par supplanter le héros du conte ! Le roman déploie alors son originalité dans la riche psychologie de ses personnages, dans la vision précise de la province et du monde paysan, à peine esquissées dans le conte.

L'oeuvre de Pourrat fait apparaître dans son ambiguïté le statut du conte. En un sens, il existe un conte des conteurs et un conte des écrivains. L'un et l'autre se caractérisent par leur brièveté. Mais en l'un, domine le plaisir de raconter une histoire merveilleuse, extraordinaire, tenue pour vraie. En l'autre, le plaisir d'écrire se double d'une passion de la peinture des moeurs. Le conte moral français, dont les constantes peuvent être relevées de Marmontel à Eric Rohmer, montre ainsi un souci de réalisme, lié à la volonté didactique des écrivains : la substance du conte est faite d'épisodes authentiques, parfois vécus. Le conte se distingue toutefois du roman par la sobriété de la fiction, le refus de l'élément "romanesque", ainsi que par l'unité d'intention qui fait tout converger vers la fin attendue : l'univers du conte est un et son unité découle de la simplicité de l'intrigue.

La structure du conte moral n'est pas foncièrement différente de celle des autres contes. Toutefois le succès des contes français en Pologne au XVIIIe siècle fait apparaître un caractère spécifique : le narrateur, en effet, s'y distingue par son expérience et sa sagesse, par sa manière de raconter - par des procédés stylistiques et des signes de narrativité qui suggèrent les attitudes idéologiques, philosophiques ou didactiques précises. La fascination qu'il exerce est telle que le traducteur s'interroge sur la réception du conte dans son pays et, redoutant l'impact de sa traduction, est amené, grâce à de légères retouches stylistiques, à changer l'attitude du narrateur.

C'est que l'enjeu, dans le conte littéraire, est celui de la "vérité" en matière de fiction. Au sein de l'oeuvre prolifique de Rétif de la Bretonne, véritable contrepoint au discours narratif qui l'encadre, le conte permet de donner forme à un fantasme, de fixer un désir et un moment dans le travail de l'idéologie : de là les relations qui s'établissent entre l'utopie, l'inceste et l'histoire dans une oeuvre où le contrat social est aussi un pacte de désir. Mais, avant Rétif, Diderot, comme romancier ou comme auteur de "contes", pose le problème de la "vérité" avec plus d'ampleur. Il met en lumière l'importance décisive de la réception du conte et, très exactement, du rapport conteur/lecteur.

Un conte, intégré ou non à un roman, est pour cet écrivain ce qui n'est pas ou ne parvient pas à être crédible, quelle que soit l'exactitude des faits racontés. Dans Ceci n'est pas un conte, un texte d'allure expérimentale, Diderot fait se succéder deux narrations où il mêle à dessein personnages réels et inventés, circonstances exactes et possibles. Mais surtout, en cherchant à retrouver, au moyen d'un dialogue d'encadrement, les conditions du conte oral, il noue avec l'auditeur/lecteur une relation inhabituelle : il l'attire sur de fausses pistes, lui offre un rôle dans la narration, tout en l'empêchant de s'identifier en permanence au personnage censé le représenter. Il glisse dans le ton du récit des dissonances pour alerter le lecteur qui, désorienté, doit essayer de dégager la signification des récits, alors que l'auteur conteste par avance le parti qu'il prendra. Cette attitude critique, continuellement imposée au lecteur à l'égard de récits qui engagent des problèmes de morale non encore résolus pour l'auteur, associe la recherche formelle à la recherche philosophique : l'invitation au doute est dans l'énonciation et dans le message.

Un siècle plus tard, dans son ascétique quête de la beauté, Flaubert ne se divertit point comme Diderot aux dépens du lecteur. Le conte représente certes une thérapeutique, mais à son intention et non à celle des autres. Il est d'abord une thérapeutique de l'inspiration. En un moment où l'écrivain est obsédé par la sainteté, le conte constitue le cadre naturel des légendes, du surnaturel, du mystère, du merveilleux. Il aide à une purgation du sacré et crée les conditions pour un retour à la création romanesque. La thérapeutique est d'ordre stylistique aussi. Le dépouillement d'un récit bref permet de rompre avec la tentation du lyrisme, avec le démon du grand style dramatique, de renouer avec l'écriture romanesque et d'en préparer le renouvellement. Les Trois Contes, conçus comme des gammes littéraires, sont par excellence des contes de romancier.

Au XIXe et au XXe siècle, le conte prolifère dans la littérature mondiale. Combien de discussions pour le distinguer de la nouvelle ! Les définitions figées sont le plus souvent inopérantes. Les réponses ne peuvent être extérieures aux oeuvres. Le contenu événementiel et thématique de chacune a besoin d'un examen précis. Comment classer, par exemple, Janet La Torse *de R.L. Stevenson ? La parole collective y est présente ; le poids du pouvoir, des contraintes, l'échec des émancipations, dans la fable comme dans la narration ou les discours, confèrent au récit une respiration particulière. Les forces qui s'affrontent et s'entrecroisent donnent à l'histoire contée un tel degré de généralité qu'elle transcende le cas individuel ou les états d'âme plutôt caractéristiques de la nouvelle. Tout ceci constitue un argument pour reconnaître dans ce texte un conte d'où la quête de l'Un et une certaine dimension mythique ne sont pas absentes. Sans doute, la notion de conte doit-elle être conçue d'une façon large ; mais elle convient alors à ce récit troublant où le fantastique est plus inquiet, plus inquiétant aussi, plus insinuant même, que dans des contes à la manière de Gautier.*

Le conte est donc un genre aux contours flous. Il l'est dans toutes les littératures. Dans la culture hispanique tout particulièrement, l'acceptation du mot cuento *est des plus vastes. Toutefois la conscience de la spécificité de ce genre littéraire y reste vivace. Gabriel Garcia Marquez la tient pour évidente. S'il lui arrive de se servir du conte comme d'un exercice libératoire et investigateur facilitant le passage d'un roman à un autre, la conception qu'il en a est celle d'un genre dérivé du folklore. Ainsi peuvent être discernées les diverses manifestations d'un retour vers l'oral, alors même que le texte, avec sa densité de significations, révèle plus une surcharge baroque de l'écriture que la recherche d'une communication orale aux effets immédiats. Il est curieux de constater comment un écrivain qui se situe dans un courant littéraire moderne, celui du "réalisme magique", retrouve les procédés traditionnels du conte merveilleux et les utilise pour exprimer une problématique latino-américaine actuelle : le retour aux sources sert de révélateur aux énigmes du monde contemporain.*

Et si la lumière venait, en effet, de la rencontre du conte et de l'histoire ? Dans une perspective différente de celle de Garcia Marquez, Günter Grass manifeste la volonté de saisir le sens caché du monde d'aujourd'hui. A l'origine de la fiction, pense-t-il, était le conte, dont la forme sert de matrice romanesque. Projeté sur l'histoire, il devient roman par une métamorphose de toutes ses caractéristiques. Différent par nature du mythe, il est "dialectisé" par les interprétations de l'histoire et finit par devenir une image mystérieuse, obsessionnelle et parodique d'une vérité impossible à figer. Ainsi, dans Le Turbot, Grass imagine-t-il pour le conte qu'il emprunte à Runge, une autre version, opposée, mettant à jour la misogynie du narrateur. Entre les certitudes définies du conte et les incertitudes de l'histoire, oscille l'espace romanesque, figure de l'existence humaine, insatisfaite, à la recherche d'un troisième terme. Avec Günter Grass, ce sont les frontières du conte, conçues non point comme une délimitation mais comme un lieu d'échange, qui sont productrices d'un sens toujours en question.

Tel est, dans sa sinuosité, dans ses éclairages divers, le cheminement de ce livre. Procédant par coups de sonde, il ne prétend pas conduire à une synthèse illusoire ; au contraire, il met en garde. S'il est justifié d'exiger une étude aussi scientifique que possible du conte et des rapports qu'il entretient avec les autres domaines de la littérature et de la société, une grande prudence s'impose. Il n'est sans doute pas de théorie qui, à elle seule, puisse prétendre interpréter le conte d'une façon définitive. Il existe une multitude bigarrée de récits qui assurément ne sont pas irréductibles les uns aux autres, mais qu'il serait dangereux de vouloir réduire à un récit unique, fondateur, "le conte des contes". Autant la recherche d'une interprétation des contes est légitime, autant il serait stérile de se perdre dans des contes de l'interprétation. La conclusion paraîtra provocatrice aux uns, salutaire à d'autres. Son seul but est d'aider à la poursuite d'une recherche sérieuse sur un genre dont la richesse est inépuisable.

François Marotin

LE CONTE DES CONTEURS

CHAPITRE I

LE CONTE ET LE MYTHE
HISTOIRE DES ENFANTS-CYGNES

Le roman médiéval de *Dolopathos* (1), d'abord rédigé en latin par Jean de Haute-Seille vers la fin du XIIe siècle, puis rapidement traduit en français par un certain Herbert, est constitué d'une collection de contes qui sont présentés à l'intérieur d'un récit-cadre, à la manière des *Mille et une Nuits,* et dont la récitation publique vise à suspendre l'exécution d'une sentence injuste. Dans le récit-cadre, la seconde femme du vieux roi Dolopathos accuse par dépit le fils de celui-ci, né d'un premier lit, d'avoir voulu la violer (motif Putiphar). Le jeune homme est condamné à être brûlé vif, mais, au moment de l'exécution de la sentence, interviennent successivement les Sept Sages de Rome qui racontent des anecdotes montrant les dangers d'une décision hâtive ou l'incroyable perfidie des femmes. C'est ce dernier thème qu'illustre le conte du Septième Sage *(Les enfants-cygnes).* Il s'agit là d'une des premières attestations de la légende du Chevalier au Cygne, qui est explicitement rattachée par Herbert à l'histoire de la famille de Bouillon et sera finalement intégrée par ce biais au vaste cycle épique dit de la croisade.

La trame de cette histoire présente d'évidentes analogies avec le conte T. 707, dont Stith Thompson considère qu'il est l'un des huit ou dix contes les plus universellement répandus *(Three golden sons ; L'oiseau de vérité)* (2). On le trouve notamment attesté dans la littérature européenne depuis le XVIe siècle : Straparole *(Facétieuses Nuits,* IV, 3 : *Histoire de Lancelot. . .)* ; Madame d'Aulnoye *(La princesse Belle-Etoile et le prince Chéri)* ; Le Noble *(L'oiseau de vérité)* ; ainsi que dans l'adaptation des *Mille et une Nuits* faite par Antoine Galland *(Histoire des deux soeurs jalouses de leur cadette)* (3). Plusieurs de ces versions (Galland, Madame d'Aulnoye), largement diffusées par la littérature de colportage, ont profondément influencé, comme le signale Paul Delarue, la tradition orale française. Ce même folkloriste estime que l'histoire des enfants-cygnes connaît des éléments du thème propre au conte T. 707 qu'il mélange à d'autres appartenant au conte T. 451 (transformation animale) (4). Sans tenter d'entreprendre ici une étude de caractère génétique et historique, nous essaierons plus simplement de montrer que le conte narré par le Septième Sage et présenté par lui comme une sorte d'*exemplum,* non seulement s'inspire de lointains thèmes mythiques (5), mais surtout dessine une structure qui l'apparente au mythe, en posant, entre deux termes antagonistes, une relation d'exclusion que le récit se donne pour tâche de réduire. Dans cette optique, il importera finalement assez peu que le mythe étudié procède d'une lointaine tradition ou de l'inspiration plus personnelle d'un narrateur médiéval. Même si la première hypothèse semble plus solide, la seconde paraît cependant recevable, et témoignerait simplement du fait qu'un écrivain familier des motifs et des thèmes folkloriques peut retrouver spontanément un agencement des formes similaire à celui que révèle l'analyse structurale des mythes (6).

Analyse

Un jeune seigneur ("damoisiaus"), qui est aussi un grand chasseur, entreprend de poursuivre un cerf blanc ("un cerf plus blanc ke nois negie"). Mais il ne peut l'atteindre, perd sa meute et ses compagnons. Au coeur de la forêt, il débouche près d'une fontaine limpide dans laquelle une fée se baigne toute nue. Il s'empare d'une chaîne d'or abandonnée par celle-ci sur la rive, lui déclare son amour et lui jure qu'il va l'épouser. Serments réciproques qui suffisaient à cette époque lointaine, dit le narrateur, à sceller le mariage. Les deux jeunes gens passent la nuit près de la fontaine, "sor l'erbe fresche qui verdoie", et conçoivent sept enfants (six fils et une fille). C'est du moins ce que la demoiselle "que perdut ot non de pucelle" lit dans les étoiles et dont elle est "espoantee".

Le jeune homme, accompagné de sa femme, revient donc dans son château. Il y est bien accueilli, excepté par sa mère (le narrateur précise qu'il "n'avoit mais point de pere") qui craint "que sa brus ne soit del tot dame". Mais comme celle-ci ne peut convaincre son fils de renoncer à ce mariage elle décide de faire bon visage à sa bru afin de pouvoir plus commodément la trahir. L'occasion se présente au moment de la naissance des sept beaux enfants, tous pourvus d'une chaîne d'or autour du cou. Sur ordre de la reine-mère, les enfants sont abandonnés dans la forêt où ils sont recueillis par un vieillard ("philosophe") qui les nourrit grâce au lait d'une biche, et remplacés par sept chiots. La mère du roi montre les chiens à son fils :

"Biax fix, ce sont ti monstre

Dont ta fame c'est delivree.   *Biax filz douz, a sa porteüre*
Tu dissoies k'elle estoit fee.   *Puet on connoistre sa nature".*

Prenant sa femme en horreur, le prince décide de la faire enterrer jusqu'aux seins dans son palais, et de la traiter de manière humiliante. La fée subit ce châtiment injuste pendant sept années.

Pendant ce temps, les enfants grandissent grâce au lait de la "cerve" sauvage. Un jour, le père, qui était à la chasse, aperçoit au plus profond de la forêt ces beaux enfants avec des chaînes d'or. Il essaie de les approcher, mais ceux-ci s'enfuient et il ne peut les rattraper. De retour à son palais, il raconte son aventure à sa mère. Apprenant ainsi la survie des enfants, la reine exige que son serviteur, qui a pris autrefois l'initiative de les laisser vivre, aille leur dérober leurs chaînes d'or. Après trois jours de recherches, celui-ci surprend les six frères en train de se baigner dans une rivière "an samblance de cignes". Ils ont laissé leurs chaînes sur le rivage à la garde de leur soeur. Le serviteur parvient à les dérober toutes, excepté celle de la fillette. Il les rapporte à la reine-mère qui les confie à un orfèvre avec mission de lui en faire un hanap. Mais celui-ci ne peut ni entamer les chaînes à coups de marteau, ni les faire fondre. Il arrive tout juste à briser l'un des anneaux d'une chaîne. Voyant qu'il n'en tirera rien, il cache ces chaînes, prend de l'or qui lui appartient et fabrique le hanap demandé que la mère met aussitôt dans son coffre.

Les frères, qui sont condamnés à garder leur forme de cygnes, et la soeur, qui à volonté "cigne et femme estre pooit", volent vers un étang qui leur semble agréable et qui se trouve près du château de leur père, imposant édifice qui est alors longuement décrit. Les enfants vivent autour de cet étang. La fillette va demander l'aumône au château et éprouve une grande sympathie pour la fée enterrée dans sa fosse. Un jour, le roi convoque la fillette, remarque la chaîne d'or autour de son cou et lui pose des questions sur ses origines. Mais la reine mère entend cette conversation et commande à son serviteur de tuer l'enfant. Dieu, toutefois, ne permet pas ce crime et, au moment où le serviteur va frapper de son épée la fillette qui retourne vers l'étang, surgit le roi qui exige des explications et découvre ainsi toute la vérité. On fait venir l'orfèvre qui restitue les chaînes ; mais celle qui a été entamée a perdu son pouvoir magique et un des garçons est condamné à conserver l'apparence d'un cygne. C'est lui qui tirera le navire sur lequel se tient le chevalier au cygne, ancêtre de la famille de Bouillon. Quant à la fée, on lui prodigue des soins, de sorte qu'elle retrouve sa beauté, et la mauvaise reine est précipitée à son tour dans la fosse.

La structure du récit est simple et présente trois séries parallèles qui comportent toutes une rencontre suivie d'un méfait :

1 – Le roi rencontre la fée dans la forêt. Il l'épouse et sept enfants naissent. Le méfait consiste dans le rapt des enfants auxquels sont substitués sept chiots. La fée est condamnée, mais non tuée, et les sept enfants échappent à la mort et sont recueillis.

2 – Le roi rencontre les sept enfants dans la forêt. Il en parle à sa mère. Le méfait consiste à voler les chaînes, ce qui a pour effet de maintenir les enfants sous leur forme d'oiseaux. Mais la chaîne de la jeune fille reste en sa possession et les autres chaînes ne sont pas détruites.

3 – Le roi rencontre la jeune fille. L'Agresseur entend leur conversation. Le méfait consiste en une tentative de meurtre sur la personne de la jeune fille. Celle-ci échoue à cause de la présence et de l'intervention du roi. Découverte de la vérité et élimination de l'Agresseur.

Les deux premières séquences sont strictement parallèles : rencontre dans la forêt à l'occasion d'une partie de chasse, suivie d'un méfait (1 - les enfants sont présentés comme étant des chiens ; 2 - les enfants deviennent des cygnes). Dans la troisième séquence, le lieu de la rencontre se déplace (palais), le méfait change de nature (meurtre) et la présence du roi libère une parole authentique qui permet la manifestation de la vérité. L'acteur qui joue le rôle du héros est multiple (la fée, les six frères, la soeur) encore que le risque d'éclatement du procès narratif soit limité par le lien généalogique évident qui unit ces différents personnages. De plus, il s'agit toujours d'un héros-victime (7) qui ne passe jamais à l'offensive, mais subit les coups que lui porte l'Agresseur. L'Adjuvant est également multiple :

1) le serviteur qui ne tue pas les enfants mais les expose ; le philosophe ;

2) le serviteur qui ne dérobe que six chaînes ; l'orfèvre qui substitue à l'or des chaînes un autre métal ;

3) le roi qui interrompt l'Agresseur.

L'unité du récit est sauvegardée par le caractère unique – et obstiné – de l'Agresseur (la mère du roi et son serviteur). Il n'y a pas d'Auxiliaire magique et le rôle de l'Adjuvant se borne à limiter la portée du méfait infligé au héros.

L'argument du récit est d'une grande simplicité et consiste au fond à narrer comment un jeune et puissant seigneur va conquérir au fond des bois une jeune femme (une "fille-forêt" pour reprendre l'expression de Jacques Dournes (8) qui donnera le jour à une illustre lignée. Sous les raisons de caste qui le justifie, le méfait témoigne du conflit, qui se trouvera finalement surmonté, entre le monde de la nature et celui de la culture. Le déroulement du récit illustre ce processus de médiation. Dans la séquence 1, et encore au début de la séquence 2, l'espace heureux est celui de la forêt, au sein duquel d'ailleurs, à deux reprises, *s'égare* le damoiseau. Mais, dès la fin de la deuxième séquence, se manifeste le pouvoir d'attraction de l'espace humain : les cygnes viennent s'installer dans un étang situé près du château. On comprend alors pourquoi c'est à ce moment précis que l'auteur place une très longue description de la demeure princière (59 vers) qui insiste à la fois sur le caractère inexpugnable et opulent de celle-ci. A partir de là en effet, la forêt s'estompe avec ses sortilèges, le jeune prince renoue avec cette part obscure de lui-même dont il éprouvait douloureusement et secrètement l'absence, l'humanité des enfants s'affirme, sans renier pour autant son enracinement sylvestre et animal. Ainsi le mythe exposant l'origine d'un héros civilisateur et la légende généalogique qui évoque l'origine d'une ligne célèbre procèdent d'un dessein similaire et il n'est pas surprenant que la seconde se coule aisément dans le moule que lui offre le premier.

Au goût de la chasse qui mène le "damoiseau" princier vers la forêt répond et s'oppose l'instinct qui conduit les cygnes vers l'étang seigneurial. Quant au chasseur infatigable, il s'emploie dès lors à apprivoiser les oiseaux en leur faisant porter avec précaution pain et blé, nourriture servie à heures fixes, et qui atteste que s'est engagé un processus d'intégration. L'opposition entre le monde naturel (qui est aussi surnaturel) et le monde social est donc mise en scène dans le développement narratif qui propose finalement une réconciliation, source de grands bienfaits. La manifestation de la vérité est amenée du reste par la conjonction de ces deux ordres : la présence de la chaîne autour du cou de la jeune fille (monde surnaturel) et le récit de la fillette qui suppose la maîtrise de la parole (monde social - on notera en effet que la fée est quasi-muette dans tout le récit). Explicitant cet aspect, mais perturbant du même coup la disposition symétrique des éléments opposés, le conte 707 confie la révélation ultime à un agent spécialisé, l'oiseau de vérité, l'oiseau qui dit tout, qui associe de manière analogue le monde animal (oiseau) et cet attribut éminemment culturel qu'est la parole. Tout au long de son déroulement, le conte du

Septième Sage multiplie de la sorte les effets de contraste, les situations inversées qui rappellent dans sa structure même, et de manière redondante, le conflit qu'il met en scène.

Il en est ainsi du ressort narratif de la substitution. Celui-ci est utilisé dans la séquence 1 et dans la séquence 2, mais il s'exerce dans des directions opposées. En 1, où il est manié par l'Agresseur, il consiste à remplacer les *enfants merveilleux* par des *chiots ordinaires*. En 2, où c'est au contraire l'Adjuvant qui y recourt, il consiste à remplacer l'*or merveilleux* par de l'*or ordinaire*. Dans le premier cas, l'accouchement est ainsi censé produire un résultat contre nature. Alors que la naissance des sept enfants nantis de leurs chaînes d'or n'était nullement perçue comme une infraction à l'ordre des choses, mais tout au plus comme une sorte d'exaltation, d'amplification hyperbolique des possibilités naturelles (une surnature en somme), la présence incongrue des sept chiots est ressentie comme monstrueuse (anti-naturelle). Dans le second cas, on se rappelle que la méchante reine, afin de rendre inutilisables les chaînes magiques, projetait d'en faire un objet manufacturé, en l'occurrence un hanap. C'est en effet la chaîne qui relie l'univers merveilleux à l'univers humain. Confisquer les chaînes en les réduisant à un objet de culture (le hanap), c'est disjoindre les deux mondes, empêcher toute communication entre eux et enfermer les enfants dans leur statut animal. Mais il se trouve que l'or merveilleux est rebelle à toute manipulation s'inscrivant dans le cadre de l'industrie humaine. Alors que la substitution opérée par l'Agresseur tendait à instituer une anomalie, celle qu'effectue l'orfèvre tend au contraire à dissimuler une anomalie. Dans les deux cas pourtant, le point de départ est identique : il s'agit d'un élément d'ordre surnaturel, c'est-à-dire qui dépasse ou qui extrapole les possibilités ordinaires que révèle l'observation (naissance des sept enfants, métal impossible à travailler). L'ordre social résoud à sa manière le défi que lui posent de telles situations inassimilables en éliminant, mais seulement de manière provisoire, ces causes de désordre.

L'histoire des enfants témoigne encore, sous une autre forme, des mêmes antagonismes : les enfants sont conçus dans la forêt, près de la source, mis au monde au château, abandonnés dans la forêt, et recueillis par un "viel home", "philosophe ki moult savoit" et "de clergie se traveilloit". Ce savant vieillard qui veille sur les enfants pendant sept années et les instruit ("Com ses enfans les norrissoit") est un substitut inversé du père ("damoisiax" *vs* "viel home" ; chasse un cerf *vs* apprivoise une biche) et a aménagé au fond des bois une sorte de tanière pour s'en faire une habitation ("D'une *fosse* ot faite *maison*"). Il constitue de ce fait un excellent médiateur entre le monde de la nature et celui de la culture. Au-delà de son objectif avoué (témoigner de la perfidie féminine), le récit du Septième Sage met donc en jeu des tensions antagonistes, à la manière de celles qui s'expriment dans les mythes. Nous reprendrions volontiers à notre compte la question que pose Jacques Dournes dans un contexte culturel tout différent : "L'ambiguïté du personnage animal ne signifierait-elle pas la double dimension de l'homme qui est nature et culture, et surtout que l'être vrai ne serait pas l'être "social", tel qu'il se montre dans son jeu de société, mais l'être-ailleurs avec toutes ses possibilités, que nous pouvons percevoir, une fois nos yeux dessillés, de l'autre côté du miroir (ou du rocher, ou du mur), dans l'imaginaire du rêve et du mythe ? " (9).

Si le thème du récit semble donc relativement facile à circonscrire et prend place au demeurant parmi les préoccupations les plus constantes et les plus universelles de l'esprit humain, ce sont les modalités de son incarnation narrative qui retiennent ici l'attention. En effet, le principe d'inversion, déjà signalé ci-dessus, et qui inscrit dans la structure même du conte le conflit qui le fait vivre et qu'il se donne pour tâche de réduire produit une double transformation de la scène initiale (rencontre de la fée au bain), dans le premier cas par substitution des acteurs (bain des enfants-cygnes), dans le second en présentant une sorte de négatif de la scène initiale (châtiment de la fée).

La fée surprise à son bain est un motif très répandu du folklore universel dont la littérature médiévale se fait assez largement l'écho : un jeune homme surprend des fées qui se baignent dans une rivière, leur dérobe leurs vêtements et n'accepte de les restituer que contre un don qu'elles lui accordent. C'est, pour n'en citer qu'une seule attestation médiévale témoignant d'un esprit différent de celui qui anime le *Dolopathos*, le motif d'ouverture du fabliau intitulé *Du chevalier qui fit les cons parler*. Comme l'écrit excellemment G. Bachelard : "Quelle est donc la fonction sexuelle de la rivière ? C'est d'évoquer la nudité féminine (...). L'eau évoque d'ailleurs la nudité *naturelle*, la nudité qui peut garder une innocence (...). L'être qui sort de l'eau est un reflet qui peu à peu se matérialise : il est une *image* avant d'être un *être*, il est un désir avant d'être une image." (10). L'organisation de la scène dans le *Dolopathos* est très proche de celle qu'offre le lai de *Graelant* : Graelant poursuit une biche blanche, aperçoit la fée, lui confisque d'abord ses vêtements, accepte de les lui rendre à condition qu'elle vienne les chercher, la viole et, après s'être excusé de sa brutalité, finit par lui promettre amour et fidélité. Le plus curieux est peut-être cependant la révélation faite par la fée :

> "por vous ving jou a la fontainne,   315
> por vous souferai jou grant painne,
> bien savoie ceste aventure." (11)

Ces propos éclairent sans doute la situation du *Dolopathos*. Le jeune chasseur ne doit sa bonne fortune ni au hasard ni à son caractère entreprenant, mais bien à la logique d'un scénario minutieux, ourdi par la fée elle-même, dont le cerf blanc ou la biche blanche ne sont vraisemblablement qu'un avatar. C'est la fée qui souhaite cette union et la prépare, en dépit des tourments et des malheurs que sa connaissance de l'avenir lui permet de prévoir :

> A mie nuit la damoiselle   9275
> Que perdut ot non de pucelle,   Et vit ke conseüt avoit
> Au cors des estoiles esgarde ;   VI fiz et une damoiselle.
> Ne fut pas folle ne musarde ;   Son signor en dist la novelle,
> Par nature assez an savoit,   Mais moult an fut espoantee ;

Il faut ajouter cependant que l'orientation des deux textes est opposée, ce qui, là encore, nous semble-t-il, permet de les éclairer l'un par l'autre. Alors que Graelent est finalement capté par l'Autre Monde, c'est, dans le *Dolopathos*, la fée qui est absorbée par le monde humain. De même, alors que les souffrances prévues par la fée de *Graelent* sont apparemment d'ordre psychologique et causées par la trahison de son ami, les souffrances ressenties par la fée du *Dolopathos* sont d'ordre physique et liées à son rôle d'épouse et de génitrice. Ainsi, à une oeuvre qui privilégie le couple, l'amour comme facteur d'exclusion sociale, et, finalement, la fuite dans l'Autre Monde, s'oppose une oeuvre qui met l'accent sur la maternité, la lignée et l'intégration à la société féodale.

Dans le lai de *Graelent*, comme dans celui de *Guingamor*, ou encore dans le fabliau mentionné, ce sont les vêtements de la fée, abandonnés sur le rivage, que dérobe le héros et c'est une sorte de pudeur qui empêche la fée de sortir de l'eau. Dans le *Dolopathos*, le jeune homme s'empare de la chaîne d'or de la fée :

> *La chaaigne estoit sans doute*   9253
> *Sa vertu et sa force toute ;*
> *N'ot pas pooir de soi desfandre.*

Les contes folkloriques sont à cet égard plus explicites. Nous en évoquerons deux, très semblables, et provenant approximativement des deux extrémités de l'Eurasie. Le premier est un conte d'Ouessant :

    Un jeune pâtre de l'île d'Ouessant qui gardait son troupeau sur le bord d'un étang, surpris de voir s'y reposer des cygnes blancs, d'où sortaient de belles jeunes filles nues, qui, après le bain venaient reprendre leur peau et s'envolaient, raconta la chose à sa grand-mère ; elle lui dit que ce sont des filles-cygnes, et que celui qui parvient à s'emparer de leur vêtement les force à le transporter dans leur beau palais retenue dans les nuages par quatre chaînes d'or (12).

Le second est une légende bouriate :

    Un chasseur aperçoit un jour trois beaux cygnes sur un lac. Il les suit et voit qu'ils se transforment en femmes. Le chasseur dérobe les plumes de l'une des femmes-cygnes et, ne pouvant plus reprendre sa forme première ni par suite voler, celle-ci demeure à sa merci. Il s'en empare, l'épouse ; elle lui donne six enfants. Finalement, elle reprend ses plumes et redevient cygne (13).

La fée est donc une femme-oiseau (femme-cygne) comme le confirme, du reste, dans le *Dolopathos*, la double nature des enfants. Quant à la chaîne, elle est un substitut du plumage abandonné sur le rivage. Sa présence illustre une sorte de clivage du merveilleux, qui fait désormais appel à un objet extraordinaire, un talisman, détenteur privilégié d'un pouvoir magique qui appartenait dans les contes cités à l'être lui-même. Il faut toutefois prendre garde au fait que c'est la confiscation des plumes qui contraint la fée bouriate à demeurer l'épouse du chasseur. Dès que la fée retrouve ses plumes, elle s'éclipse. Or, dans le *Dolopathos*, il n'est plus jamais, après le rapt initial, fait mention de la chaîne d'or de la fée. Lui est-elle rendue ? Est-elle placée hors de son atteinte ? Le conte est muet à ce sujet, mais les leçons du folklore incitent à opter pour la seconde hypothèse. Le *Dolopathos* et les contes s'accordent en outre sur un point capital : la fée se baigne sous l'aspect d'une femme qui a momentanément abandonné ses attributs magiques. Or, lorsque le serviteur surprend les enfants au bain, alors que ceux-ci ont laissé leurs chaînettes sur le rivage, il les aperçoit "an samblance de cignes". La scène constitue donc une reprise symétrique et inversée de la scène initiale. La fée est femme à la fontaine et le rapprochement esquissé avec les contes laisse entendre qu'elle est ordinairement cygne avant son mariage. Les sept enfants sont ordinairement humains mais cygnes à la fontaine (14). On comprend du même coup l'intérêt narratif de l'invention de la chaîne : s'il est possible que la fée abandonne son plumage (son animalité) sur la berge, il est plus difficile de représenter les enfants y déposant leur humanité et nous ne connaissons aucun conte qui s'y essaie. La chaîne permet de signifier la double nature des personnages sans en représenter les deux composantes. Elle symbolise un lien, une solidarité, ou, comme nous l'avons déjà dit, un passage. La représentation inversée des deux scènes laisse toutefois penser qu'un changement s'est produit dans l'intervalle qui les sépare et que la part respective d'animalité et d'humanité joue selon des proportions différentes : dans un cas comme dans l'autre, le rapt de la chaîne oblige ceux qui en sont victimes à revêtir une apparence qui masque leur nature profonde ou, plus exactement, les fige dans un état qui n'est pour eux qu'exceptionnel.

Quelque peu déroutant si on le considère isolément, l'épisode du châtiment de la reine s'inscrit, semble-t-il, dans le même processus logique :

> Sans plus targier et sanz plus dire,   9506
> C'onkes ne volt parole oïr,
> Maintenant la fist enfoïr   Qu'escuierç garson et sergent
> An son pallais jusq'as mameles   Tuit sor son chief lor mains lavassent,
> Que elle avoit blanches et beles.   A ces chevox les essuaissent
> Bien fut sa grant amor chaingie   Qui tant estoient cler et sor
> Qu'il comandait a sa maisnie   C'estoit avis k'il fussent d'or'
> Que grant ne petit ne menor   A grant honte la fist traitier,
> Ne li portassent point d'onnor   Qu'il comandait au panetier
> Et comandait tote sa gent   Que del pain as chiens fust peüe.
>   Trop fut en grant vilteit tenue.

Pendant sept ans, la reine subit ce châtiment pénible (15). Ses vêtements pourrissent, sa peau noircit, ainsi que ses cheveux blonds. Elle maigrit et perd sa beauté. Il s'agit donc d'un traitement humiliant dont les versions du conte T. 707 conservent ordinairement la trace :

— Straparole : (trad. Louveau-Larivey) : "Le roy ne peut avoir le coeur de la faire mourir, mais commanda qu'on la mit dessous le lieu où on lave les escuelles et qu'elle vesquit des immondices et charongnes qui tomboient incessamment de ce puant lieu."

— *Mille et une nuits* (Galland) : "Qu'on lui fasse un réduit de charpente à la porte de la principale mosquée, avec une fenêtre toujours ouverte ; qu'on l'y enferme avec un habit des plus grossiers et que chaque musulman qui ira à la mosquée faire sa prière lui crache au nez en passant".

— *Conte de Haute Bretagne* (16) : "Le roi était très en colère : il fait mettre sa femme à la porte de l'église dans un grillage et tout le monde qui rentrait à l'église, fallait lui cracher au visage."

Madame d'Aulnoye transforme ce châtiment barbare en bannissement. Toutefois, au moment du remariage du roi, que feront finalement échouer les révélations de l'oiseau merveilleux, elle précise qu'on amène *la pauvre reine, liée par le cou, avec une longe de cuir, et les trois chiens attachés de même. On la fit avancer jusqu'au milieu du sallon, où étoit un chaudron plein d'os et de mauvaises viandes, que la reine mère avoit ordonnés pour leur dîner.*

Mère présumée de chiens, la reine est traitée comme un chien et c'est peut-être pour cette raison que le roi du *Dolopathos* commande "au panetier / Que del pain as chiens fust peüe." Toutefois, un tel rapprochement demeure superficiel et laisse trop de points dans l'ombre. Il ne peut ni rendre compte de l'ensemble de la scène ni expliquer le rôle joué par celle-ci dans le roman. Un détour par le *mabinogi de Pwyll* (fin XIe - début XIIe siècle) (17) dont un épisode présente une évidente analogie avec notre conte, aidera à préciser ces questions. Pwyll, prince de Dyvet, entend parler de l'apparition, sur un tertre, d'une jeune femme très richement vêtue, montée sur "un cheval blanc-pâle, gros, très grand." Aucun cheval, aussi rapide soit-il, ne parvient à la rattraper, bien qu'elle ne paraisse pas augmenter son allure. Après plusieurs tentatives, Pwyll finit par lui crier : "Jeune fille, pour l'amour de l'homme que tu aimes le plus, attends-moi ! " La cavalière s'arrête aussitôt, déclare s'appeler Rhiannon et être éprise de Pwyll. Le mariage a lieu et, après divers épisodes, Rhiannon donne naissance à un fils qui lui est immédiatement et mystérieusement enlevé pendant que dorment les servantes. Celles-ci, craignant une punition sévère, prennent des petits chiots, les tuent, barbouillent de leur sang le visage et les mains de Rhiannon, jettent les os devant elle et affirment, malgré les dénégations de la reine, que celle-ci a dévoré son enfant (18). "Voici la pénitence qu'on lui imposa : elle resterait pendant sept ans de suite à la cour d'Arberth, s'assoirait chaque jour à côté du montoir de pierre qui était à l'entrée, à l'extérieur, raconterait à tout venant qui lui paraîtrait l'ignorer toute l'aventure et proposerait aux hôtes et aux étrangers, s'ils voulaient le lui permettre, de les porter sur son dos à la cour.". On a souvent fait remarquer que cette punition atteste la nature de déesse-jument de Rhiannon (19) (cf. *Epona* gallo-romaine) mais il faut aussi observer, semble-t-il, que la scène du châtiment *inverse* de manière systématique la scène de la rencontre :

1 — Pwyll s'assoit sur un tertre d'où il voit s'éloigner une femme à cheval *vs* Rhiannon s'assoit à côté d'un bloc de pierre et voit venir vers elle des voyageurs (à pied ?) ;

2 — Rhiannon est portée par un cheval *vs* Rhiannon porte les étrangers sur son dos ;

3 — Rhiannon doit être interpellée *vs* Rhiannon doit interpeller les étrangers et raconter son histoire.

De manière analogue, la scène du châtiment de la fée dans le *Dolopathos* paraît constituer une sorte de négatif de la rencontre initiale. La fée qui se baigne dans la fontaine

> *Dont l'aigue cort et sainne et bele*   9231
> *Blanche et nete sor la gravelle*

évoque un monde de paix et de pureté. Comme le dit encore Bachelard, en commentant après Renan, l'expression de *fleuve aux belles vierges*, "les flots reçoivent la blancheur et la limpidité par une matière interne. Cette matière, c'est *de la jeune fille dissoute.*" (20). Or, la jeune femme est enterrée dans le palais (*vs* immergée dans la forêt) sous un filet d'eau, sale semble-t-il (*vs* nappe d'eau claire) et, de même qu'il y a connivence entre l'eau pure et la jeune fille, la terre et les ordures impriment leur marque sur la personne de l'héroïne :

Sa color fut tainte et palie,	*Furent si crin noir devenut ;*	9537
Sa blanche chars tote nercie ;	*Perdue ot toute sa color*	
Del grant mal k'ele ot sostenut	*Por la painne et por la dolor.*	

Tout se passe comme si la domestication de la femme surnaturelle ne parvenait pas à se stabiliser dans une zone médiane, engendrant une situation d'équilibre, mais atteignait, au terme d'une sorte de mouvement oscillatoire, un point que le récit caractérise en l'affectant, de manière redondante, de signes opposés à ceux qu'offre la scène initiale. C'est par la réduction progressive de cet intervalle que le conte chemine vers une situation finale stable.

Ainsi donc se superpose au découpage en séquences narratives mentionné au début de cette étude une autre structure plus abstraite qui répond à une double démarche logique : poser d'abord deux termes perçus comme inconciliables et combler ensuite le vide ainsi créé entre ces deux termes opposés. Brutalement arrachée à sa source forestière, la fée est enterrée dans le palais, au milieu des détritus de la société humaine, mécanisme d'inversion qui exprime une antinomie fondamentale. Mais dans l'intervalle qui sépare ces deux pôles antagonistes, se met en marche un processus de médiation, grâce au personnage collectif des enfants ; en effet, ceux-ci présentent des caractéristiques communes avec leur mère, mais orientées dans des directions opposées ; de plus, ils parcourent un itinéraire identique au destin fortement contrasté de leur mère, mais d'une manière atténuée et progressive (sept années) qui permet en définitive leur intégration. A la forte disjonction marquée entre le bain dans la source claire et l'enfouissement dans le palais, se substitue une disjonction plus faible entre le bain dans la *rivière* au milieu des bois et le bain dans l'*étang* seigneurial. Une atténuation du même ordre caractérise la nourriture donnée aux cygnes ("demeis pains et (...) antiers, et char et poissons" 9790-1) et à la fillette ("Del relief son pere vivoit / Del pain et de ceu k'il avoit." 9807-8) par rapport au "pain as chiens" réservé à la fée. A l'intérieur d'un schéma d'exclusion se dessine donc, par un jeu complexe de transformations et de glissements, une voie possible de réconciliation.

C'est un des intérêts du conte raconté par le Septième Sage que de laisser clairement apparaître ces antagonismes et de révéler ainsi les mécanismes mis en oeuvre par le conte pour surmonter l'antinomie logique qu'il s'est lui-même donnée. On chercherait en vain à retrouver cette structure dans diverses adaptations littéraires de ce conte, et notamment dans les différentes versions de la *Naissance du Chevalier au Cygne.* C'est pourquoi l'épithète *mythique* paraît apte à caractériser le conte des enfants-cygnes, tel qu'il apparaît dans le *Dolopathos.*

Claude Roussel

CHAPITRE II

LA TRADITION FANTASTIQUE OU LE HEROS CONTEUR :
LE LAI DE GUINGAMOR

Le lai de *Guingamor*, composé probablement à la fin du XIIe siècle, nous a été conservé par un manuscrit de la fin du XIIIe ou du début du XIVe siècle (1), qui regroupe vingt-quatre poèmes narratifs brefs annoncés en tête du premier feuillet par la rubrique *Ci commencent les lays de Bretaigne*. Son texte (2) est la cinquième pièce du recueil. Il est précédé de la rubrique *C'est le lay de Guingamor*.

On peut donc tenir pour assuré que le mot *lai* désigne, pour le rubricateur, un sous-genre narratif qui se distingue du roman par sa brièveté et du fabliau par son carac-tère sérieux.

Mais le mot *lai* figure aussi dans le texte lui-même : il y désigne une pièce musicale composée jadis en Bretagne et dont le titre conserve le souvenir d'un héros ou d'une aventure. Le récit se définit, dans le prologue et dans l'épilogue, par sa fidélité à cette source (3) :

D'un lay vos dirai l'aventure	*Por l'aventure reconter*	
Nel tenez pas a troveüre ;	*En fist li rois. I. lai trover.*	
Veritez est ce que dirai :	*De Guingamor retint le non,*	
Guingamor apele on le lai. 1-4	*Einsi l'apelent li Breton.* 675-8	

L'aventure d'un lai (v. 1), ce sont les circonstances de sa composition, notamment *l'aventure* que le lai commémore (v. 675) et dont son titre conserve le souvenir.

Le narrateur s'inscrit donc d'emblée dans une tradition : les conventions du genre de récit qu'il pratique lui interdisent de prétendre avoir été témoin des faits qu'il rapporte.

Le récit proprement dit confirme cet éloignement dans l'espace et dans le temps :   *En Bretaingne ot .I. roi jadis ...*   5

On trouve ici une nouvelle justification du titre donné au recueil. *Guingamor* est un lai de Bretagne parce que les faits racontés se sont déroulés jadis en Bretagne. Or, dans le lai de *Bisclavret* (4), un *sages hum* réussit à convaincre son auditoire que l'animal qui est là devant eux pourrait bien être un loup-garou grâce à cet argument sans réplique :

> *Meinte merveille avum veü*
> *Quë en Bretaigne est avenu.* 259-60

Autrement dit, en Bretagne, tout peut arriver ! Cette localisation géographique autorise en effet toutes les invraisemblances en les inscrivant dans une mythologie familière au public. Ainsi, si l'on superpose au lai de *Guingamor* des lais comme *Désiré, Graelent, Guigemar, Lanval, Mélion,* en ne retenant que ce qui apparaît dans plus d'un texte, on voit se dessiner un récit cohérent dont voici les grands traits :

Le lieu où Guingamor croit passer deux jours alors que trois siècles se sont écoulés dans l'univers des simples mortels est l'Autre Monde celtique. C'est le séjour des Bienheureux et le domaine des Dames à la beauté incomparable et aux pouvoirs surprenants. Elles jettent parfois leur dévolu sur un jeune homme insensible à l'amour des mortelles, souvent un chasseur, qu'elles attirent à elles par la poursuite d'un animal extraordinaire par sa taille ou par sa couleur. Le jeune homme pénètre dans l'Autre Monde sans s'en rendre compte. Il rencontre la Dame non loin d'une rivière, ou près d'une fontaine où elle se baigne nue. Il s'empare de ses vêtements pour avoir prise sur elle mais elle lui fait alors comprendre qu'elle a voulu tout ce qui arrive : elle lui accorde son amour et parfois d'autres privilèges mais elle lui impose en retour un interdit dont la transgression entraînera la perte de tous ses acquis antérieurs. L'interdit transgressé, elle intervient in extremis pour sauver le jeune homme qu'elle emmène avec elle dans l'Autre Monde, d'où il ne reviendra plus.

La dame de la fontaine n'est cependant jamais désignée comme une fée ni son domaine comme l'Autre Monde celtique : ainsi l'amour féérique peut être utilisé comme une allégorie de l'amour courtois, et la "matière de Bretagne" fournit aux auteurs un répertoire de motifs et de symboles. On ne doit pas pour autant la considérer comme un ornement obligé d'un genre : la mythologie celtique importée trouvait sans doute des échos dans les superstitions locales, même si les traditions ainsi réactualisées possédaient un caractère archaïque aux yeux même des contemporains.

La donnée centrale de notre récit est précisément la survivance et la résurrection d'un passé qu'on avait cru mort : le héros demeure à l'écart de la société des hommes pendant quelques jours, parfois même quelques heures. A son retour, il constate que des années, voire des siècles se sont écoulés depuis son départ. Ce motif a donné lieu à des interprétations ou à des exploitations fort diverses. Citons entre autres la légende des *Sept Dormants d'Ephèse* (5), Rip *van Winkle* de Washington Irving (6), *La Légende du beau Pécopin et de la belle Bauldour* de Victor Hugo (7), *L'Homme à l'oreille cassée* d'Edmont About, et, pour finir, *Le Voyageur de Langevin,* parabole scientifique illustrant quelques paradoxes de la Relativité (8).

Un tel récit est parfaitement accordé au cadre formel du lai narratif dans la mesure où celui-ci prétend renouer avec une tradition ancienne. Il importe peu, à cet égard, que le récit soit fidèle au conte folklorique dont il s'inspire ou qu'il s'agisse de l'oeuvre d'un faussaire, fabriquée pour obéir à une mode. Les auteurs de lais ne sont pas des folkloristes et leurs oeuvres n'ont pas pour mérite essentiel de conserver des traditions antérieures : les oeuvres narratives médiévales, notamment les romans, font volontiers référence à un conte comme à leur source antérieure à toute élaboration littéraire. Si *Guingamor* est en effet aux frontières du conte, ce n'est pas à cause de ses affinités avec le conte merveilleux : le lai narratif est un ancêtre de la nouvelle, au même titre que n'importe quelle forme du récit court antérieure aux *Cent Nouvelles nouvelles* (9) ; c'est parce qu'il mériterait d'être considéré comme une nouvelle fantastique, si une telle appellation n'était pas doublement anachronique.

En effet la distinction entre le conte et la nouvelle n'est pas pertinente, à strictement parler, avant 1462 (10) et quand les historiens du fantastique font référence au domaine médiéval, c'est le plus souvent pour poser comme acquis que le Moyen Age ignore le fantastique et ne connaît que le merveilleux. Les médiévistes eux-mêmes se gardent de poser une question qui leur paraît sans doute impertinente : peut-on admettre ou doit-on reconnaître l'existence d'une littérature authentiquement fantastique dès le XIIe siècle ? Le lai de *Guingamor* en tout cas requiert une attention toute particulière à cet égard, puisqu'il présente, à notre estime, des traits qui appartiennent manifestement au mode fantastique, même si les motifs qui constituent la trame du récit relèvent de ce qu'il est convenu d'appeler le merveilleux breton.

Les définitions des lexicographes réfèrent volontiers le merveilleux et le fantastique à l'absence d'explication naturelle ou rationnelle et au travail de l'imagination, mais elles postulent ainsi une objectivité hors d'atteinte.
L'intervention d'êtres ou de pouvoirs surnaturels peut, loin d'être inquiétante, satisfaire le besoin irrationnel d'une explication à l'inexplicable : présentée comme allant de soi, elle constitue l'une des données initiales du récit merveilleux. La fiction merveilleuse ne contredit pas la nature, elle élabore une nature autre : sa cohérence est assurée par ses extravagances mêmes !
Le fantastique au contraire ne provoque pas l'émerveillement mais l'inquiétude. Il naît de l'intervention souvent saisissante d'êtres, de situations, d'événements ou de comportements contraires à la nature et à la raison. Extérieurs et comme étrangers à l'ordre du monde, qu'ils dérangent, ils ne font référence à aucune mythologie explicite.
Alors que le merveilleux se rattache à des croyances collectives, le fantastique naît d'une expérience individuelle : il inquiète, quand le merveilleux, d'une certaine façon, rassure. Les contes féeriques peuvent bien présenter des personnages impressionnants et des comportements cruels, ils ne sortent pas des limites de la fiction qui les a vu naître. Dans le récit fantastique, l'inquiétude peut prendre forme à partir de détails insolites et, à la limite, d'une fêlure infime.

Le lai de *Guingamor* suggère la proximité inquiétante, au coeur même du monde rassurant où croient vivre les hommes ordinaires, d'un autre espace et d'un autre temps soumis à d'autres lois qui dépassent la compréhension. Il fait remonter à la surface des croyances archaïques condamnées et dont le pouvoir de séduction ne s'est pas affaibli (11). Il témoigne ainsi de l'opposition de deux ordres, de deux vérités incompatibles entre lesquelles le jeune héros refuse de choisir.

Déjà, quand Guingamor quitte le château de son oncle pour une journée de chasse loin dans la forêt maléfique où dix chevaliers se sont enfoncés sans retour, la foule qui l'accompagne jusqu'à la lisière de la forêt s'ordonne en une sorte de cortège funèbre (v. 262-8). Tous demeurent sur place, immobiles, tant qu'ils peuvent l'entendre sonner du cor. Puis ils regagnent la ville, après l'avoir recommandé *A Dieu du ciel* !

Plus tard, le jeune chasseur est sur le point de rejoindre le sanglier quand paraît devant lui un palais extraordinaire :

> *D'un grant palés vit les muraus*
> *Qui molt estoit bien fez sanz chaus ;*
> *De vert marbre fu clos entor, etc.*   363 *sq.*

Cette construction a toutes les apparences d'une merveille architecturale comme on en rencontre dans les contes merveilleux. Seulement, quand Guingamor y pénètre pour s'informer du maître qui l'habite,

> *Mes n'i trueve ne ce ne qoi,*   *Sont a pierres de paradis !*
> *Ne trova rien se fin or non,*   *De ce li a semblé le pis,*
> *Neïs les chaîmbres en viron*   *Home ne fame n'i trova ...*   388-93

("Ce qui lui a paru le plus inquiétant, c'est qu'il n'y a pas trouvé âme qui vive").
Certes, le même palais sera plus tard empli d'une joyeuse animation, mais le jeune homme se souviendra longtemps de l'inquiétude qui s'est emparée de lui quand il a pris contact pour la première fois avec un monde autre ; c'est la première aventure qu'il racontera au charbonnier (v. 619-20).

C'est avec le retour de Guingamor que le fantastique apparaît. Quand il regagne la forêt qu'il a quittée trois jours plus tôt, il se croit transporté dans un lieu inconnu :

> *Le jor erra jusq'a midi,*
> *De la forest onques n'issi :*
> *Tant la vit laide et haut creüe*
> *Que toute l'a desconneüe.*   583-6

("Il chemina depuis le lever du jour jusqu'à midi sans jamais sortir de la forêt. Les arbres avaient poussé, lui semblait-il, dans des proportions si monstrueuses qu'il ne la reconnut en aucune façon.").

Bien entendu, l'accélération apparente de la croissance des végétaux ne lui est incompréhensible que parce que son expérience s'inscrit dans une autre durée, et qu'il a refusé d'admettre l'incroyable vérité.

Déjà le narrateur, anticipant sur la suite du récit, a fait connaître au public que les espoirs du jeune homme seront déçus parce qu'il ne connaît pas la vérité : il croyait pouvoir rendre visite à son oncle avant de revenir auprès de son amie :

> *Autrement li fu trestorné*   *Et toz iceus de sa lingnie*
> *Car. III.C. anz i ot esté !*   *Et les citez qu'il ot veües*
> *Mors fu li rois et sa mesnie*   *Furent destruites et cheües.*   539-44

("Les choses avaient tourné pour lui tout autrement qu'il ne pensait : en réalité il avait séjourné là pendant trois cents ans ; le roi était mort avec toute sa cour et toute sa famille et les cités qu'il avait vues de ses yeux étaient à présent détruites et jetées à bas.").

Quand il demande à son amie de lui permettre de repartir comme elle s'y était engagée, elle l'avertit que son voyage sera inutile :

> *".III.C. anz a, si sont passé,*
> *"Que vos avez ici esté.*
> *"Mors est vostre oncles et sa gent.*
> *"N'i avez ami ne parent."*   551-4

("Il y a plus de trois cents ans que vous séjournez parmi nous. Votre oncle est mort, ainsi que tous les siens. Vous n'avez plus là-bas ni ami ni parent.").

Guingamor refuse de la croire : elle l'accompagne jusqu'à la rivière et il entreprend de traverser la forêt pour retrouver le château d'où il est parti. On sait qu'elle lui paraît méconnaissable : le premier homme qu'il y rencontre, un pauvre charbonnier, lui confirme les paroles de la dame :

> *"Icil rois dont vos demandez*   *"Et tuit si honmë et sa gent,*
> *"Plus a de.III.C. anz passez*   *"Et les corz quë avez nomees*
> *"Quë il morut, mien escient,*   *"Sont grant tens a totes gastees."*   597-602

("Le roi dont vous me demandez des nouvelles, voilà plus de trois cents ans passés qu'il est mort, pour autant que je sache, avec tous ses vassaux et toute sa maison, et les résidence royales dont vous m'avez cité les noms, voilà déjà bien longtemps qu'elles ne sont plus que ruines !").

Le jeune homme doit se rendre à l'évidence : il vient d'apprendre que son oncle est mort depuis trois siècles, mais c'est comme s'il venait de le perdre :

> *Merveilleuse pitié l'em prist*
> *Du roi qu'il ot et ainsi perdu.*   610-11

Il voit enfin la vérité telle qu'elle est et on peut croire que son aventure a pris fin avec cette révélation ! Mais il lui reste à connaître dans sa chair même l'épouvantable métamorphose qui fera de lui en un instant un vieillard sans âge ! Le rappel de la faute commise (v. 642-3) n'atténue en rien l'horreur du châtiment : Guingamor a mangé trois fruits d'un pommier sauvage,

> *Si tost conme il en ot gouté*   *Ne pot ne pié ne main movoir !*
> *Tost fu desfez et envieilliz*   *Foiblement, qant il pot parler,*
> *Et de son cors si afoibliz*   *Se conmença a dementer.*
> *Que du cheval l'estut cheoir :*   644-50

("Il n'y a pas plus tôt goûté que le voilà épuisé, vieilli, si affaibli que son corps roule en bas de son cheval et que ses pieds et ses mains lui refusent tout service ! D'une voix faible (car il pouvait à peine parler) il se mit à gémir.").

L'évocation est d'autant plus saisissante que le vers suivant, opérant un discret retour en arrière, révèle la présence d'un témoin :

> *Li charboniers l'avoit seü,*
> *Bien voit con li est avenu.*   651-2

("Le charbonnier l'avait suivi et il voit bien ce qui lui est arrivé."). C'est un homme ordinaire et que rien ne destinait à cette fonction mais l'incroyable récit qu'il a entendu de la bouche de Guingamor a éveillé sa curiosité. Pour lui, la rencontre de Guingamor représente très exactement le retour du refoulé : ce qu'on croyait mort est vivant, ce qu'on croyait enfoui dans un passé légendaire s'impose comme une réalité proprement fantastique.

Mais le charbonnier n'est pas au bout de ses surprises. Comme il s'apprête à venir en aide au malheureux, il voit venir deux demoiselles qui admonestent d'abord le moribond avant de lui faire traverser la rivière dans une embarcation, avec son cheval et son chien. Il ne manque pas d'interprétations optimistes de l'enlèvement de Guingamor : "Malgré sa chute on lui pardonne, écrit Miss Tobin, et il regagne à jamais le pays de l'immortalité." (12). Il est vrai que les deux demoiselles rappellent les messagères bienveillantes de *Graelent* ou de *Lanval,* mais la traversée de la rivière peut être rapprochée de l'embarquement d'Arthur pour le pays d'où l'on ne revient pas. Ici comme là, c'est à la mort du héros que la curiosité d'un comparse nous fait assister (13). Mais il s'agit ici d'une mort particulièrement cruelle : le vieillard que Guingamor est devenu est transporté encore vivant dans le monde des morts après avoir connu en tout et pour tout deux jours de bonheur auprès de son amie. La conclusion du récit demeure donc pour le moins problématique.

Si nous admettons que le lai de *Guingamor* est bien le récit d'une aventure fantastique, il ne faudrait pas croire qu'il représente un phénomène unique aux XIIe et XIIIe siècles : sans rompre en aucune façon avec les caractéristiques ordinaires des "lais de Bretagne", il reste au contraire très fidèle à l'intention particulière qui fait leur raison d'être, puisqu'il présente en même temps que l'aventure d'un héros l'histoire d'un récit.

Dans la mesure en effet où il exécute le programme qu'il s'est fixé, le lai narratif donne à lire son origine et prétend ainsi établir l'authenticité du récit dont il s'inspire et des événements qu'il rapporte. Dans le cas particulier de *Guingamor,* le jeune héros lui-même brûle de devenir un héros de légende. Epouvanté par les propositions impudiques de la reine, il demeure d'abord prostré et comme étranger à ce qui l'entoure : il ne peut pas révéler l'effroyable secret dont il est le dépositaire ; aussi, quand tous parlent, il se tait. Mais quand la reine raille ceux qui tremblent de peur à l'idée d'aller seulement sonner du cor dans la forêt toute proche, quand elle promet la gloire à qui réussira à capturer le sanglier blanc, Guingamor relève le défi : en comparaison de cette *terra incognita* intérieure où l'a plongé la découverte traumatisante du sexe et de l'inceste, la région mystérieuse qui s'étend au-delà de la forêt représente à ses yeux une **réalité**, qu'il est possible d'affronter, en même temps que la promesse d'aventures honorables dont il pourra parler et qui feront parler de lui. Lui dont la bouche est scellée brûle du désir de parler, de se mettre en avant, de se faire connaître pour ce qu'il est.

Son départ n'est donc pas à proprement parler une fuite. Il part pour revenir raconter ce qu'il aura vu. Quand il aperçoit pour la première fois le sanglier, il est plein de confiance : "Il se réjouissait en son for intérieur : si je peux prendre le sanglier, se disait-il, et revenir sain et sauf, on parlera à tout jamais de cet exploit et ma renommée sera considérable" (v. 345-50). Plus tard, dans le palais désert, quand l'inquiétude le saisit, il se rassure à la pensée qu'il a en tout cas trouvé là quelque chose d'extraordinaire qu'il pourra raconter à son retour (v. 394-6). Mais le temps passé à visiter des bâtiments vides (v. 403-5) lui a fait perdre la trace du sanglier. Or la réussite de la chasse est pour lui indissociable de son retour triomphal : "Si je perds mon chien et si je manque le sanglier, jamais je n'aurai plus joie ni profit et jamais je ne retournerai dans mon pays" (v. 406-7). Aussi quand il rencontre la jeune femme, à la fontaine, il prend bien soin de ne pas commettre la même erreur : il ne va pas, à cause d'une femme, interrompre sa chasse au risque d'en compromettre le succès ! S'il dérobe ses vêtements, c'est qu' "il a l'intention de revenir sur ses pas quand il aura pris le sanglier et de parler à la jeune femme : nue comme elle est, il est sûr qu'elle ne s'en ira pas ! " (v. 440-3).

Il refuse donc de choisir entre la dame et le sanglier ; il veut avoir l'une et l'autre, de même qu'il veut pouvoir retourner chez lui et revenir ensuite vivre auprès d'elle. Il n'accepte de la suivre dans son palais qu'à cette condition expresse (v. 477). Quand arrive le terme fixé, il lui rappelle sa promesse de le laisser retourner chez lui pour "faire connaître à son oncle les événements dont il avait été le témoin" (v. 556-7). Elle essaie de le dissuader d'entreprendre un voyage désormais inutile : après trois cents ans tous ses amis, tous ses parents sont morts et, de plus,

> *N'i a honme si ancien*
> *Qui vos en sache rien conter*
> *Tant n'en savrïez demander.*   555-8

("vous aurez beau interroger les vieillards, aucun n'est assez vieux pour pouvoir vous dire d'eux la moindre chose") Or Guingamor n'est pas oublié ; le charbonnier rencontré dans la forêt en témoigne : "Parmi les vieilles gens, il en est qui colportent à l'occasion des récits concernant ce roi et un neveu qu'il avait, un homme d'une valeur exceptionnelle : il est parti chasser dans cette forêt, mais il n'est jamais revenu depuis lors" (v. 603-8). Et Guingamor peut se faire **reconnaître** : c'était moi ! c'est moi !

> *Ce sui je qui alai·chacier !*   615

Si son amie lui a menti (peut-on supposer qu'elle ait pu être mal informée ?) n'est-ce pas parce qu'elle redoutait que ne fussent dévoilés les mystères de son domaine ? Grâce à la rencontre du charbonnier en un lieu qu'on aurait pu croire désert, le héros réussit à **laisser un nom** et le récit de son aventure est parvenu jusqu'à nous. Le dénouement est donc heureux si l'on prend en considération son ambition première. Malgré les efforts de son amie, il a réussi à faire connaître dans notre monde les secrets redoutables de l'autre : s'il s'était laissé convaincre de demeurer auprès d'elle, il aurait sans doute connu le bonheur mais personne n'en aurait rien su !

Ainsi le retour de Guingamor introduit le fantastique dans le récit si le fantastique est l'expérience d'une discontinuité qui compromet l'unité du monde. Mais si la tradition représente au contraire l'affirmation d'une continuité et d'une permanence, c'est le retour de Guingamor qui permet de renouer la chaîne narrative en jetant un pont sur un abîme de trois siècles ! Il importe peu dès lors que la constitution du récit linéaire neutralise peu ou prou l'expérience du héros et le récit du témoin : la forme ne se laisse pas isoler. La fiction se nourrit circulairement d'elle-même : elle fabrique les preuves de son caractère véridique.

André Maraud

CHAPITRE III

UN MOTIF DE CONTE DANS LES NOUVELLES DE
B. DES PERIERS :
LES CRIS BESTIAUX

La critique insiste volontiers (1) sur la maîtrise du langage qui caractérise les *Nouvelles Récréations* : fantaisie verbale, jeux de parole témoignent d'un sens du verbe typiquement humaniste. Or on remarque que certaines de ces histoires ont pour motif dominant un cri imitant une bête ou destiné à se faire entendre d'animaux, ou encore le cri bestial d'un être dénué de raison ; ces exclamations ne sont pas proprement des onomatopées (2), mais, pour faire court, ce terme sera employé dans le sens que lui donne Isidore de Séville : "Nomen fictum ad imitandum sonum vocis confusae" (*Etym.* I, 37). La reproduction mimétique d'un expression inchoative, proche du bruit, constitue un antique motif de conte dont il est intéressant d'étudier l'utilisation originale dans quatre nouvelles de B. Des Périers.

La *N. 12* est connue par la version qu'en a donnée La Fontaine : une bonne femme va au marché, comptant que le prix de sa potée de lait vaudra tant d'oeufs, qui donneront tant de chapons, changés contre un couple de cochons, dont les porcelets permettront l'achat d'une jument dont le tant gentil poulain fera *hin* ; proférant ce *hin* (3), la laitière verse à terre tous ses rêves, bel exemple pour les bâtisseurs de châteaux en Espagne.

La *N. 41* présente un rêveur au sens propre, chasseur passionné qui crie dans son sommeil après ses oiseaux. Le hasard de l'auberge lui fait partager la chambre d'un charretier qui le guérit de sa fâcheuse humeur en feignant de pousser en rêve les cris des voituriers, accompagnés de furieux coups de fouet ; exemple profitable pour qui loge un tel fantastique ! Le chasseur, comme la laitière, est *ridendus*, objet du rire ; le charretier, *ridiculus* (4), provoque le rire par ses cris feints, à l'instar des héros rusés de deux autres Nouvelles.

La *N. 54* met en scène un amant qui, de nuit, se fait ouvrir par sa dame en aboyant à la façon d'un petit chien : *hap ! hap !*. Mais un plus rusé découvre le code, grâce auquel il s'impose à son rival qu'il ridiculise en contrefaisant le gros chien : *hop ! hop ! hop !*

Dans la *N. 64*, plus complexe, un amoureux humilié se déguise en fou, ne proférant qu'un ricanement suivi du glapissement traditionnel (5) de l'errant qui n'a plus la tête sage : *ha ! ha ! formage !* La belle, qui ne le reconnaît pas, le prie d'assouvir ses ardeurs printanières, mais elle commet l'imprudence de ridiculiser publiquement, dans un concours d'impromptus, son galant méprisé, qui lui retourne alors ses rimes en y incluant son cri *ha ! ha ! formage*, révélant à la fois sa ruse et la turpitude de la coquette ; "cet exemple est notable pour les femmes moqueuses qui font trop les assurées".

Le motif du cri infra-humain est bien attesté comme élément de conte, et Des Périers l'a trouvé dans le trésor des *exempla* ou dans la tradition orale.

L'histoire de la laitière imaginative est "un récit largement répandu et certainement très populaire" (6) ; le *Motif-Index* de Stith Thompson en signale de multiples variantes (IV, 184, J. 2061) ; les divers compilateurs reproduisent bien une interjection, mais il ne s'agit pas d'un hennissement, mais du *Io ! io !* émis par le cavalier qui donne des éperons ; un manuscrit de Tours reprend ce motif sans le comprendre : le *Io ! io !* de la laitière est perçu comme une absurde interjection de mépris pour une voisine ; une telle variante est un indice d'authenticité : avant Des Périers, la rêveuse criait pour imiter le cri du cavalier et non celui de la monture.

Le thème du chasseur passionné qui rêve de ses activités diurnes est également connu du folklore et des compilateurs, mais le motif des cris oniriques n'est pas nettement attesté (7) ; un manuscrit du British Museum insiste sur l'abrutissement des fanatiques de la chasse qui ne savent plus parler mais seulement siffler les faucons.

Dans le thème très répandu de l'amant qui se substitue à un autre, le code de reconnaissance en forme d'aboiement est un motif distinctif (8) qu'on retrouve maladroitement utilisé dans la 31ème des *Cent Nouvelles Nouvelles* : un écuyer a évincé un chevalier en se confiant à l'instinct de la mule qui s'arrêtait mécaniquement devant la porte de la belle ; il salue ironiquement son rival malheureux par des aboiements dont la pertinence n'apparaît plus : le motif des onomatopées animales a été remplacé par celui de la mule et sa résurgence erratique atteste son antériorité (9). De même dans un *Sermon joyeux* (10) :

> *Je geins, je glatis, j'esternue,*
> *Je heurte, je fais le petit chien :*
> *Gauf ! nauf ! c'est à demain*

le signal de code ne sert plus que de talisman inutile à un enfonceur de portes ouvertes.

Le motif de la rengaine d'un idiot est lié au thème folklorique de la folie simulée (11) dans les contes de Bohême, de Mongolie, ou dans ce conte oriental : en associant le rire à des paroles insensées (comme chez Des Périers, le ricanement *ha ! ha !* précède l'absurde *formage*), le septième fils d'un roi apprend la réponse à l'énigme qui avait coûté la vie à ses six frères, prétendants d'une Atalante qui jouait à la Sphinge. Dans la plupart des cas la folle ritournelle fonctionne comme les cris de métiers — mercier, porteur d'eau — : elle attire l'attention de la belle dédaigneuse ; puis, dans un second temps, ce gloussement absurde a une fonction psychologique : il est promesse de mutisme pour la prude dont il révèle l'hypocrisie : le désir peut loger chez une précieuse. La promesse du plaisir sans scandale est argument de Tartufe, et le cri de fou est garantie de mutisme ; dans une Chanson de Guillaume IX d'Aquitaine, *En Alvernhe part Lemozi,* un voyageur ne répond à deux gentes dames que "Barbariol, barbariol, barbarian" (ou "Tarra barbart" dans une autre version) ;

> *So diz n'Agnes à n'Ermessen :*
> *Sor, per amor Deu, l'alberguem*
> *Que ben es **mutz***
> *E jà per lui nostre conselh*
> *Non er saubutz.* (12)

L'onomatopée équivaut au mutisme ; ce motif est parfois interprété non comme une séduction, mais comme un moyen de défense (13) : dans la farce *La mère, la fille, le tesmoing et l'official* (14), Colin va parvenir à ses fins :

> *Faites (dit la fille), tout bellement,*
> *Mais c'est à nom de mariage ...*
> *Colin ne faisoit l'endormy*
> *Mais ce mot un peu luy despleut ...*
> *Colin disoit : "Huy ! huy ! formage ! "*
> *Contrefaisant la basse voix.*   278-295

Le cri est celui qu'on retrouve chez Des Périers, mais le motif du masque séducteur a dévié en celui de l'élusion, du refus du dialogue ; les variantes de la tradition narrative sont indices d'authenticité.

On retrouve donc chez Des Périers le premier trait caractéristique du conte : son aspect traditionnel ; le motif de conte n'est pas création littéraire d'un auteur, mais récit appris et repris par celui dont la fonction sociale est de garder la mémoire collective ; Des Périers dans son Préambule insiste sur cet aspect emprunté de la marchandise qu'il baille. On a déjà remarqué (15) que chaque Nouvelle de B. Des Périers reprend un conte préexistant, ou est formée par la composition de plusieurs contes ; dans le fonctionnement des nouvelles à onomatopées, il est facile de retrouver la trace des caractères distinctifs du conte en tant que genre narratif :

1 – l'onomatopée joue un rôle dans une structure narrative rudimentaire : elle fonctionne comme "enclencheur".
2 – elle crée un effet d'irréalité, d'étrangement du quotidien par son "mutisme" contagieux.
3 – dans cette société artificielle, elle contribue à cantonner le personnage dans son rôle d'"actant", à le réduire à une fonction.

1) Si l'unité narrative minimale énonce un processus qui fait passer d'une situation de virtualité à un état de réalité, l'onomatopée est l' "enclencheur" (16) ; "Ne sçaurois-tu inventer quelque bon **moyen** pour me tirer de la peine **où je suis** ?" demande l'amoureux transi à la vieille qui lui enseignera le cri du fou permettant au conte de repartir. L'onomatopée donne le signal sonore qui met fin, dans le conte de la laitière, à une accumulation imaginaire d'engendrements organiques (oeufs couvés, animaux reproduits) et d'échanges économiques ; cette graduation insensée s'effondre en dégradation quand le conteur mime le cri de la femme qui mime son rêve ; l'onomatopée signale un point de culmination et provoque le passage de la

virtualité de l'enrichissement à la non-actualisation de cette possibilité : le conte s'achève car il ne passe pas du virtuel au réel, même sous la forme d'une réalité de l'échec. L'onomatopée a joué sa fonction de disjonction.

Le conte des aboyeurs ne complique pas, mais redouble ce schéma de conte : le premier aboiement est exactement un "gadget", un accessoire pittoresque que l'on détourne par ruse, par bricolage, de sa fonction ordinaire ; ce disjoncteur est malicieusement présenté comme une de ces "intelligences qui estoient jolies", sans souci de leçon morale ni d'observation psychologique : l'aboiement, signe actuel d'une transgression, permet la réalisation du désir ; cette première séquence narrative s'est résolue en une situation qui apparaît comme stade d'une nouvelle virtualité : les paisibles amours adultères doivent être transgressées à leur tour, ou plus exactement agressées par la surgie de l'adversaire : le second écolier mime son rival qui mimait un chien ; ce personnage de conte transforme en gadget au second degré l'invention qu'il s'approprie ; le conteur souligne explicitement l'insertion de ce second déclencheur : "Que fit-il ?", et l'onomatopée fonctionne à nouveau, permettant l'actualisation d'une démarche d'appropriation grâce à l'automatisme de la réaction machinale que ce signal provoque chez la servante, ce qui est encore un ressort narratif du conte.

Il serait facile de montrer que la ritournelle du fou et l'hypnolalie simulée du charretier ont la même fonction d'enclenchement : la première phase du récit (fonction de normalisation) accumule vertigineusement l'exposition d'un désir ou d'un refus explicite ; les virtualités du présent sont organisées en vue de révéler une tension ; c'est alors que ce présent bute sur l'onomatopée, pivote sur lui-même et s'écoule dans le récit proprement dit, qui passe de l'imparfait descriptif au prétérit ; ce rôle typiquement **distributionnel** dans l'organisation linéaire et chronologique des unités narratives élémentaires caractérise au premier chef la syntaxe du conte (17).

2) A l'opposé de la fantaisie verbale ou du calembour, qui joue de l'équivoque du signe et de l'interprétation, l'onomatopée n'est pas une "rencontre" ; sa fonction de disjonction n'est pas une fonction **interlocutrice** pour parler comme Violette Morin ; malgré l'évident réalisme de son allure mimétique, elle n'est pas imitation directe des sons réels, mais déformation, réfraction inconsciente dans le rêve, ou parodie consciente dans la ruse ; l'onomatopée provoque toujours un effet d'étrangeté, exige que la scène soit repoussée à distance du vécu quotidien : cris nocturnes d'un névrosé, psalmodie rituelle d'un fol échappé à sa nef, soliloque d'une promeneuse trop imaginative, aboiement qui doit éviter de se faire repérer, tout en signalant une situation scabreuse, ces interjections ne recréent pas une vie de communication sociale, en continuité "réaliste" avec l'existence du lecteur et de l'auteur comme dans la nouvelle, mais au contraire, comme dans le conte, elle sert à définir un contexte étranger, à **isoler** dans son aventure un individu, voire un couple d'adversaires ou d'alliés ; le rêveur loquace a conscience d'être un gêneur, et il tombe sur un rustaud de mauvais caractère ; les écoliers amoureux ne peuvent se faire ni entendre ni admettre, la laitière programme ses opérations commerciales en dehors de tout système rationnel de valeurs ; l'onomatopée a l'incongruité de ceux qui causent avec les animaux ; elle ne peut guère être reproduite qu'au discours direct par

citation, mais elle est hors du discours, dans la discontinuité et la discordance d'avec le langage commun ; elle ne peut pas susciter d'interlocuteurs, elle n'admet pas de réponse, et son intérêt est souvent de ne pouvoir être comprise ; comme les coups et les injures avec lesquels elle est volontiers associée dans l'irréalisme fondamental du conte, ses effets brutaux conviennent à cette forme simple pré-littéraire, où l'originalité créatrice d'un auteur n'a pas à transparaître, non plus que la mentalité du public qui est visé, et qu'il ne faut qu'esbaudir. L'onomatopée diagnostique un échec de la communication : il est remarquable qu'elle est toujours redoublée, reprise sur un fond de silence : la laitière imagine le *hin* du poulain avant de l'énoncer, le fou entonne, essaie, puis braille sa rengaine, et le rêveur annonce précautionneusement le *volà ! volà !* qu'il clamera ; cette fausse parole muette fonctionne dans le conte comme un objet magique, amusant ou repoussant, que l'on fait marcher sans pouvoir l'échanger.

3) C'est que le jaillissement de ce cri est inattendu dans sa première énonciation au cours du conte, mais attendu comme un automatisme comique dans sa répétition ; dans cette société artificielle combinée à l'usage de l'historiette, le personnage du crieur est une mécanique phonographique en qui se développe ce bruit zoomorphe qu'il finira par lâcher ; les traits de sa biographie, de son caractère, de ses désirs, ne sont agencés qu'en vue de la production de ce borborygme ; la passion du chasseur est mentionnée pour expliquer la forme que prend son obsession ; celui qui crie son fromage par les rues n'a pas été rendu fou par l'amour, la passion n'est que la justification du stratagème ; dans le parcours narratif, cet actant n'est pas un causeur qui exprime sa personnalité ; son cri est de la nature du geste, simpliste et ambigu, qui est corrélé à une situation psychologique simple et typique : le rêveur criard a pour fonction essentielle d'être le gêneur qui sera gêné ; la laitière est un type, comme tout personnage d'*exemplum*, sans vie intérieure, sans nuances, sans évolution, elle incarne l'ambitieux déçu ; son cri pétulant préexiste, comme signe d'échec, aux couleurs agrestes de son rêve fermier.

Dans le conte, le rapport avec la réalité sociale de ces types, stéréotypés dès l'origine, est des plus ténus. On ne saurait même parler de **satire** dans la relation facétieuse de ces paroles inarticulées, de ces mystifications et de ces échecs ; ces personnages ne sont pas des héros de nouvelles : leur ruse n'est pas contestation, leur étourderie plus ou moins maladive n'est pas transgression ; leur langage automatique, dénué de raison, ne leur permet pas d'être libres, logiques, "humains", cohérents comme le voudrait cette idéologie que les théoriciens du nouveau roman appellent l'illusion humaniste. Ce schématisme est celui des recueils d'*exempla* qui servaient à égayer les sermons des prédicateurs populaires et qui sont pour nous le trésor des contes ; on sait que les humanistes raillaient la vulgarité agreste de ces histoires de bonne femme, ineptes et de peu de fruit ; l'*Eloge de la Folie* ironise sur leur prétention à moraliser "par interprétation allégorique, tropologique et anagogique". Or Des Périers, dans sa *1ère Nouvelle en forme de Préambule*, récuse cette tradition des conteurs, pour qui conter pour conter semblait de peu de profit ; dans les Nouvelles, "il n'y ha point de sens allégorique, mistique, fantastique" ; il indiquait par avance que les prétentions du conte à l'enseignement doivent être prises avec quelque ironie, par exemple quand il promet que le conte du somnambule guéri enseignera "par brief exemple" un remède non pharmaceutique contre l'alté-ration des humeurs. Des Périers reproduit les schémas des contes non comme un compilateur de la tradition folklorique, mais avec une volonté parodique qui nous laisse supposer qu'il ne s'est pas contenté de ces formes simples ni de ces récits naïfs. Ses *Nouvelles Récréations* sont bien des *Nouvelles*.

Chez Des Périers les onomatopées deviennent des idiolectes développant magistralement les virtualités d'analyse psychologique qu'il décelait à l'état em-bryonnaire dans les schémas de conte ; plus qu'une variante phonétique, la reprise du discret *hap ! hap !* au timbre ouvert en un imposant et grave *hop ! hop ! hop !* est une transformation phonologique qui marque une différence de sens : en faisant varier les sons dans un code monosémique, le rival heureux invente un système de signes oppositifs exprimant une préséance ; le timbre est un caractère pertinent. Exactement de la même façon, le *ha ! ha ! formage* d'un pseudo-fou sera intégré dans l'impromptu littéraire de ce soi-disant fou : le bon du conte est qu'il ait pos-sédé sa maîtresse grâce à l'onomatopée ; le sel de la nouvelle est la modulation du cri autiste en un refrain révélateur ; la ruse avait réussi à dévoiler la paillardise d'une femme respectueuse des apparences ; la fureur poétique sert maintenant à démas-quer la vanité cruelle, les prétentions romanesques, la coquetterie égoïste de cette bourgeoise à l'âme incomparablement complexe : l'onomatopée est devenue instru-ment d'analyse en passant du statut de cri isolé à celui de syntagme intégré dans un poème dialogué où la rime se fait réplique.

Ainsi le chasseur qui la nuit crie *vola ! vola !* est magistralement opposé au charretier qui profère violemment son grossier *Dya ! hauois ! hau ! dya !* Comme l'a relevé Sozzi (18), ces expressions rudimentaires constituent déjà une opposition linguistique, qui entre dans un système plus complexe d'antithèses subtiles qui font accéder "une scène de farce assez grossière" au statut artistique de la nouvelle. Il importait en effet que la supériorité sociale du chasseur endormi fût abolie par la présence d'esprit de l'homme de métier ; mais l'opposition des cris, invention de B. Des Périers, ne relève pas du comique populaire rabaissant, comme l'écrit Sozzi (p. CXXVIII) dans un esprit bakhtinien, mais du rire libérateur, guérissant le malade de ses déséquilibres humoraux et soustrayant à ses préoccupations l'homme sou-cieux, comme Des Périers l'indique dans son *Préambule* ; ce qui compte dans le rôle actoriel de l'oiseleur, ce n'est pas sa fonction d'agresseur involontaire, ni son action bizarre, ni même les mobiles de ses errances, mais l'amélioration de sa personnalité profonde après le choc salutaire produit par la comédie que joua son camarade, "dont s'esbahirent depuis ceux qui le congnoissoient" ...

Cet ébahissement, motif qui scande les *Nouvelles Récréations*, opère le trans-fert aux lecteurs d'un sentiment qu'éprouve la communauté engendrée par l'art de la nouvelle : l'histoire ne s'achève pas avec la "pointe" narrative, comme dans le conte, qui, à la fin, se referme sur lui-même (19) ; tout un destin est lié à l'événe-ment ; la phase collective de l'ébahissement qui fait suite à l'exclamation insensée n'est plus un effet de stupeur muette : elle trahit une prise de conscience, le "mo-ment" sur la courbe de toute une existence, où un personnage devient effective-ment celui qu'il était virtuellement ; l'agitation de la laitière cesse brusquement avec l'échec que marque son hennissement : tout un cheptel de rêve est "par terre", au sens propre dans la flaque de lait ; et, au sens de la révélation psychologique, elle reprend contact avec les réalités terrestres ; le moment d'étonnement correspond à une guérison, à un redressement d'esprits complexes et vivants. Tandis que, pour le conte, le personnage se confond avec sa **fonction dans un système**, dans la nouvelle, on doit parler de **fonction dans un organisme** ; l'onomatopée n'épuise pas son intérêt dans son fonctionnement narratif, elle provoque un retentissement dans des âmes plus ou moins mortes.

Aucun motif ne pouvait, mieux que l'onomatopée, exprimer la grande leçon d'humanisme qui est implicite dans les *Nouvelles Récréations* : celle de l'*indignitas hominis* : la folie (20), la bêtise et la bestialité sont réalités humaines avec lesquelles il faut savoir composer ; à partir de ces contes d'idiots, de belles et de bêtes, l'humaniste peut enseigner, sans recourir aux prêches qui "récupèrent" les naïves historiettes des *exempla*, que l'homme peut être absent de l'homme. La Monnoye, dans les notes marginales de son exemplaire de Des Périers, a bien compris le sens de cette hantise de l'animalité, de ce creux de l'idéal humaniste (21) ; ainsi il signale le hennissement de la laitière comme un indice devant attirer l'attention du lecteur pour **intégrer** la narration à une réflexion sur l'homme : il cite un proverbe espagnol : *Mule qui fait hin Et femme qui parle latin Jamais ne firent bonne fin*, proverbe qui, dépassant le discours sur la présomption, relie le comportement humain à la dépravation de l'instinct animal. Des Périers lui-même, à la fin de la nouvelle de l'oiseleur, compare son héros déséquilibré à un cheval rétif. Le fou est celui qui est soumis à ses pulsions particularistes, au régime de ses humeurs, noyé dans l'animalité. Au-delà de sa fonction syntaxique "distributionnelle" d'enclencheur, l'onomatopée est un de ces indicateurs typiques de l'art de la nouvelle (22), qui ont une fonction "intégrative", provoquant le passage de la séquence narrative à un niveau supérieur, renvoyant "non à un acte complémentaire et conséquent, mais à un concept plus ou moins diffus, nécessaire cependant au sens de l'histoire" (Barthes, p. 20) ; tandis que "certains récits sont fortement fonctionnels, tels les contes populaires, à l'opposé, d'autres sont fortement indiciels, tels les romans **psychologiques**" (p. 21).

Dans cette oeuvre en dialogue qu'est le Devis, l'onomatopée n'est donc plus, comme dans le conte, interjection instantanée, liée à un effet de comique momentané ; elle est indice de l'épaisseur et de la complexité d'un personnage dont elle suggère la situation réaliste dans l'espace et dans le temps. La laitière ignore la loi de nature qui veut que la vie ait besoin de temps pour se développer ; elle emprunte le "commun langaige" des alchimistes qui "sçavent" plus que tout le monde "des secretz de nature" ; c'est ce mépris de la durée au profit de l'instantanéité illusoire que traduit son exclamation ; la nature, qui n'est pas sensible aux beaux raisonnements, se manifeste au son de ce langage brutal ; s'il est vrai que la syllabe empruntée au langage naturel n'a par elle-même aucun sens, sa discordance avec la langue cultivée et organisée porte un sens : le signifiant n'est pas le mot, mais le choix opéré dans un parler inhabituel. Le gentilhomme aux cris d'oiseau est bien intégré à sa société : il "estoit fort congneu tant à cause de sa gentillesse que pour ceste imperfection qu'il avoit ainsi fascheuse" : ce sont les cris fâcheux qui assurent la popularité de cette figure, dont les traits sympathiques sont plus développés que ne le nécessiterait un conte. L'écolier qui crie au fromage ne se contente pas des brèves délices que lui procure cette ruse : "de jour il reprenoit ses habiz ordinaires & se trouvoit auprès de sa dame, devisant avec elle à *la mode accoustumée*". De même les aboiements de convention ne sont pas simplement l'occasion de furtives rencontres : en marge du Code social, ce code canin contribue à reconstituer des couples qui, cyniquement, ont leurs habitudes ; et la morale finale implicite est celle d'un code de complicité fondé sur la coexistence pacifique et le compromis qui est de règle en ce bas monde : l'écolier "trouva façon de s'accorder avec le petit chien, qu'ils iroient chasser aux connilz chascun en leur tour : comme bons amis & compagnons" ; *s'accorder avec le petit chien* : l'onomatopée zoomorphe demeure présente jusque dans l'analyse finale d'une éthique réaliste qui dépasse de beaucoup le comique du conte.

Ainsi le motif de la parole mécanique et abrutie fait valoir des caractères nuancés et une leçon d'humanité ; l'interjection crée un lien inter-personnel, ou fait déplorer l'échec de cette liaison sociale ; la "convivialité" de la nouvelle, qui se superpose à l' "oralité" du conte, invite le lecteur à participer à l'histoire, à recevoir de plein fouet les onomatopées, à percevoir leurs conséquences : "à ce cry *mon* charretier s'esveille, & *vous* prend son fouet & le *vous* meine à tort & à travers la part où il sentoit *mon* gentilhomme en disant "dya dya houois hau dia". Il *vous* sengle le povre gentilhomme" ... Le datif éthique, ou l'impératif (*"pensez* qu'il ne perdit pas son temps"), recrée cette société littéraire de l'auteur et de son public qui est un trait distinctif de la nouvelle.

Finalement, les nouvelles organisées autour du motif de conte qu'est l'onomatopée sont écrites à la gloire du langage organisé, du *logos* qui caractérise l'être humain. Des Périers souligne constamment l'échec qu'est le mutisme : quand les amants aboyeurs se sont retrouvés au lit, "tout le mistère se faisoit sans parler", ce qui expliquera leur mésaventure ; le cri du fou n'est plus une rengaine autiste, mais un appel à la merci, qui justifie par avance la facilité avec laquelle il s'intégrera dans un refrain de divertissement courtois. L'onomatopée n'équivaut jamais à un discours ; la vie exige qu'on la complète : l'oiseleur éveillé "changea bien de langage, car en lieu de crier *vola*, il commença à crier *à l'ayde et au meurtre*". Les effets brutaux de l'onomatopée sont complétés par l'apparition d'une fantaisie verbale qui va du calembour (l'alchimie *art qui mine* ou *art qui n'est mie*) à la création poétique : la N. 64 se termine par l'évocation de l'esprit poétique donné par Phébus à l'écolier méchamment attaqué ; mais "il ne fut pas pourtant fort esgaré" : à la différence de l'onomatopée, la "fureur" apollinienne laisse l'esprit libre, c'est-à-dire inventif : le personnage de la nouvelle se définit par sa liberté, et, pour Des Périers, cette liberté est celle de celui qui maîtrise sa parole.

C'est grâce à ce respect pour la parole articulée que l'onomatopée peut entrer dans une histoire qui n'était pas la sienne pour y prendre une vitalité supérieure et participer à la création d'un sens, c'est-à-dire pour faire accéder un récit de forme simple à la dignité de la forme savante qu'est la nouvelle.

Guy Demerson

CHAPITRE IV

LE CONTE HUMORISTIQUE EN AMERIQUE

*"Well, I would like to --- tell you something about myself --- so you won't think I am a wild Indian --- or something like that --- well, something like that --- I would speak to you in French --- I took a course in French once --- that poor frustrated French teacher --- it was a shame --- only, as you can see, my English is definitely more superior --- I got straight B in English --- That reminds me of a story --- a funny story --- it's about a French professor and an English professor --- well, he wasn't an English professor --- I mean, an English, English professor --- he was an American --- he was really from Afghanistan --- or some place like that --- his name was Murfatori --- I think it was Murfatori --- probably from Afghanistan, yes --- you know Afghanistan --- they're really in trouble there --- yes --- why, they've got the Russians, and the Americans, and the Pakistans --- and I don't know what all down their throats --- plenty, anyway --- and now all they need is the French --- well --- well --- I have some notes here --- and they say **elucidate** --- **elucidate** --- yes, I'm trying to elucidate, damn it --- but I've got all these irrelevancies --- how can I tell a story when I've got all these irrelevancies --- anyway, this English professor --- the one who wasn't really an English, English professor --- you know --- he was standing in a pissoir --- I mean, in a restroom --- and sort of looking down --- well, you know, some of us look down sometimes - sometimes it's better to look down --- as Benjamin Franklin said, he who always looks up at the stars may fall in a ditch --- oh boy --- yeah, he said a lot of things, Old Ben Franklin --- my father used to quote Ben Franklin --- every five minutes --- by the clock --- it took him five minutes to think of the next quotation --- but they were good quotations --- very educational --- why, that's how I got so smart --- listening to those quotations --- there's nothing like a good quotation to sharpen you up --- I once knew a man who could quote the whole play of **King Lear** --- in Mohawk --- I know he could --- I heard him do it -- of course, I dont't understand Mohawk --- now, my friends, I want to be perfectly clear --- **it really doesn't make any difference if you don't understand what I'm saying ... but I want to be clear about one thing ... ah, one thing ... yes ... or ... and then, on the other hand ... ah ... oh ... well"* (1).

Les quelques mots qui précèdent valent autant par le rythme que par le contenu ; ce contenu, en soi, vaut moins que le ton, les hésitations, les digressions - voire les apartés absurdes. Un tel texte s'appelle une shaggy-dog-story (une histoire à dormir debout).

Qui peut prétendre connaître l'origine du terme *shaggy-dog-story* ? La traduction mot à mot en est "histoire de chien hirsute" ; on pourrait traduire par "histoire à dormir debout, histoire qui n'a ni queue ni tête". Probablement il vient du fait qu'un chien hirsute vient toujours semer la confusion, que vous le vouliez ou non. La *shaggy-dog-story* est une blague qui se fait souvent aux dépens du public et même à ceux de l'auteur lui-même.

Si vous n'en comprenez pas le propos, c'est parce que vous n'êtes pas en mesure de le comprendre, parce qu'il n'y a pas de contenu cohérent. L'astuce, c'est qu'il n'y a pas d'astuce, en fin de compte. Le public est censé attendre quelque chose de drôle ou de saisissant. Il est dans l'expectative, puis il commence de trouver le temps long, il se sent mal à l'aise, puis il se navre de voir le malheureux conteur se fourvoyer ; enfin, se sentant encore plus mal à l'aise, le public a envie de décamper. Finalement, si l'histoire dure trop longtemps, ce même public commence à chahuter le narrateur, voire lui envoyer des tomates. Ce n'est pas une histoire, c'est la caricature d'une histoire. On pourrait l'appeler un contre-conte. En revanche, c'est un genre bien précis dans l'humour américain, et il est essentiel dans l'évolution du récit moderne, le conte folklorique ou littéraire.

Il est important de montrer ici comment la structure de la *shaggy-dog-story* est influencée — peut-être déterminée — par son contexte. Contexte historique et littéraire, mais aussi social, physique et psychologique. La *shaggy-dog-story* est typiquement américaine. Il ne s'en trouve, semble-t-il, qu'un seul exemple dans la littérature européenne, mais il est particulièrement significatif. Il s'agit du "Tale of Sir Thopas" de Chaucer. S'il y en a d'autres, il faudrait les inventorier.

Bien entendu, la *shaggy-dog-story* américaine a ses origines dans le folklore américain qui, lui-même provient du folklore de Grande-Bretagne (sans oublier bien entendu ni le folklore noir, ni le folklore amérindien, ni la masse grandissante du folklore des immigrés). L'historique du genre peut remonter très loin dans le folklore. Certainement l'origine de la *shaggy-dog-story* se perd dans la nuit des temps. Mais l'utilisation délibérée du genre est typiquement américaine. Quels sont donc les éléments de base du conte humoristique américain, de sa forme orale à sa forme écrite, principalement au milieu du XIXe siècle ?

Fondamental dans l'humour américain est le *practical joke*, qu'on pourrait traduire par "mauvais tour", forme actualisée du comique. Le *practical joke* est partie intégrante de tous les contes humoristiques. Le fabliau est simplement le récit en vers ou en prose d'un *practical joke* ; par exemple comment le commis séduit la femme du charpentier jaloux, ou comment le prieur libidineux est dénoncé par celle qui allait être la victime de ses voluptueuses perversions. En fait, le "mauvais tour" peut être la base de tout genre comique. Maintenant, il y a deux façon de raconter les "mauvais tours". L'une est de raconter comment le tour a été joué à quelqu'un. En Europe, c'était la base du conte comique. En Amérique, on recense d'interminables histoires à propos de plaisanteries faites à des pasteurs, à des citadins prétentieux ou à des étrangers hautains. L'autre façon consiste à plaisanter aux dépens du public. En d'autres termes, le *hoax* est un *practical joke* que l'on trouve plus souvent sous une forme verbalisée. Il a pris une importance particulière en Amérique. D'une part il est devenu un rituel social, un canular en appelant un autre. D'autre part, c'était un bon mécanisme de défense contre des voyageurs blasés qui regardaient de haut les hommes des bois et les pionniers, et enfin, c'était une façon d'oublier les rigueurs de la vie dans l'ouest américain.

Le canular est un élément fondamental de l'humour américain — que ce soit dans la *brag* de l'homme de l'ouest, le sermon burlesque ou le discours politique burlesque, la *Tall-Tale* et finalement la *shaggy-dog-story* qui, outre un contre-conte, est aussi une sorte de double canular (Hoax-hoax). L'auditoire attend une "hénaurme" supercherie qui, finalement, est étouffée dans l'oeuf. C'est comme le dessin humoristique représentant un homme qui se dirige, distrait, vers un trou béant et qui, arrivé devant, l'enjambe et continue. Cela peut devenir très embrouillé surtout lorsque, dépassant l'art oral du conteur campagnard, elle est traduite dans un texte écrit. Avec une prétendue naïveté, le conteur de la campagne sait que son public ne va pas le croire. Le canular se fait aux dépens de l'étranger, qu'il soit là ou non, et le reste du public éprouve les délices de la complicité avec le narrateur. Après tout, une plaisanterie n'est pas une plaisanterie, s'il n'y a pas quelqu'un pour rire avec vous, pour communier dans le comique. Il y a eu quelques bons canulars dans le monde occidental. Par exemple, la pseudo-découverte par Fritz Kreisler de plusieurs sonates pour violon du XVIIIe siècle, écrites en fait par lui-même au XXe siècle et joué devant un public enthousiaste. Mais la plaisanterie n'a été découverte que longtemps après — des dizaines d'années plus tard — Un grand contenu humoristique, quant à lui, entend être démasqué ; peut-être pas dans l'immédiat, mais au moins il veut que le rire survienne avant qu'il ait fini de parler et ceci implique une mise en scène parfaitement élaborée. C'est cet arrangement préalable du contexte qui fait que la forfanterie ou le burlesque ou la galéjade ou la *shaggy-dog-story* réussit toujours son effet quand on la lit.

Cet arrangement préalable est l'essence même de l'histoire. Il peut être fait à l'aide d'une structure narrative (ou récit-cadre). L'auteur parle d'abord, présentant le contexte et le narrateur, puis il apparaît à nouveau, à la fin, pour expliquer que c'était une plaisanterie — souvent à ses dépens, dans les contes américains.

Dans le Décameron, Boccace a employé la "structure narrative" ou "récit-cadre", afin d'articuler les histoires entre elles dans une atmosphère de divertissement. Dans le "Tale of Sir Thopas" de Chaucer, le cadre est l'histoire elle-même et l'auteur est supposé être la cible de la plaisanterie.

Il y a beaucoup de possibilités de récit-cadre. Il peut être long ou court, simple ou compliqué, fantastique ou terre à terre.

Contentons-nous ici de donner quelques exemples en citant "The Story of the old Ram" de Mark Twain, exemple par excellence de la *shaggy-dog-story* ou *The celebrated jumping Frog of Calaveras county* (traduction : la célèbre grenouille sauteuse de Calaveras), où la plaisanterie que fait un voyageur étranger à un joueur d'un pays lointain est racontée par Simon Wheeler, chercheur d'or bavard, venu du Nevada, à un "Mark Twain" crédule qui a été délibérément fourvoyé dans cette affaire par un ami de l'Est. En fait, Mark Twain est un masque et non le vrai Samuel Langhonne Clemens, exactement comme "Chaucer" dans le prologue et l'épilogue du "Tale of Sir Thopas" n'est pas le vrai Chaucer. Regardez encore *les Aventures de Huckleberry Finn* où le récit-cadre est très simple. Huck Finn déclare au lecteur du roman : "vous ne me connaissez pas si vous n'avez pas lu les *Aventures de Tom Sawyer* mais peu importe. Ce livre-là était de Mark Twain. En gros, il a dit la vérité ; de temps en temps, il a poussé un peu mais grosso modo, il a dit vrai".

Ceci m'amène au "moment de vérité". Si l'humour américain est un canular, si Mark Twain est un canular et si *Huck Finn*, parfois considéré comme le chef-d'oeuvre de la littérature américaine, est un canular, où cela nous mène-t-il ? Est-ce à dire que la littérature américaine, que l'Amérique, que la vie moderne font partie d'une immense supercherie ?

Tel est le contexte dans lequel l'auteur et nous, son pseudonyme et son narrateur, sont tous inextricablement impliqués. Nous sommes tous pris dans notre propre plaisanterie. Mais qu'en est-il de l'histoire elle-même, de l'histoire à l'intérieur de l'histoire du contexte ? Ce n'est point là une histoire grivoise racontée par un signor ou une signora de Boccace. Ce n'est pas un roman de la chevalerie, ce n'est pas l'allégorie de la vertu triomphant du mal, ni les exploits d'un héros mythique triomphant de l'adversité jusqu'à la fin. Non — c'est simplement la vie — c'est la vie — c'est une *shaggy-dog-story*.

J. Austin et F. Rancoule

DU FOLKLORE AU ROMAN

CHAPITRE I

LES DEUX CHEMINS DU PETIT CHAPERON ROUGE

Les carrefours occupent-ils dans la topographie imaginaire des contes une place privilégiée ? Les versions orales traditionnelles du *Petit Chaperon rouge* pourraient le laisser penser. Elles comportent en effet un motif que l'on retrouve, avec quelques variantes, dans toute la zone d'extension du conte :

> — *Quel chemin prends-tu* ? dit le loup à la petite fille.
> *Celui des Epingles ou celui des Aiguilles ?*

Tous les commentateurs s'accordent à reconnaître qu'il s'agit là d'un élément ancien, populaire, extrêmement vivace si l'on songe qu'il a pu se perpétuer sans le secours de l'imprimé. En effet, les chemins ne portent pas de nom dans la version de Perrault qui a bénéficié d'une diffusion très large grâce à la littérature de colportage, à l'imagerie d'Epinal et aux éditions enfantines : le loup dit qu'il ira *"par ce chemin icy"*, l'héroïne *"par ce chemin-là"* (1). Si l'on admet avec Paul Delarue que Charles Perrault a eu connaissance d'un motif encore omniprésent en France au début du XXe siècle, on peut se demander pour quelles obscures raisons il a jugé opportun de débaptiser ces chemins. A cause de leur "puérilité", écrit Paul Delarue (2), et de leur caractère "absurde". Mais la voie des Aiguilles et celle des Epingles sont-elles tellement inconcevables au royaume de ma mère l'Oye où les citrouilles deviennent carrosses et les lézards laquais ? L'adaptateur, en leur substituant des chemins anonymes, n'a-t-il pas obéi à un autre souci ? Comment expliquer par ailleurs la durable fortune de ce motif singulier, exclu des versions savantes mais fidèlement mémorisé par les conteurs de tradition orale ? Cette question marque-t-elle une étape dans le parcours de l'héroïne ? Quelles résonances éveille-t-elle dans l'imagination populaire ?

Une aiguille, je te pique

Envisageons d'abord l'hypothèse de Paul Delarue. La "puérilité" du motif tient au fait qu'il utilise l'alternative, figure privilégiée des formulettes enfantines qui donnent souvent à choisir entre deux objets, sans révéler le lien qui les unit. Elles naissent alors d'un simple rapprochement de syllabes ou de rimes : préférer l'orange à la banane, c'est être un ange au lieu d'un âne ; vouloir coucher sur de la paille plutôt que sur de la craie, c'est être païen, non chrétien. Parfois encore, l'alternative habille ou dissimule un calembour :

> – *Tu veux être couturier ou postier ?*
> – *Couturier. – Tu es piqué !*
> – *Postier. – Tu es timbré !* (3)

Quant aux devinettes, elles proposent des choix métaphoriques : entre le saute-rivière et le trace-guéret (le lièvre et le serpent), entre le rouge dans le bois et le rouge dans le fossé (la fraise et la vipère) (4). Dans tous les cas, quelque chose est donné à lire et l'alternative fonctionne comme un jeu, jeu verbal que fait naître une ellipse, un silence, jeu gestuel aussi dont Marc Soriano a souligné l'importance (5).

Or la question du loup sur le choix des chemins a ceci de particulier qu'elle oppose des objets voisins, tous deux métalliques et pointus comme le clou ou la punaise. Cette famille d'objets ressurgit dans une formulette pour amuser les tout-petits dont on chatouille le cou en disant :

> *Une aiguille*   *Je te pince ;*
> *Je te pique ;*   *Une agrafe*
> *Une épingle*   *Et j't'attrape.* (6)

Par ailleurs, les liens existant entre aiguilles et épingles sont encore renforcés du fait qu'elles semblent opérer dans le conte comme des termes interchangeables : la dualité des chemins proposés masque l'unicité de l'issue. Et la liberté de choix laissée à la fillette se révèle illusoire puisque, quelle que soit sa réponse, le loup arrivera premier. Le folklore des enfants n'ignore point ces jeux de dupes, comme en témoigne la formulette d'élimination suivante :

> – *Aimes-tu l'or, l'argent ou le platine ?*
> – *L'argent. – Va-t'en !*
> – *L'or. – Sors !*
> – *Le platine. – Débine !* (7)

Le motif paraît donc, dans sa forme et dans son esprit, parfaitement adapté à son destinataire, à l'héroïne-enfant comme à l'enfant lecteur ou auditeur du conte, ce qui en explique déjà la pérennité. Il surgit cependant comme une devinette dont la réponse se dérobe. Car le choix qu'il sous-tend demeure mystérieux.

La guerre en dentelles

L'histoire seule devrait permettre d'expliquer la disparition du motif dans l'adaptation de Perrault. En effet, si la tradition orale s'inscrit dans cette dimension que Fernand Braudel a appelé la longue durée, *les Contes de ma mère l'Oye* sont enracinés dans leur siècle. Si l'aiguille et l'épingle n'y ont pas droit de cité, c'est peut-être qu'elles renvoient à une réalité dont il ne faut pas parler.

A Paris, les aiguilliers et les épingliers ont longtemps constitué des communautés séparées et prospères : jusqu'à deux cents maîtres et six cents ouvriers pour les seuls épingliers (8). Mais la cherté de la main-d'oeuvre, la concurrence des fabricants de province et surtout d'Angleterre, font qu'en cette fin de XVIIe siècle, leur situation se dégrade. En octobre 1695, l'année même où la première version manuscrite du *Petit Chaperon rouge* est offerte à Mademoiselle (9), des lettres patentes réunissent en une seule les deux corporations.

En province, la rivalité qui oppose l'aiguille et l'épingle est autrement considérable. Car l'industrie de la dentelle est le théâtre d'une guerre sans merci : celle que se livrent deux techniques, le point fait à l'aiguille, sur le doigt, et la dentelle aux fuseaux, sur l'oreiller ou le carreau, qui utilise les épingles. Cette guerre divise la France aux plans sociologique et géographique. Si les mains calleuses des paysannes excellent à manier épingles et fuseaux, elles ne pratiqueront jamais le "gentil et noble art de l'aiguille" auquel les dames s'adonnent et dont la production dans les manufactures demeure citadine (10).

Rivales, la dentelle aux aiguilles et la dentelle aux épingles n'en contribuent pas moins à alimenter la folie qui s'est emparée de la France. Des fortunes, nobles et bourgeoises, sont englouties dans l'achat de dentelles, parures indispensables d'une société où le costume est devenu un élément essentiel du "spectacle social" (11). Cette frénésie ornementale gagne de proche en proche toutes les catégories de la population. Une ordonnance du Parlement de Toulouse, publiée au Puy en 1640, interdit de porter aucune dentelle, sous prétexte que, cet artisanat accaparant tout le monde, *"on ne trouve point de serviteurs et servantes pour être servi"* et qu'on ne distingue plus les grands d'avec les petits (12).

Pour mettre un frein à ces dépenses et à ces coupables désordres, le pouvoir royal multiplie les édits somptuaires : trente-deux ordonnances contre le luxe pendant le seul règne de Louis XIV, dont dix contre le port de la dentelle ! L'une d'elles, datée de 1660, défend aux hommes comme aux femmes de porter *"aucune broderie, piqûre, chamarrure, guipure, passements, boutons, houppes, chaînettes, passepoils, porfilure, canetilles, paillettes, noeuds et autres choses semblables, qui pourraient être cousues et appliquées"* (13).

Ces édits somptuaires restèrent sans effet, l'empire de la mode demeurant absolu. Tout au plus suscitent-ils des épigrammes et des caricatures. En 1660, une pièce comique anonyme met en scène *la Révolte des Passemens* : la gueuse belliqueuse lève contre le roi des bataillons de dentelles et de broderies sous le commandement du généralissime Luxe et du colonel Somptuosité. L'une des enseignes des insurgés est parsemée d'aiguilles (14).

On conçoit donc que ni l'aiguille ni l'épingle n'aient trouvé place dans le texte de Perrault, grand commis de l'Etat, soucieux de ménager l'autorité royale. Ne risquait-on pas en effet de voir dans ce motif une allusion discrète à des conflits récents ? On notera du reste qu'en cette fin de siècle d'autres écrivains se sont montrés sensibles à la lutte d'influence que se livrent nos deux objets. En 1656, la Marinette du *Dépit amoureux* vend à Gros-René un demi-cent d'épingles de Paris. Dans une nouvelle édition de 1682, le demi-cent d'épingles est remplacé par un demi-cent d'aiguilles (15).

Un chaperon de cire rouge

Le conte a-t-il été lié à un moment de son histoire à l'activité dentellière ? Le lexique qu'il utilise présente avec celle-ci de curieuses analogies. C'est ainsi que les femmes de la ville du Puy ont très longtemps utilisé sur leurs carreaux des épingles de cuivre jaune que fabriquait sur place la très puissante communauté des *espiou-niers* (16). Ces épingles présentaient une particularité que souligne notamment Albert Boudon-Lashermes : "On les trempait dans la cire rouge pour leur faire un petit *chaperon*" (17). Entre le chaperon rouge et l'épingle, existait donc un lien métonymique. Par ailleurs, dans tous les dictionnaires de l'époque de Perrault, le substantif *bobine* n'est jamais attesté que dans un sens : "espèce de fuseau servant à dévider de la soie, de l'or". Et le bobinoir des dentellières comporte une cheville cônique et mobile qui reçoit une extrémité du fuseau (18). Si l'on ajoute que les dentellières usaient, pour lisser leur ouvrage, d'un instrument appelé dent de loup (19) et que, dans plusieurs versions populaires, l'héroïne de notre conte se sauve in extremis grâce à un fil, on admettra que nous sommes en présence de coïncidences troublantes. "Tire la chevillette, la bobinette cherra ...". Dans cette célèbre formu-lette qui résonne comme un mot de passe, n'appréhende-t-on pas un code artisanal — celui de la dentelle — en même temps qu'une parole de femme ?

Car l'aiguille et l'épingle se situent toutes deux dans un univers féminin : celui des travaux minutieux, broderies, coutures, dentelles, oeuvres de science et de patience, mais aussi celui de la parure que les femmes ont depuis longtemps intério-risée comme une nécessité. Le dictionnaire de Richelet en 1680 ne définit-il pas l'épingle comme "un petit morceau de léton fort délié avec tête et pointe qui sert aux hommes et principalement aux femmes pour attacher sur elles ce qui leur plaît" ? Ces épingles ont dû constituer pour les belles une véritable armure : Elisa-beth, fille de Henri II, lorsqu'elle se marie en 1559, n'en commande pas moins de cent seize milliers (20). Mais l'aiguille n'est pas une arme moins essentielle dans cette stratégie de l'art de plaire :

> — *Qu'est-ce qui n'est pas plus gros qu'une patte de fourmi*
> *Et qui rend tout le monde joli ?*
> — *Une aiguille* (21)

Existe-t-il une opposition diachronique entre l'aiguille associée au domaine de la confection et l'épingle à celui de l'ordonnance finale de la toilette ? Entre l'aiguille qui a cousu le chaperon et l'épingle qui permettra de le fixer ? C'est bien ce que sug-gère l'héroïne d'une version du Forez, lorsqu'elle répond au loup :

> — *J'aime mieux le chemin des épingles avec lesquelles on peut s'atti-*
> *fer que le chemin des aiguilles avec lesquelles il faut travailler* (22)

Ainsi se précise le contraste entre les deux versants de la vie féminine, celui du tra-vail domestique et celui de la vie sociale, marqué par la succession des semaines laborieuses et des sorties dominicales, le "côté des aiguilles" et le "côté des épin-gles", comme le dit proustiennement une version ardéchoise (23). De cet univers, lieu d'apprentissage et de transmission d'un savoir spécifique, l'homme demeurera exclu :

> *Needles and pins, needles and pins,*
> *When a man marries his trouble begins* (24).

Un chaperon sans chaperon

Si la forme de l'alternative que comporte le motif le rattache au folklore des enfants, les termes du choix le situent dans celui des femmes. Entre ces deux univers, un pont n'est-il pas jeté ? Le temps est venu, semble-t-il, de replacer la question du loup dans un réseau de significations plus large en précisant la notion même de *chemin*.

Car ce terme de chemin suggère, à lui seul, un voyage et un passage. Et de fait, c'est bien une quête que l'héroïne entreprend. Dans plusieurs versions de tradition orale, l'enfant est animée du désir de partir. Mais la possibilité du départ est liée explicitement à une clause vestimentaire. Dans deux versions du Nivernais et du Velay, cette clause porte sur un habit de fer : "Tu iras quand ton habit de fer sera usé", dit-on à l'enfant qui frotte l'habit contre le mur et le déchire. Dans une version du Forez, la fillette est condamnée à porter des sabots de fer. Elle les jette sur les pierres jusqu'à ce qu'ils se cassent (25).

Le petit chaperon rouge de la version de Perrault auquel Paul Delarue attribue un peu rapidement un caractère accessoire ne joue-t-il pas un rôle tout à fait analogue à l'habit et aux sabots de fer de la tradition orale ? L'habit de fer est à l'évidence un antonyme de la parure, habit rigide que l'héroïne du Velay doit porter durant sept années et dans lequel le corps ne peut se laisser deviner ni s'épanouir. Sa perte qui permet le départ marque le début d'un nouvel âge. Celle des sabots de fer est encore plus significative : dans la société rurale traditionnelle, comme l'a bien montré l'enquête d'Yvonne Verdier (26), c'est à l'âge de la puberté et de la première communion que la petite fille quittait le sabot pour la chaussure. L'habit et les sabots de fer se définissent donc comme une protection qui a cessé d'être efficace. Le petit chaperon, lui, ne l'a jamais été. On n'a pas assez remarqué qu'en 1695 l'expression "petit chaperon" s'oppose de façon ironique à celle de "grand chaperon" :

> "On appelle aussi une vieille un *grand chaperon* sous la conduite de laquelle on met les jeunes filles. Il n'est pas honnête à des filles de s'aller promener si elles n'ont quelqu'un qui leur serve de *grand chaperon*" (27).

Ainsi se précise la *folie* de la mère évoquée au début du conte de Perrault : elle consiste à faire faire à sa fille un petit chaperon avant de l'envoyer se promener dans le bois au lieu de lui donner un grand chaperon. Folie d'autant plus lourde de conséquences que c'est traditionnellement l'acquisition de la coiffe qui désigne la jeune fille comme nubile et désirable (28). Les chansons populaires le disent bien :

> *L'autre jour je fus à l'assemblée,*
> *voilà ce que c'est d'être bien coiffée,*
> *bonnet serré, tête brodée,*
> *belle collerette.*
> *Un garçon riche m'a demandée,*
> *voilà ce que c'est d'être bien coiffée* (29).

Perte de l'habit et des sabots pesants, "bonnet serré, tête brodée" (la dentelle encore !) : autant de marques qui précèdent et préparent le mariage.

Les sentiers et le grand chemin

Cette métamorphose opérée, l'enfant qui n'est plus une enfant est sommée par le loup de choisir entre deux chemins dont la signification symbolique a fait couler déjà beaucoup d'encre. Tandis que Bruno Bettelheim y retrouve le clivage entre principe de réalité (les travaux d'aiguille) et principe de plaisir (la parure de la belle tirée à quatre épingles (30), Yvonne Verdier oppose les aiguilles de la couturière, image d'une sexualité libre, aux épingles de la jeune fille, instrument de divination amoureuse et attribut indispensable de la mariée (31). On peut se demander plus généralement si le loup ne propose pas à l'héroïne un bon et un mauvais chemin, une voie prescrite et une voie interdite. Dans une version de Haute-Bretagne, il l'invite à passer "par les sentiers ou par le grand chemin" (32). Or ce choix, c'est précisément celui qui se posait dans nombre de provinces à la mariée et au cortège nuptial pour aller à l'église ou pour en revenir : il fallait en Vendée "suivre le *chemin le plus direct*, quelque peu praticable qu'il soit, et, en tout cas, éviter les *petits sentiers*, car ils portent malheur", en Nivernais "suivre les grandes voies et éviter les chemins détournés ou de traverse, lors même que le trajet serait plus long", dans la Mayenne emprunter un mauvais chemin, à peu près impraticable ... (33).

Mais la question du loup instaure de surcroît une compétition ("Et nous verrons qui plus tôt y sera"), en même temps qu'une épreuve, le chemin des aiguilles pointues et des épingles effilées s'opposant au chemin de velours ou au chemin des roses sans épines comme une planche à clous à un tapis de soie. Là encore, comment ne pas évoquer certains rites liés à la cérémonie du mariage : celui de la course suscitée par la fuite de la mariée, quittant la route pour prendre un chemin creux, tandis qu'une poursuite appelée *happerie* s'organise derrière elle (34) ; celui de la barrière surtout que la mariée devait franchir, rite de passage matériel si répandu sur notre territoire qu'Arnold Van Gennep, dans son *Manuel de folklore*, ne lui consacre pas moins d'une quinzaine de pages (35).

Or cette barrière a ceci de particulier qu'elle utilise fréquemment des objets qui percent et qui éraflent : des épines dans le Mâconnais, la Bresse, la Franche-Comté ; des ronces en Bretagne, en Gascogne ou dans le Limousin, parfois encore de grosses pierres. Parallélisme surprenant, le loup de notre conte, dans telle ou telle version orale, évoque le chemin des pierres, des ronces ou des épines (36). Quant aux épingles, comment ne pas les rapprocher de celles qui matérialisent la barrière en Normandie ou dans le Maine (on les fixe dans des couronnes ou dans des cordes enrubannées tendues en travers de la route) ? (37).

Toc ! Toc ! Qui est là ?

En opérant ces rapprochements, il s'agit moins de rechercher une origine lointaine et incertaine du conte que de préciser la manière dont il a pu être reçu dans la société rurale traditionnelle par un destinataire adulte. Un usage comme celui de la barrière a été trop fortement enraciné dans notre sol pour ne pas avoir marqué durablement l'imagination populaire. L'énigme posée par le loup-sphinx au carrefour des voies et des vies a donc pu être perçue comme une invite : "Veux-tu jouer avec moi au jeu du mariage ? Veux-tu faire la mariée ?''. La suite du conte est largement fidèle à ce programme, puisque l'ordonnance de la noce est, sur bien des points, reproduite. Dès le départ, l'enfant est dotée de tous les accessoires nécessaires : la coiffe dont on sait l'importance qu'elle revêt dans la toilette de la jeune épousée (38) ; le petit pot de beurre qui évoque le beurre des mariés, beurre moulé, beurre sculpté dans certaines régions pour les cadeaux de noces (39) ; la galette qui a donné son nom à une danse exécutée en ce grand jour (40). Suivons à présent l'héroïne dans son itinéraire. A la course succède l'épreuve de la porte fermée :

Toc ! Toc ! ''Qui est là ?''

L'auditoire paysan ne trouve-t-il pas là l'écho d'un autre rituel, celui qui précède l'entrée de la mariée — et parfois du marié — dans sa nouvelle maison ?

> *Le père qui conduit encore sa fille frappe à la porte hermétiquement fermée. Une voix de l'intérieur lui demande : qui est là ? (41)*
>
> *La mariée est obligée de frapper trois coups à la porte. Au troisième coup, la porte est ouverte (42).*
>
> *Qui frappe ainsi à ma porte ? Réponds-moi, ô mon fidèle verrou !* (43)

Est-il besoin de pousser plus loin cette lecture ? On établirait aisément d'autres parallélismes, par exemple dans l'épisode du strip-tease de la fillette, calqué sur celui du déshabillage de la mariée : la coiffe et le devantier (44), ornements essentiels de cette dernière, y sont fréquemment mentionnés.

Sommes-nous à présent en mesure de préciser les termes de la devinette initiale ? Si l'on admet que l'aiguille et l'épingle participent d'un art féminin, celui de la dentelle dont on a montré l'importance, plus généralement celui de la parure, toutes deux ne font qu'annoncer une autre énigme dont la révélation est, tout au long du conte, différée. A quoi servent, en effet, l'aiguille et l'épingle ? A fabriquer, à épingler le vêtement. Et celui-ci, à quoi sert-il ? L'héroïne ne le saura que lorsque le loup lui enjoint de la rejoindre dans le lit :

> — *Où faut-il mettre mon tablier ?*
> — *Jette-le au feu, mon enfant, tu n'en as plus besoin* (45)

Ainsi se révèle in extremis la finalité de la parure : elle n'existe que pour être ôtée. C'est un faire-valoir provisoire, destiné à masquer et à révéler en même temps le corps désirable, ce que l'habit de fer ne faisait pas. L'aventure s'achève dans le lit du loup. Le chemin des aiguilles et le chemin des épingles s'arrêtent là.

Comme dans les courses au trésor, le conte utilise un code et un parcours singuliers. Ce qui s'y donne à lire, c'est le destin des filles ''belles, bien faites et gentilles'' (46), destin minutieusement réglé durant une cérémonie qui conditionne toute leur vie.

En proposant à la fillette de jouer à un jeu dangereux, le loup de la tradition orale fait-il en dernier ressort autre chose que prendre sa revanche d'animal traqué sur son adversaire humain ? Le conte ne saurait faire oublier l'histoire. Au cours des siècles passés, bien des loups ont emprunté pour leur malheur le chemin des aiguilles traîtreusement dissimulées par le chasseur dans des morceaux de viande :

> *"Quant la char sera digérée dedans le corps, les aguilles qui seront teurses par force se dresseront et se mettront en croix et perceront les boyaulx au lou"* (47).

S'il fallait formuler une hypothèse sur l'origine et les circuits de transmission du conte, l'importance accordée au lexique de l'artisanat dentellier (l'aiguille, le fil et l'épingle, la cheville et la bobine, le chaperon et la dent de loup) inciterait à y voir un conte d'*écraigne* : dans ces lieux réservés où les femmes se réunissaient pour coudre et pour broder, *le Petit Chaperon rouge* a pu avoir sa place. N'y trouve-t-on pas en effet l'expression d'une parole féminine sur le mariage et la sexualité où les grandes et petites filles ont lu en filigrane leur avenir ?
Le parcours du Petit Chaperon rouge reste, à cet égard, exemplaire. En faisant disparaître l'aiguille et l'épingle, Charles Perrault en a dénaturé la signification.

Bernadette Bricout

CHAPITRE II

DU "RELEVE DE FOLKLORE" AU CONTE POPULAIRE :
AVEC HENRI POURRAT,
PROMENADE AUX FONTAINES DU DIRE

A une époque où la littérature orale passionne les amateurs comme les chercheurs, où l'on essaie, au fond de nos campagnes, de retrouver ses vestiges, où l'on va traquer au-delà des mers, du côté de l'Afrique ou de l'Amérique du Sud, ses manifestations encore vivantes, il est particulièrement intéressant de découvrir — ou de redécouvrir — un écrivain auvergnat, dont la renommée a depuis longtemps franchi les frontières de sa province, et qui, dès le début du siècle et tout au long de sa vie, s'est passionné pour cette littérature orale, enracinée dans un univers terrien en train de disparaître, au point d'en faire la matière même du meilleur de son oeuvre.

Au commencement était le dire ..., telle est la formule qui pourrait résumer l'inspiration profonde et constante d'Henri Pourrat, dire des paysans, dire des vieilles femmes, dire du vieux peuple des campagnes, patiemment découvert et capté en ses fontaines vives ...

Au fil des ans, Pourrat s'est livré à la collecte minutieuse de tous les trésors de l'imagination populaire : contes, chansons, légendes, devinettes, sornettes, historiettes et proverbes (1). Parmi ces trésors lentement engrangés que l'on découvre intacts dans les dossiers de travail de l'écrivain conservés au Fonds Pourrat, les contes occupent une place de choix et en particulier les contes populaires, conservés par une longue tradition orale. Ces contes, Pourrat commence à les recueillir dès avant la guerre de 14, en compagnie de son ami, "le bon félibre livradois", Régis Michalias : "On s'intéresse mal au folklore en France. Voici pour ma part bientôt deux ans que je m'occupe de recueillir contes, chansons, etc ...", peut-il écrire au folkloriste Arnold Van Gennep, le 19 décembre 1912 (2). Cette quête ancienne ira s'enrichissant et s'élargissant ; en effet au noyau primitif trouvé par Pourrat lui-même, dans la région d'Ambert, s'ajouteront les témoignages recueillis par ses nombreux correspondants, non seulement en Auvergne, en Forez ou en Bourbonnais, mais aussi dans des provinces plus lointaines, sans compter bien sûr les exemples apportés à Pourrat par ses lectures : journaux, livrets de colportage, almanachs et autres recueils plus littéraires.

Recueillir soit, mais comment transmettre cette immense moisson de contes ? Cette question obsède Pourrat tout au long de son oeuvre. Il lui apporte une première réponse en écrivant *Gaspard des Montagnes*, dont il pourra dire :

> "Il y a surtout un conte derrière lequel je suis parti, un jour, essayant de lier les autres à son long fil, d'en faire une longue histoire à cent histoires" (*La porte du verger* (3), p. 119) ;

une autre réponse est donnée lorsqu'il écrit, à l'intention d'un public d'enfants, *Les contes de la bûcheronne*, en 1936 :

> "Longtemps j'ai cru que les contes recueillis dans les montagnes, couchés par écrit, n'intéresseraient pas même les petites filles de la montagne. *Les contes de la bûcheronne* sont un essai de transcription à la recherche de la fidélité souhaitable". (*ibid.*, p. 144-145);

Mais il faudra attendre 1948 pour qu'il consente à livrer au grand public le premier tome du *Trésor des Contes* (4), dont la publication continuera dans les dix dernières années de sa vie. La création des contes de Pourrat est donc l'oeuvre de toute une vie, oeuvre tout entière sous-tendue par une quête difficile de la fidélité au modèle populaire. Comment rester fidèle au conte populaire fortement enraciné dans la vie d'une communauté rurale particulière, sans tomber dans un régionalisme étroit ? Comment passer du conte dit au conte écrit — deux genres dont les conditions de production sont résolument différentes — sans trahir ni le tour, ni l'esprit du conteur populaire ? Comment devenir un véritable écrivain-conteur, capable de faire naître chez le lecteur, par la magie de l'écriture, un plaisir aussi intense que celui que l'on peut prendre à entendre dire un conte par quelque conteur doué, au fond du vieux pays ? Autant de questions qui préoccupent Pourrat et auxquelles il cherche à répondre en réécrivant les contes entendus, abandonnant la fidélité du "relevé folklorique", pratiquée dans sa jeunesse, pour tenter d'atteindre ce qu'il considère comme la vraie fidélité. En partant de l'examen linguistique d'un ensemble de documents très réduit certes, mais essentiels, on peut tenter d'évaluer cette fidélité de l'écrivain au modèle populaire et de capter la métamorphose du conte dit. Le corpus étudié se compose d'une part des contes populaires recueillis entre 1911 et 1913 dont une partie a été publiée dans la *Semaine auvergnate* — corpus de littérature orale authentique — et d'autre part des contes du *Trésor* auxquels ils ont donné naissance.

La première forme de fidélité à laquelle se livre le jeune Pourrat, c'est la fidélité des ethnologues, celle qui lui recommandait Arnold Van Gennep — dont Mlle Bricout a analysé soigneusement les relations avec Pourrat (5) — et Léon Pineau, les deux "éminents folkloristes" dont il se réclame en présentant au journal *La Semaine Auvergnate* * (n° 146, du 19 décembre 1912), la rubrique "la littérature orale de l'Auvergne" sous laquelle il publiera, à partir de janvier 1913, des chansons et 13 contes. Cette fidélité de folkloriste nous vaut le privilège de posséder

* *La Semaine Auvergnate*, notée *S. A.*
* *Le Trésor des Contes*, noté *T. C.*

un ensemble de contes oraux, dûment authentifiés, qui constitue le noyau primitif du *Trésor* *. Ces contes sont pour la plupart en français — fait qui mériterait un examen attentif et qui explique peut-être en partie leur caractère relativement plat — (6). Ce corpus est très localisé géographiquement : la collecte s'est effectuée dans une région bien délimitée de la Basse-Auvergne, la région ambertoise, mais hors de la ville, dans des bourgs ou de petits villages, à une époque bien déterminée : entre 1911 et 1913, auprès de gens modestes — des femmes pour la plupart — , déjà âgés — un seul enfant de 9 ans, un seul jeune homme de 19 ans — , appartenant tous au menu peuple : dentellières comme Mme Dandrieux (70 ans), Mme Nanette Chapat (53 ans) ou encore Mme Vve Marie Claustre (78 ans), grande pourvoyeuse de contes de toutes sortes : contes merveilleux, contes d'animaux, diableries, histoires de couvent ou récits réalistes, domestique comme Marie V ... (38 ans), papetière comme Mme Marie Lebon ou laboureur comme Annet Desgeorges. Autant de gens modestes qui, au fil même des contes, évoquent leur condition misérable, Marie Claustre, disant *Le conte de la femme du roi mise dehors par son domestique* (*S. A.* n° 165 1/5/1913) déclare : "en effet, ils voient une vieille maison toute mal bâtie, pas bien grand chose, comme ma chambre", ou encore "Il la connaissait pas (c'est-à-dire : le roi ne la "reconnaissait" pas) parce qu'elle était habillée en pauvre femme, à peu près comme moi", et Annet Desgeorges commence ainsi *Le conte de la quittance gardée et rendue* (*S. A.* n° 163, du 17.IV.1913) : "Un pauvre paysan comme serait moi avait acheté un coin de bien à M. L... d'Ambert". Autant de gens dont la culture est une culture populaire essentiellement orale. Marie Claustre n'affirme-t-elle pas : "Au reste je sais (c'est-à-dire je "connais") ce qu'on me dit, je n'ai pas d'éducation" (*S. A.* n° 149, 9.I.1913).

Comment le jeune Pourrat a-t-il procédé pour effectuer ses relevés de contes, à une époque où, bien sûr, le magnétophone n'existait pas encore ? Les documents du Fonds Pourrat permettent de le deviner : on y trouve d'une part un cahier de petit format au papier très épais, et quelques feuilles éparses, sur lesquels il a noté à la volée, comme en témoigne l'écriture tourmentée, avec des mots plus ou moins tronqués, le maximum de phrases du conteur : c'était le cahier utilisé sur le terrain, d'autre part on trouve un cahier rayé plus grand, fort bien écrit cette fois — dont les feuillets ont d'ailleurs été dispersés dans divers dossiers, sans doute au moment de l'élaboration des contes —, le cahier sur lequel Pourrat retranscrivait les contes entendus en suivant ses premières notes. Cette retranscription se veut parfaitement fidèle :

> "*Nous avons reproduit exactement le langage oral, sans rien changer, sans rien enjoliver* (souligné par l'auteur). Bref nous nous sommes efforcés de noter ce que nous entendions avec la plus complète exactitude et la plus scrupuleuse minutie".

affirme Pourrat dans la *Semaine auvergnate* (n° 146, 19.XII.1912), reprenant ainsi les termes mêmes de Van Genepp.

Cette fidélité linguistique ne va pas sans difficultés. Certaines sont inhérentes au passage de la langue orale à sa mise en forme par l'écriture, mais si Pourrat se préoccupe des particularités phoniques de l'oral (chute des e muets, absence de liaisons ou liaisons anormales, allongement ou apocope de certaines syllabes. Lettre à Van Genepp du 16.VII.1911), dans la transcription des chansons, soumises à certai-

nes exigences métriques, il ne note, pour les contes, qu'une seule de ces particularités phoniques : "y a" ou "y avait" pour "il y a", "il y avait" ... D'autres difficultés sont liées à la transcription de la langue orale régionale sur laquelle le jeune
Pourrat, se retranchant derrière l'autorité de Montaigne, porte un jugement fort
ambigu, à la fois sévère et élogieux :

> "Les pages que nous publierons ici sont de pur français auvergnat ;
> c'est-à-dire un français bâti de provincialismes, hérissé de barbarismes,
> disloqué de solécismes. Langage fruste, traînant et effoiré, comme
> dit Montaigne, mais savoureux avec ses expressions imagées, ses
> pointes". (*S. A.* n° 146).

Certaines corrections pratiquées sur les textes transcrits sur le cahier rayé témoignent des hésitations du jeune écrivain, ami des belles lettres, ayant comme seule
référence la norme du français écrit, en face de ce qu'il considère comme des anomalies de la langue régionale, ainsi par exemple il barre les "ne ..." des négations
"ne pas", qu'il a spontanément écrits et dont il sait qu'ils ne fonctionnent pas en
français régional ou encore il souligne la forme unique *"lui"* employé pour le
pronom complément indirect, renvoyant à un singulier ou à un pluriel (7). Cette
forme typique, calquée sur le dialecte et présente chez tous les conteurs, n'apparaît
d'ailleurs plus dans les textes de la *Semaine auvergnate* (8).

D'autres difficultés encore, liées cette fois à la structure même du conte oral,
semblent arrêter Pourrat. Il paraît gêné par cette structure très linéaire, si caractéristique de la narration orale avec ses juxtapositions ou ses articulations très lâches
"et", "alors", et il rétablit parfois des termes de liaison plus explicites, il lui arrive
même de reconstruire des phrases entières ; dans le *Conte du Bon Dieu se promenant avec Saint Pierre* telle phrase de la conteuse, typique de l'oral avec ses ruptures
et ses heurts : "Un jour qu'ils avaient fait une grande course tous deux, le Bon Dieu,
ses souliers lui fesaient (sic) mal, lui avaient blessé le pied" est barrée par Pourrat et
réécrite ainsi : "il se trouva que les souliers du Bon Dieu lui firent mal et lui blessèrent le pied". Pourrat semble gêné aussi par un certain manque de variété dans
l'expression des contes, ainsi il souligne les formes de "dire" ou "faire" trop souvent
répétés à son gré dans certains textes ... Autant de détails que l'on ne remarque
même pas lorsque l'on écoute le conteur mais qui gênent lorsque sa parole est transcrite, car tel est bien le noeud des difficultés :

> "Mets son conte sur le papier tel qu'il te le récite : ce conte ne sera
> peut-être qu'une fleur sèche, décolorée, déchiquetée"

dira Pourrat dans *La porte du verger* (p. 143-144). Terrible frustration, le plaisir
du conte est perdu !

Ainsi pour l'homme qui lie avec ceux d'Auvergne une alliance de plus en plus
profonde, pour l'écrivain qui, avec *Gaspard des Montagnes,* conquiert patiemment
un style grâce auquel il tente de faire partager son amour profond de la culture
populaire, la "fidélité du folkloriste" — utile sans doute à l'homme de sciences —
devient-elle très vite insupportable, fidélité de surface, "authenticité de hasard", qui
trahit le conte populaire. "Une fidélité littérale tue la fidélité populaire" déclare-t-il
dans la Note du T. I. du *Trésor des contes* (p. 9) et immédiatement il indique la voie
à suivre pour rendre au conte "verdeur et vie" : "Il faut refaire du conte une nature,

toute liée et d'une heureuse venue. On ne lui rendra sa nature même que si on sait l'amener à une forme" (p. 9). Cette forme — écrite cette fois — qui aura pour fonction d'intéresser un très large public, doit être fidèle au conte populaire dit, qui est, avant tout, art de connivence, art de complicité, au sein d'une communauté linguistique et culturelle régionalement limitée, art de contact direct entre le conteur et ceux qui l'écoutent. Or, pour créer cette complicité, l'écrivain-conteur dispose des seules ressources de l'écriture, là où le vrai conteur populaire pouvait user de toutes les ressources de l'extra-linguistique, partie intégrante du conte dit :

> "Un relevé exact donnera-t-il les mouvements de la voix, les intonations prises, les airs de tête ? Et il devrait donner ce qu'il y a autour du conteur : propos, rires, remuements de lueurs sur les figures, jusqu'à ce brun de l'ombre, et cette odeur de lait qui surit, de bêtes chaudes, de fumée de genêts. Voire ce qu'il y a derrière : le vieux monde des fermes, les foires, les fêtes, les travaux, les habitudes. Tout cela qu'ils ont mis sans le savoir ..." (Note T. I. *T.C.*, p. 9).

Véritable gageure ! Cette gageure pourtant, l'auteur du *Trésor des contes* l'a tenue, d'abord en se livrant à une élaboration soigneuse du matériau linguistique que lui fournissaient ses modèles populaires, ensuite en reconstituant, grâce aux ressources de l'écriture, les éléments extralinguistiques qui entourent le conte dit.

Pourrat présente son entreprise d'écrivain comme un travail de "restauration" :

> "Celui qui rédige les contes ne voit-il pas qu'il n'a à tirer gloire de rien : le fond, le tour, les mots, les images empruntées à ce même monde des contes, tout lui est donné" (Note T. I. *T. C.*, p. 10).

Sur le plan linguistique, ce qui lui est donné c'est d'abord la langue régionale parlée. Cette langue Pourrat va la passer au crible, pour éliminer ce qu'elle a de trop particulier et conserver soit ce qu'il juge expressif, soit ce qui la rapproche de l'ancienne langue française, en effet c'est là que Pourrat estime devoir chercher des lettres de noblesse au parler local, comme l'ont bien montré ses commentateurs Paul Vernois (9) ou Monique Parent (10), qui définissent avec juste raison le style de Pourrat comme une savante osmose entre langue populaire et langue littéraire. La confrontation entre certains contes et leurs sources corroborent en grande partie leurs affirmations.

Désireux de toucher un large public, et un public instruit, Pourrat élimine les calques dialectaux les plus voyants, bien que certains soient parfois partie intégrante du contenu du conte, tel le "serre la porte" du *Conte de la femme qui lava ses enfants* ... Seul le jeu sur l'ambiguïté sémantique d'un verbe qui, en patois, signifie à la fois "fermer" pour une porte, "garder précieusement" et "tenir vigoureusement", explique que la femme puisse comprendre qu'elle doit emporter la porte. L'écrivain devra trouver un jeu sémantique équivalent en français... Ecrivain de langue française, Pourrat élimine les calques susceptibles de passer pour des fautes contre la norme du français comme : "un paire de souliers" (l'histoire du soldat La Ramée) ,"se penser" très fréquent et pas seulement chez Marie Claustre, ou encore les impératifs suivis de "que" traduction de la forme dialectale "ma" très répandue chez les conteurs : "Rentrez que ..." disent les paysans au Curé de Bertignat et le diable au pauvre paysan : "Monte que derrière moi !" (*Conte de la quittance gardée et rendue. S. A.* n° 163), qui devient dans le *Trésor* "Monte seulement derrière moi ..." perdant – il faut l'avouer – de cette vigueur expressive que le jeune Pourrat reconnaissait à cet arvernisme dans sa *Défense et illustration du parler ambertois* (11).

Il élimine aussi les termes jugés trop crus, soit en les remplaçant par des termes moins connotés péjorativement : là où le héros du *Conte de Tchaille* dit à la vieille : "je mange de la merde", celui de Pourrat déclare "je mange une bouse" (*T. C.,* IV, p. 99), soit en cultivant l'allusion : ainsi l'arrivée du curé portant une louche pleine de "patias de pommes de terre" dans la chambre des filles, qu'il prend pour sa propre chambre, où est censé l'attendre son sacristain, est présentée d'une manière relativement plate mais fort réaliste par Marie V. ... :

> "Les filles dormaient, toutes découvertes et n'attrapaient toujours pas la louche. A la fin le curé impatienté s'approche du lit et flanque le patias après elles. Il le leur flanque pas juste par les fesses !" (*S. A.,* n° 196).

Pourrat, lui, amplifie la scène, fait usage du style direct et substitue à la présentation réaliste, tout un jeu d'allusions claires mais plus discrètes, qui constituent un des ressorts du comique de la farce présentée :

> "Jean-Bête (c'est le héros que Pourrat a substitué au curé) faisait doucement, doucement. Il approche du lit. Par la chaleur de cette nuit d'orage, les filles avaient repoussé les couvertures. La plus proche dormait sur le ventre comme un faucheur qui fait la méridienne (notons au passage le réalisme de la comparaison rustique).
> – Té, frère, prends le patias !
> Il avance la louche, croyant entrevoir une face.
> – Tu n'as pas besoin de souffler, il n'est plus chaud ... Mais dis, dépêche, pauvre frère, il faut que je redescende cette louche ... Toujours souffler, toujours souffler ... Ah ! té tu as demandé du patias en voilà !
> Il râcle d'une main tout ce patias de la louche et le flanque d'un coup contre ce qui devait être la face de son frère" (*T. C.* t. IX, p. 116).

A quoi répond cette élimination systématique des termes jugés grossiers : pudeur naturelle de l'homme ? souci de respecter la bienséance dans un texte écrit ? volonté de servir le monde des campagnes en évitant d'alimenter certains préjugés sur la grossièreté de son langage et de ses moeurs (12) ? Tout cela sans doute, mais les transformations apportées par Pourrat vont au-delà du simple interdit linguistique, des personnages même sont modifiés : le curé "qui aimait trop le patias" devient Jean-Bête, le bien-nommé, et le "curé de Bertignat qui fit le veau" n'est plus qu'un "sacristain" dans le *Trésor des contes*. Ces phénomènes, liés à certaines idées fondamentales de Pourrat, semblent aussi liés au passage du conte dit au conte littéraire. Dans le conte dit, authentiquement populaire, comme dans toute forme de littérature orale, la transgression de certains tabous – tabous linguistiques tels les interdits scatologiques et sexuels – , ou tabous sociaux – tels les interdits liés à certains types de personnages comme prêtres et moines – remplit une fonction sociale évidente dans une société rurale étroite et close, fonction qui perd en grande partie sa raison d'être dans le conte écrit, et écrit pour un tout autre public.

Mais si Pourrat élimine certains matériaux linguistiques régionaux, il en retient d'autres qui donnent à son style une étonnante apparence de vérité. Il retient des faits syntaxiques, calqués sur le dialecte, l'antéposition du pronom complément direct, très fréquente chez tous les conteurs, comme par exemple:"le démon *le* devait prendre quand il aurait vingt ans" (*L'histoire du séminariste ... S. A.* n° 167) ou "Tâchez de *me* bien comprendre" (*L'histoire du soldat La Ramée ... S. A.* n° 176), ou la suppression d'un certain nombre de pronoms sujets : "Faut que je sache ..." (*Conte de la femme du roi ... S. A.* n° 165), tournures qui correspondent d'ailleurs à des constructions de l'ancienne langue, ou encore des constructions très marquées régionalement qu'il intègre à ses dialogues, qui prennent ainsi "couleur et vie". Par exemple, dans le *Conte de Chaille* (*T. C.* t. IV) qui met en scène "du monde qui n'était pas bien riche, et qui n'était pas bien fin non plus", il n'hésite pas à transcrire intégralement certaines tournures de la conteuse avec un "que" à valeurs multiples : "Toi ! Que tu es encore plus bête que ton frère" (p. 97) dit la mère à son fils et plus loin celui-ci répond à la baragogne : "Je me repose pauvre femme, que je suis bien las" immédiatement redoublée par une forme parallèle, de Pourrat cette fois : "Et je mange, que j'ai l'estomac dans les talons" (p. 99). Les faits lexicaux retenus sont plus nombreux encore, il faudra quelque jour, rassembler le trésor des mots du *Trésor des contes* ! Pourrat puise largement dans le vieux fonds des expressions locales : "le monde", "le petit", "la petite", "pauvre femme", "nous autres", "crainte que", "tourner dire", etc. affectionnant particulièrement les formes expressives comme "se prendre", "raminer" ou des mots dont le sens local renvoie à une acception française effacée maintenant comme "savoir" au sens de 'connaître', présents chez la plupart des conteurs, ou encore "mirer" pour "admirer" utilisé par cet Annet Desgeorges, conteur doué lorsqu' "il est dans ses bonnes", qui fournit à Pourrat certains modèles de tournures linguistiques, sachant user de la comparaison, créer un rythme alerte comme par exemple au début du conte qui servira de point de départ au *Conte de Vidal-va-de-Bon-Coeur ... (T. C.* t. I).

> "Une fois, un jeune homme, qui s'appelle Bartheil, je lui fais porter ce nom, joyeux comme un chardonneret, leste, disert (?) de son corps, rien ne lui faisait peur sur la place, enfin on le mirait tellement qu'il était gentil".

Si Pourrat retient des mots locaux ou même des phrases ou des mots patois, inintelligibles pour un large public, il les traduit immédiatement, non pas en note comme dans la *Semaine auvergnate* mais dans le fil même du texte, dont il évite ainsi de rompre le rythme. Par exemple, le diable, dans le *Conte de la quittance ... (S. A.* n° 163), crie au paysan "Ha ! Chose, qu'aucu t'aye liceno !" – la phrase même du conteur – immédiatement suivie de : "Ha ! Chose, quelqu'un t'a fait la leçon !". Mais cette intégration de la forme dialectale au texte même relève souvent d'un art plus élaboré. Ainsi le mot [burd'i] désigne à Ambert, selon Michalias (13), "un mélange de choses hétérogènes, fétu, balayures, menuailles, très petits objets !", ce mot francisé en "bourdi" retient l'attention de Pourrat non seulement par son sens mais aussi par sa parenté phonique avec "bourde", quelle aubaine pour décrire une femme bête et sale, avec une verve qui n'est pas sans évoquer Rabelais !

> "Mais quoi l'homme l'avait prise : il fallait bien qu'il la gardât ... La gardât avec ce tapage de gros sabots pachôt-pachôt, ces remuements de grosses jupes, ces bouffées de cendres et de poussières, ces bourdes et ce bourdi et toute la bêtise" (*T. C.* t. V, p. 32).

L'écrivain qui respecte d'assez près les thèmes, réécrit donc les textes, brodant à partir d'un matériau linguistique authentique qu'il élabore patiemment et qu'il intègre à la structure même des contes, une structure qui frappe par sa cohérence et sa variété si on la compare à celle des contes transcrits. En effet l'exigence de cohérence est liée au passage du dire à l'écriture. Dans le conte dit, le conteur procède généralement par simple juxtaposition de faits — peu d'éléments syntaxiques de liaison, peu d'indications notant les changements de lieu ou de point de vue — sans que cela nuise à la compréhension, puisque une intonation, un silence, une mimique suffisent à assurer la continuité du récit. Les exigences de cohérence d'un genre narratif écrit sont généralement plus fortes. Pour y répondre Pourrat va user bien sûr de procédés syntaxiques variés mais aussi de tout un implicite du discours qui témoigne d'une remarquable fidélité au vieux fonds populaire. Dans le *Conte de la quittance* ... (*S. A.* n° 163 et *T. C.* t. V p. 133), par exemple, l'apparition du diable n'est pas préparée par Annet Desgeorges :

> "Un jour, il (le paysan) travaillait dans son pré, avec un taille-pré, mais ça le "raminait et par moments il s'arrachait les cheveux d'ennui.
> Tout par un coup, il vit devant lui un monsieur à cheval ..."

Pourrat, quant à lui, tout en suivant de très près son modèle, va vers une dramatisation de la scène et par le biais des paroles rapportées prépare l'enchaînement du récit, grâce à l'évocation implicite de la croyance populaire selon laquelle il suffisait de prononcer le nom du Malin pour provoquer son apparition.

> "La veille du jour marqué il était là, taille-pré en main, au milieu de son pré, qui refaisait les rases, les rigoles. L'affaire le raminait tellement que tout à coup, s'accrochant le taille-pré à l'épaule, des deux mains il se prend aux cheveux ... Avoir payé et devoir repayer. Il y a de quoi se donner au diable !
> Subitement, il ne sut comment, il eut devant lui, un monsieur tout de noir, sur un cheval noir".

Ou encore si l'on compare le *Conte des enfants perdus* (*T. C.* t. IX) à la version de Marie Claustre, on voit comment l'écrivain pallie certains vides du conte dit en ménageant des transitions par le biais de l'évocation de plusieurs interventions divines successives, par exemple :

> "Mais debout sur la rive, au jour marqué par le vouloir de Dieu, il vit venir une barque ... (p. 232)

ou un peu plus loin :

> "Le Bon Dieu aime les chrétiens. Au moment où il était le plus enfoncé dans le noir de sa peine, le roi levant les yeux a vu venir à travers le bois la métayère et deux enfants" (p. 234).

Or, ce procédé, s'il n'est utilisé qu'une fois chez la conteuse, contre quatre ou cinq chez Pourrat, est néanmoins parfaitement fidèle à son état d'esprit : souvent les contes de Marie Claustre baignent dans un certain climat de religiosité et à l'issue du *Conte des enfants perdus*, elle déclarait : "C'est un conte vrai, *il paraît qu'il est dans la Bible*".

Mais si le passage de l'oral à l'écrit exige plus de cohérence, le passage de l'oral à l'écrit littéraire exige, lui, plus de variété, variété qui doit s'exercer dans les limites même fixées au conte populaire par la tradition orale. "N'ajouter rien sinon des traits tirés de la grande imagination populaire" telle est la règle que se fixe l'écrivain-conteur.

Certes il lui arrive de s'inspirer de la tradition littéraire mais à condition que celle-ci rejoigne une certaine tradition populaire, qu'il s'agisse d'une tradition héritée du moyen âge comme celle des évocations qui rehaussent certains épisodes du *Conte des enfants perdus* (*T. C.* t. IX) — là où la conteuse disait simplement : "aussi ce pauvre roi s'ennuyait beaucoup, et son frère le laissait pas, crainte qu'il se donne la mort" (*S. A.* ne 148), Pourrat écrit : "Il allait dans le verger, à l'écart dans le parc. Là où ne venait jamais personne. Il marchait entre les pommiers, regardant à ses pieds sans rien voir du printemps. Son frère venait l'y quérir. Il ne voulait pas le laisser seul, ni au verger, ni au vivier, ni dans la salle basse, ni dans la chambre haute." (*T. C.* t. IX, p. 229) — ou encore de celle héritée de La Fontaine et de Rabelais fort admirés de Pourrat et qui transparaît par exemple derrière le *Conte du loup complaisant* (*T. C.* t. XII, p. 201), où, à l'introduction banale de Marie Tissandier :

> "Il y avait une fois un vieux loup qui était tombé malade, de sorte qu'il était resté une quinzaine de jours sans pouvoir sortir et sans avoir à manger",

il substitue une présentation au rythme disloqué, à la syntaxe et au lexique archaïsants, venue tout droit des *Fables* :

> "Il y avait une fois un loup, qui pour avoir lors des froidures mangé des choux gelés, ou bien d'autre façon s'être mal gouverné, eut l'estomac tout mal en point".

On devine encore La Fontaine et Rabelais à travers les jeux verbaux dont il use pour évoquer les diverses mésaventures du loup par exemple : "Toute cette eau chargée dans son ventre, il lui a fallu d'abord s'en décharger, puis se sécher et tout battu, courbatu, abattu, reprendre ses esprits".

Mais le plus souvent, c'est en empruntant à la tradition populaire exclusivement orale que Pourrat donne à l'écriture de ses contes diversité et éclat. Cette tradition lui fournit une rhétorique particulière : rituel linguistique codifié — en français et en patois — de chansons, proverbes, devinettes, formulettes, modèles de comparaison-clichés du type "étonné comme fondeur de cloche", "long comme un jour sans pain", etc. qui vont devenir la chair même des contes écrits. Cette rhétorique rustique ayant été bien étudiée (14) par Paul Vernois et Willy Ball (15) à propos de *Gaspard des Montagnes*, quelques exemples suffiront. Dans le *Conte de la femme bête qui lava ses enfants ...* (*T. C.* t. V), Pourrat, pour conférer un semblant de véracité à l'aventure, ajoute à son modèle un élément fondamental : la bêtise de la femme. Cette bêtise alliée à la bonté de l'homme se trouve convertie en formules toutes faites et proverbes qui, s'intégrant à la progression même du conte, en ponctueront les temps forts :

"A quoi servirait bien de se mettre en colère ? Elle est ta femme. Tu es son homme.

Où la chèvre est au piquet
Là il lui faut brouter.

Bête elle est, bête elle restera. Tu ne la changeras pas" (p. 34) répète le pauvre mari. Dans le *Conte de Jean-Bête et de ses amours* (*T. C.* t. 9 p. 106), où manifestement l'écrivain prend plaisir à écrire comme le conteur doué prend plaisir à raconter, chansons, proverbes et devinettes s'intègrent parfaitement à la geste burlesque de ce Jean-Bête, bête à manger du foin comme on dit chez nous, qui s'achève sur une formulette :

"Voilà ce qui en fut de leurs amours
Moi, je n'en sais pas plus toujours."

Ces formulettes, en français ou en patois, conformes à la tradition du conte dit (16) dont le conteur souligne presque toujours la clôture, sont fréquemment utilisées par Pourrat, qui en construit parfois à partir d'une suggestion de la conteuse : Marie Claustre, évoquant le sort des enfants du criminel, terminait par ces mots le *Conte du Bon Dieu se promenant avec Saint Pierre* :

"Ils auraient eu le renom d'être orphelins, tandis que maintenant ils ont le renom de leur père assassin",

Pourrat en fait une formule rimée :

"Ils n'auraient eu que le renom d'être orphelins
Tandis qu'ont le renom de leur père assassin"

Tous les éléments à forme fixe, qui exigent une typographie spéciale, remplissent en effet dans le conte écrit une fonction visuelle importante qui redouble en quelque sorte la fonction auditive qu'ils avaient dans le conte dit. Ainsi sur le plan linguistique, Pourrat parvient-il à la vraie fidélité, fidélité d'un autre ordre que celle du simple relevé folklorique.

Mais à cette fidélité aux éléments linguistiques s'ajoute une fidélité aux éléments extra-linguistiques, qui sont partie intégrante du conte dit, comme le montre bien la tendance actuelle des éditions de Contes populaires qui accompagnent ceux-ci de commentaires et de documents photographiques destinés à "évoquer ce fonds de connaissances précises, cette expérience partagée d'un lieu, d'une société, d'une activité qui fonde la complicité entre le narrateur et l'auditeur" selon les termes de Jean Cuisenier (17). Ce que nos contemporains confient à des documents extérieurs au conte, Pourrat va l'intégrer à la chair même du conte, usant des ressources de l'écriture pour recréer le climat de connivence indispensable entre le conteur et son auditoire.

Cette connivence, elle tient d'abord à la présence du conteur que Pourrat met en scène (18). Celui-ci peut commenter discrètement un fait, comme dans le *Conte du Bon Dieu et de Saint Pierre en promenade* (*T. C.* t. VIII) où le châtiment du coupable est commenté dans des termes très proches de ceux de Nanette Chapat :

> "En ce temps-là on les pendait les condamnés à mort. Celui-là avait commis quelque assassinat mais le conte ne dit pas quel" (p. 20)

ou donner une explication, par exemple dans *La fille du roi aux souliers gâtés* (*T. C.* t. 1) :

> "Alors, elle — oui bien sûr c'était une fade, une fée fine comme le diable — elle se met sur un autre discours" (p. 85),

la comparaison : "une fée fine comme le diable" est de Marie Claustre elle-même.

Le conteur peut aussi prendre son auditoire à témoin, comme au début du *Conte de Chaille* (*T. C.* t. 4) où il parle de la princesse qui ne voulait pas rire, comme pourrait en parler un paysan avec sa sagesse dépourvue d'illusions :

> "Dites-moi ce qu'elle attendait. Peut-être d'être contente. Mais allez mieux vaut rire sans tant tourner, parce que si l'on attend d'être content, on risque de ne rire jamais. Et il n'y a rien qui coûte si peu, ni qui rafraîchisse tant en ce monde" (p. 95).

Il peut enfin engager un véritable dialogue avec son auditoire fictif, dialogue que Pourrat recrée en usant des ressources habituelles de l'écriture pour reproduire la langue orale : interrogations, constructions segmentées, exclamations :

> "Vous demandez s'il a vécu Jean-Bête ? Mais mon pauvre père jurait l'avoir connu, avoir même été à ses noces ! Peut-être pas celui tout à fait du conte, parce que c'est un peu vieux, le conte, du temps de mon grand-père parrain, mais deux ou trois depuis qui valaient bien Jean-Bête ...
> Le vrai Jean-Bête demeurait aux Essarts de Marsac. Un jour, je vous montrerai sa maison, près de la petite chapelle. Et tous les endroits de son histoire, quand vous voudrez. Alors ? - Alors ?! (p. 226).

Ainsi par la grâce du conteur ressuscité, les êtres et les lieux reprennent vie. Ces êtres, le vrai conteur populaire n'a guère besoin de les décrire puisqu'ils font partie de son univers familier, par contre l'écrivain doit, lui, les présenter à un public souvent ignorant du vieux peuple des campagnes, mais il va le faire en respectant ce qu'il considère comme un des caractères fondamentaux de l'art populaire fait de force et de discrétion, l'art du raccourci (19). Jamais Pourrat ne décrit pour décrire mais avec vigueur et netteté il dessine — à la manière d'un graveur — quelques traits d'un personnage — traits tirés souvent d'une observation du réel — qui vont aider à la compréhension du conte. Voici le riche paysan au coeur dur, auquel Saint Pierre va demander un peu de laine pour mettre dans les souliers du Bon Dieu (*T. C.* t. VIII) :

"A sa mise, à sa mine, ses habits de drap fort et son oeil d'assurance, son grand chapeau, sa face rouge, on voyait qu'il était quelque riche fermier" (p. 15)

et plus loin, voici la vieille femme "de bon vouloir" :

"Une vieille pauvresse, jupes troussées dans ses poches et gros sabots qui sonnaient le fendu. Elle le regardait venir avec un sourire sans hardiesse" (p. 17).

Autant de personnages qui semblent tout droit sortis des mains des imagiers d'Epinal auxquels Pourrat vouait la plus grande admiration. Ces personnages sont entourés d'objets familiers et se livrent à diverses occupations que le conteur populaire se contente d'évoquer. Pour présenter le paysan du *Conte de la quittance gardée et rendue*, il suffisait à Annet Desgeorges de dire : "un jour, il travaillait dans son pré, avec un taille-pré", chacun de ses auditeurs connaissait l'outil et sa destination.Par contre Pourrat précise : "la veille du jour marqué, il était là, taille-pré en main, au milieu de son pré, qui refaisait les rases, les rigoles" ("*Conte de la quittance*", *T. C.* t. V, p. 134).

S'adressant à un autre public que celui du conteur populaire, l'écrivain conteur est conduit à expliciter le non-dit du conte populaire et ainsi, indirectement le *Trésor des Contes*, profondément ancré dans la réalité rurale ambertoise, devient un trésor de·détails à valeur ethnographique.

Comme pour présenter les êtres et les choses, pour évoquer les lieux Pourrat se contente le plus souvent de quelques détails qui suffisent à créer l'atmosphère du conte en l'enracinant dans une nature vivante, royaume familier de l'éternel marcheur que fut Pourrat. Voici par exemple les terres ingrates où avancent péniblement le Bon Dieu et Saint Pierre — le rythme même devient heurté, cahotique — :

"Certain jour qu'ils avaient cheminé, cheminé, sont arrivés en de maigres pâtures, de celles où le cliquet des grillons s'entend partout ; des terres vagues où il faisait mauvais marcher, à plus de cailloux que de touffes d'herbes (*T. C.* t. VIII, p. 15)

ou encore le village qu'ils s'apprêtent à traverser :

"Un peu plus loin, dans les poiriers, le Bon Dieu et Saint Pierre sont arrivés à un village. De porte en porte, entre les fagotiers, les tombereaux, les meules, il y avait beaucoup d'émotion, de lamentations" (p. 18).

Mais ces évocations à la fois fortes et discrètes, qui remplacement l'univers réel dans lequel évoluaient les conteurs d'autrefois et servent d'arrière-fond indispensable au conte écrit, peuvent s'intégrer plus étroitement encore au déroulement même du conte. Ainsi, c'est par l'évocation d'une nature transfigurée par la peur que Pourrat parvient à traduire la montée de l'angoisse dans le *Conte du pacte repris* (*T. C.* t. X) angoisse sourde des bois profonds au fond desquels le père sera forcé de révéler à son fils, le séminariste, le terrible secret : à sa naissance il l'a vendu au diable.

"Sans dire mot, tous deux ils marchaient. Cet air obscur sous le couvert, ce remuement à peine, feuillage sur feuillage, cette presse sans fin des buissons et des arbres, par là-bas, derrière les fourrés, cherchant, courant, cet espèce de souffle qui approche, qui arrive ... Dans les aubes, dans les rumeurs, au fond des bois, perdu loin de tout, menacé de partout, comme on est solitaire, comme on est oppressé ... (p. 88-89).

Puis angoisse déchaînée de la chevauchée fantastique du séminariste au milieu d'une nature tourmentée, transfigurée par la peur :

"Il est rentré, chevauchant, chevauchant — le temps pressait tant ! — il allait comme le vent, bons chemins ou mauvais chemins. Il ne reconnaissait pas le pays. Il allait comme dans un cauchemar. Toutes les choses de la route, les pins tordus, les tertres aux écorchures de terre blanche, les monts lointainement d'un bleu de fer chauffé, tout avait l'air de la menace et de l'épouvante". (p. 92).

Angoisse enfin qui tourne à la terreur, à l'approche du rendez-vous fatal avec le démon :

"Soufflait toujours ce vent ; des nuages passaient, tout de biais dans le ciel. Le jour baissait soudainement comme s'il y avait une éclipse. Sous ce jour blafard, on aurait dit de quelque fin du monde. Et la nuit est tombée" (p. 92).

Les paysages du Forez, naturellement inquiétants, se transfigurent en paysages maléfiques : le fantastique entre dans le conte et nous voilà à cent lieues du conte populaire bien fade qui a servi de modèle à Pourrat, et pourtant nous sommes au coeur même des terreurs mystérieuses, des angoisses séculaires du vieux peuple des montagnes.

Ainsi la confrontation attentive entre quelques contes écrits par Pourrat et leurs modèles populaires oraux aide-t-elle à mieux comprendre la longue patience de l'écrivain-conteur qui, par l'écriture, en remodelant et en enrichissant le matériau brut fourni par les contes entendus, parvient à leur redonner une âme. Bien sûr, ces contes du *Trésor* portent le sceau de leur auteur et s'éloignent ainsi de la fidélité — scientifique — du folkloriste, pour atteindre la fidélité du poète : " (...) la transcription (redevient) création" pour le plus grand plaisir du lecteur qui a l'illusion de lire un vrai conte populaire. Merveilleuse illusion ... "La suprême fidélité comment la nommer autrement qu'art et poésie ?" demandait Pourrat dans *La porte du verger* (p. 144). Cette suprême fidélité l'écrivain-conteur est parvenu à l'atteindre et ainsi, grâce à son intercession, les fontaines du dire des conteurs du vieux temps, qui risquaient de se perdre à jamais dans l'herbe de l'oubli, redeviennent fontaines vives, et claires, et jaillissantes aux yeux émerveillés du lecteur d'aujourd'hui.

Dany Hadjadj

CHAPITRE III

LE *CONTE DES YEUX ROUGES* ET *GASPARD DES MONTAGNES*

D'HENRI POURRAT

Tour à tour conteur, romancier, poète ou essayiste, Henri Pourrat a été tenté à plusieurs reprises par la métamorphose des genres. Ainsi *La Belle Mignonne* est, selon lui, une "petite saga faite de 3 contes" (1). *Le Chasseur de la Nuit*, conte puis roman, est écrit à partir d'une histoire racontée à Claude Dravaine dans les villages du Livradois. Enfin le cas de *Gaspard des Montagnes*, roman né lui aussi d'un conte, est d'autant plus intéressant que les nombreuses versions, manuscrites ou éditées, et les multiples difficultés auxquelles l'auteur s'est trouvé confronté permettent de cerner plus aisément les péripéties de la transmutation.

Sous le titre *Le conte des yeux rouges*, Pourrat a donné dans le *Trésor* (2) une version littéraire du conte oral dont il est parti pour écrire *Gaspard des Montagnes* mais la même histoire existe sous des formes diverses dans la plupart des provinces françaises et même à l'étranger. Pourrat a expliqué clairement les principales motivations de son choix dans un texte inédit où il précise : "Le conte de la *main coupée* ou des *yeux blancs*, cette histoire de la petite mutilant le brigand caché, puis l'épousant sans le savoir et devenant sa longue victime, m'a paru le plus propre à opérer le rassemblement de tous ces vieux contes. C'est un de ceux qui ont le plus de marque, qui ont eu le plus de faveur et d'audience : sans doute parce qu'il touchait de plus près les gens au temps des domaines, comme une histoire qui pouvait demain, presque pareille, tomber sur eux. Puis il était plus dramatique que les autres, surtout plus tragique, donnant plus à songer sur la destinée humaine. Il a tant couru celui-là qu'on le retrouve partout. De sorte qu'il est chargé de tous les souvenirs des bois et des chemins, des auberges et des domaines" (3).

Ainsi, en raison de ses caractères intrinsèques et de son remarquable succès, ce conte semblait parfaitement adapté au but de l'écrivain mais sa transformation en un roman multiforme ne s'est pas faite sans mal. Pourrat a d'abord été confronté à un difficile problème d'organisation qui l'a amené à distendre le plus possible les fils de l'histoire initiale. Simultanément il a dû se préoccuper aussi de l'évolution de ces personnages qui lui étaient parfois gracieusement donnés mais dont la présence risquait de gêner sa liberté créatrice. Le résultat obtenu est-il finalement satisfaisant sur le plan de l'esthétique romanesque ? Pourrat s'est-il contenté d'étirer le conte au-delà des limites du raisonnable ou est-il vraiment parvenu à le transformer en un véritable roman ?

Le *Conte des yeux rouges* ne possède peut-être pas une structure aussi rigoureuse que les contes merveilleux mais à travers la multiplicité des versions on peut cependant retrouver certaines des "fonctions" chères à Propp et à tous ceux qui ont suivi la même voie. Qu'on les appelle "éléments" comme chez Joseph Bédier ou "noyaux" chez Roland Barthes, il s'agit toujours de retrouver un certain nombre de constantes qui, sous des apparences variées, n'en restent pas moins aisément identifiables. Elles doivent être considérées comme "les parties constitutives fondamentales du conte" (4), une sorte de matrice originelle que les variantes locales viennent compléter pour lui donner toute sa couleur.

Pour les déterminer, on pourrait rêver d'un corpus exhaustif où figureraient toutes les versions du *Conte des yeux rouges*, mais les analyses de Propp ont déjà clairement montré qu'une telle exigence n'était pas nécessaire. En l'occurrence, nous nous contenterons d'examiner, outre la version de Pourrat, celles qu'il avait lui-même collectées tout au long de sa vie (5). Nous possédons ainsi une douzaine de textes appartenant à différentes régions (Livradois, Combrailles, Causses, Bretagne, Alpes-Maritimes, ...) ; recueillis depuis la fin du siècle dernier (avec pour dates extrêmes, quand elles sont connues, 1892 et 1957) ; de nature variée (de la version orale simplement transcrite à la version littéraire) et enfin aux titres les plus divers : *La Ramée, La main coupée, Le conte des quatorze tonneaux, La Pennerez de Kerario, Le conte du maître des quarante voleurs et de sa pauvre femme* ...

La situation initiale présente une jeune fille obligée de rester seule (ses parents vont à la foire, en voyage, à un mariage, ...). Très souvent elle va alors chercher une amie pour lui tenir compagnie mais cette amie l'abandonne, sous un prétexte quelconque, dès qu'elle aperçoit la présence d'un homme sous le lit.

La première séquence, la plus stable, est celle de la main coupée, caractérisée par un méfait entraînant une vengeance. Un brigand, entré subrepticement, sort de sous le lit de la jeune fille qui fait alors semblant de dormir, il l'observe, pose ses armes et sort appeler ses complices. Pendant ce temps la jeune fille se lève, pousse le verrou, et quand le brigand passe la main sous la porte pour récupérer son coutelas elle lui coupe trois doigts, quatre doigts ou toute la main.

L'épisode suivant est celui du mariage de l'héroïne avec le brigand qui veut ainsi se venger et généralement il possède assez de talent pour enjôler les parents et n'être pas reconnu. Une fois les noces célébrées, les mariés partent en voyage, ou se contentent d'une simple promenade et c'est alors, dans une forêt, qu'a lieu la révélation. Le mari ôte brusquement son gant et montre sa main coupée, réaffirmant son désir de se venger cruellement.

Mais, qu'il laisse la jeune fille dans une auberge, la livre à ses compagnons, ou la déshabille et la pende par les pieds, elle est toujours délivrée. L'aubergiste ou une servante la laissent partir ; un marchand, un quincaillier, un coquetier ou un gentilhomme passent au bon moment au bon endroit. Dès lors elle doit se cacher pour éviter le retour du brigand. Dans un char de foin, sous un tas de fumier, comme servante ou en retournant chez elle, elle parvient d'abord à lui échapper mais un beau jour son ancien mari, déguisé en marchand d'huile, de sucre, d'oranges ou de bonbons arrive enfin pour lui donner le coup de grâce. Evidemment ses projets échouent in extremis et il se retrouve sur un bûcher, en prison, pendu ou poignardé. Même s'il s'évade ou se décide à mener une vie édifiante, le danger qu'il représentait disparaît ici et maintenant.

La situation initiale, la main coupée, le mariage, la vengeance, la délivrance, le retour du brigand et sa mort, tous ces éléments se retrouvent dans le conte de Pourrat et dans son roman mais dans le passage d'un genre à l'autre l'intrigue s'est enrichie de multiples épisodes, au départ totalement étrangers à toutes les versions du conte, et dont l'intégration ne va pas de soi. La correspondance de l'écrivain abonde en remarques soulignant son désir de ne pas se contenter d'une juxtaposition de contes et d'anecdotes, d'un simple recueil aux éléments indépendants, mais de construire vraiment un roman "tout bâti sur des contes populaires" (6), et c'est bien de là que viennent la plupart des difficultés. Pourrat veut d'abord "fabriquer un tout complet" (7) autour du canevas fourni par le conte, puis "classer, ordonner, faire progresser, élaguer" (8) et pendant des années il doit faire face à un "gros travail de combinaison, refonte, regroupement" (9).

Parti d'une masse considérable de documents, il emploie les moyens les plus divers et même les plus artificiels pour les rattacher tant bien que mal aux différents "noyaux" du conte originel. Toutes les digressions lui sont permises, appelées parfois par le seul ressouvenir d'un personnage à qui il prend soudain fantaisie de raconter une bonne histoire. La moindre association d'idées peut ainsi nous valoir toute une pause intéressante en elle-même, mais totalement étrangère à l'intrigue. L'accumulation de ces passages souvent redondants ralentit exagérément les progrès de l'action et le lecteur risque de s'égarer au milieu de ces interpolations sans nombre laissant échapper le fragile fil d'Ariane qu'il est tout surpris de retrouver au détour d'une veillée. Par exemple, entre la séquence de la main coupée, racontée au début du tome I, et l'épisode suivant du mariage, amené au début du tome II, vont s'intercaler désormais plus de 200 pages.

Ainsi conçu, le roman de Pourrat illustre parfaitement le point de vue de Roland Barthes précisant dans son analyse de la structure des récits : "Distendus, les noyaux fonctionnels présentent des espaces intercalaires, qui peuvent être comblés quasi-infiniment ; on peut en remplir les interstices d'un nombre très grand de catalyses" (10). Mais, après en avoir usé et abusé, l'écrivain s'est aperçu des dangers d'un tel procédé. Au lieu de continuer à "catalyser" indûment l'histoire initiale, il s'est efforcé d'adopter alors la démarche inverse afin de corriger les excès de son orientation première.

L'examen des variantes nous apprend que Pourrat a souvent abrégé son texte et fait évoluer vers plus de rigueur la succession des événements, encore que ce changement de cap puisse paraître relativement modeste au vu des résultats. En préparant l'édition originale du premier tome, l'écrivain supprime treize anecdotes de quelque importance, le plus souvent faisant double emploi avec d'autres passages conservés, et toujours faciles à écarter en raison de leur autonomie. Pour conserver d'autres histoires, tout aussi extérieures à l'action, il resserre alors leurs liens avec les personnages principaux, mais beaucoup restent encore mal intégrées.

Paul Vernois avait donc bien raison d'affirmer qu'Henri Pourrat était "hanté par un problème d'intrigues, par le côté romanesque de l'oeuvre et l'agencement des épisodes" (11). Pour résoudre ces difficultés, l'écrivain va être amené à créer un personnage nouveau, qui jouera un rôle indispensable de rassembleur et en même temps rendra l'intrigue beaucoup plus "romanesque".

Le statut du personnage se trouve au centre de la réflexion sur les formes narratives et les points de vue les plus divers ont été émis à son sujet. La psychanalyse s'en délecte, le nouveau roman n'en veut plus, l'analyse structurale préfère le définir par sa fonction dans le récit et se désintéresse de son essence psychologique. Tour à tour valorisée, contestée, réhabilitée, nuancée, la "catégorie du personnage" est, selon certains, "restée l'une des plus obscures de la poétique" (12) mais il est, de toute façon difficile de l'ignorer, d'autant plus qu'elle se situe au coeur de cette transformation du conte en roman.

En effet, dans aucune des versions du *Conte des yeux rouges* le rôle joué par Gaspard dans le roman n'est développé. Gaspard est donc bien une création d'Henri Pourrat. C'est le héros dont il avait besoin pour donner plus d'unité à son récit, pour éviter de le laisser s'éparpiller en de multiples épisodes indépendants, en un simple recueil. Gaspard, c'est d'abord cet "élément proprement structural, véritable opérateur de la syntaxe narrative : "articulant les rôles, connectant les séquences" (13) que nous décrit Michel Mathieu après avoir rappelé qu'il était indispensable à l'unité de toute intrigue. Cette "présence syntagmatique" permet même de définir le héros, en dehors de toutes les qualités qu'il peut avoir par ailleurs. Ce n'est donc pas un hasard si l'on retrouve Gaspard dans l'immense majorité des pauses et des veillées alors que Robert, son ennemi juré, le héros du conte, beaucoup plus effacé, apparaît surtout quand Gaspard est absent. Il joue alors un rôle syntaxique identique, tous les éléments du récit s'organisant autour de son action.

Quand Gaspard et Robert apparaissent ensemble ils ne peuvent que s'affronter, pour des raisons personnelles certes, mais d'abord et surtout sur le plan structural, au nom de l'hégémonie qu'ils veulent tous deux exercer sur la conduite de l'intrigue. Finalement il est significatif de voir qu'à la fin de l'histoire c'est le héros du conte qui meurt, laissant la place au héros du roman, et si le coup définitif est porté par le père Grange et non par Gaspard c'est uniquement pour des motifs psychologiques.

Au couple fonctionnel Anne-Marie - Robert succède ainsi le couple romanesque Anne-Marie - Gaspard, avec, comme étape intermédiaire, la triade Anne-Marie - Gaspard - Robert dont la présence est manifeste dans un des synopsis que Pourrat avait préparés, en vue d'un film qui n'a jamais été réalisé (14). La schématisation alors nécessaire met davantage en relief la structure fondamentale et les divers états rendent compte de l'oubli progressif de la situation du conte. Pourrat distingue d'abord nettement trois personnages principaux : Anne-Marie Grange - Gaspard - Robert, puis viennent la famille et le village. Ici le héros du roman prend place entre les deux protagonistes du conte, se glissant ainsi à l'intérieur du couple initial qu'il sépare à jamais. Par la suite l'auteur ne met en exergue que deux personnages principaux : Anne-Marie et Gaspard. Robert se retrouve seulement dans la présentation de la bande des grands bois aux côtés de comparses comme son oncle

La Godivelle ou Amédée Chargnat le notaire d'Ambert. Il a donc été complètement évincé par Gaspard et cette situation sera désormais définitive.

Il faut noter cependant que le conte possédait déjà, en germe, le rôle joué par Gaspard dans le roman. Le personnage épisodique, marchand ou gentilhomme, qui cachait la jeune fille pour lui permettre d'échapper au brigand, appelait à l'aide, et parfois même épousait celle qui deviendra Anne-Marie Grange, contient sans le développer tout le programme que voudra remplir Gaspard. Mais le personnage du roman qui reste le plus près du rôle ainsi défini dans le conte, c'est le coquetier Jeuselou dont Pourrat fait l'ami de Gaspard et Anne-Marie, leur allié contre Robert. En fait, sur le plan structural, Jeuselou, Gaspard, Anne-Marie, Grange, aidés encore par beaucoup d'autres comparses, ne font qu'un. Jeuselou ne possédait pas assez d'envergure pour devenir le héros du roman, il avait besoin d'un grand frère qu'il servirait fidèlement, qu'il aiderait à punir l'agresseur, à accomplir à la place d'Anne-Marie la tâche qu'elle ne pouvait remplir elle-même en raison de son caractère et de sa condition de femme.

On voit ainsi comment l'organisation du roman de Pourrat reprend les données du conte, les complète, les modifie, mais l'apport nouveau se manifeste aussi au niveau de la psychologie. Même si l'écrivain évite constamment les longues analyses abstraites en vertu d'un principe qui lui était cher (15), il a su cependant donner à ses personnages une dimension qu'ils n'avaient pas dans le conte. De simple embryon Gaspard devient un être d'exception dont chacun se plaît à célébrer les multiples qualités. Déjà à sa naissance la présence inhabituelle du merveilleux signale à l'attention son indéniable supériorité. Par la suite il domine constamment partenaires et adversaires, résout toutes les énigmes, possède le savoir et la sagesse, la beauté et la force, l'adresse et le courage, se pose et s'impose en véritable héros.

Les divers manuscrits révèlent aussi le désir de Pourrat d'analyser davantage le caractère de Gaspard et d'Anne-Marie. Dans une seule pause (16), sept alinéas ont ainsi été rajoutés pour mieux rendre compte de la peur de la jeune fille et de son comportement. Dans une autre (17), quatre alinéas venant compléter le premier manuscrit nuancent son désir de se confier à Gaspard. Alors que dans beaucoup de versions du conte elle ne méritait même pas un nom, Anne-Marie Grange devient maintenant une figure marquante, voire inoubliable, et souvent célébrée comme telle par des critiques enthousiastes qui n'en finissent pas d'exhaler leur admiration.

Cet enrichissement progressif des personnages principaux s'inscrit en réalité dans le droit fil de l'évolution de l'intrigue. Les sentiments d'Anne-Marie évoluent et se précisent en fonction du comportement de Gaspard et de Robert, la plaçant constamment devant un choix inéluctable entre son amour et son devoir. Quant à Gaspard, il n'existerait qu'à demi s'il n'y avait pas Anne-Marie et Robert, les personnages venus du conte. Anne-Marie donne tout son sens à son existence, et si Robert disparaissait, toutes les séquences importantes du drame initial s'envoleraient avec lui. Gaspard perdrait alors tout le poids que lui confère sa lutte sans merci avec l'homme de l'ombre. Sans Robert, il deviendrait seulement un jeune premier, trop vite conquis par une belle disponible et facilement séduite. Avec Robert, son rôle se hausse au niveau d'un combat sans merci entre le bien et le mal, le conte de la peur accède à la dignité du roman de destinée.

Pourrat a donc su parfaitement revitaliser la sécheresse des données initiales, mais a-t-il pleinement réussi dans la voie qu'il s'était tracée ? A-t-il fait suffisamment évoluer le conte pour que désormais on puisse parler sans hésiter de roman à propos de *Gaspard des Montagnes* ?

En fait personne ne conteste que Pourrat soit parti d'un conte populaire mais beaucoup admettent difficilement qu'il nous ait donné ensuite un véritable roman et la plupart éprouvent le besoin de qualifier avec plus de précision cette oeuvre bizarre qu'on appelle tour à tour : "épopée rustique", "roman d'aventures", "roman-veillée", "roman historique", "roman provincial", "légende d'amour", "chronique", "poème cyclique", ou encore "recueil de contes".

On le voit, la nature exacte de cette oeuvre pose problème. Dans la plupart des cas cependant on s'accorde à reconnaître qu'il s'agit bien là d'un roman et Charles Lebelle résume certainement le mieux l'impression dominante quand il écrit : "Donc *Gaspard des Montagnes* est un roman, mais l'embarras commence quand on veut le faire entrer dans une des classes traditionnelles du roman, tant il a un genre particulier et bien à lui" (18). Ce manque de conformité avec l'archétype du roman, avec la forme canonique à laquelle le lecteur est habitué, invite à analyser les principales causes de ces réticences constamment exprimées.

Même si chacun y va de sa petite définition du roman, il est cependant des reproches qu'on retrouve sous toutes les plumes et le premier d'entre eux concerne précisément l'intrigue. Pour Pierre Messiaen, *Gaspard* "n'est pas un roman à proprement dit, c'est une histoire à laquelle sont enchaînées d'autres histoires" (19). Il met ainsi l'accent sur un des caractères majeurs de cette oeuvre, qui en fait à la fois la force et la faiblesse. Il semblerait que Pourrat ne soit pas parvenu à organiser convenablement l'abondante matière dont il disposait et que l'ouvrage qu'il a laissé soit encore à mi-chemin entre conte et roman, trop proche du recueil de contes et insuffisamment élaboré pour mériter le nom de "roman".

Pourtant certains soulignent avec raison qu'en procédant ainsi Pourrat a su éviter "la froideur de l'anthologie et des "morceaux détachés" [...]. Chaque conte, au lieu de former un tout isolé, extérieur à ce qui l'entoure et à peu près impénétrable, naît de l'ambiance recréée par le romancier" (20). D'autres vont même jusqu'à défendre Pourrat au nom de "la notion vraie du roman", rappelant qu' "une histoire, bonne et bien contée, sur laquelle se greffent, pour la distraction et le plaisir redoublé d'autres petites histoires, des traits de moeurs, des conversations savoureuses, c'est au fond notre vieille tradition, de l'*Astrée, du Roman comique*, de *Gil Blas*, voire de certains Balzac" (21). Tous s'accordent donc sur les traits essentiels de *Gaspard des Montagnes* mais c'est au nom de ces caractères-là que certains lui refusent ce titre de "roman" que d'autres lui attribuent généreusement.

On ne sera pas surpris de voir que le même débat se retrouve, à quelques nuances près, à propos des personnages. Même si les corrections de Pourrat soulignent bien l'intérêt qu'il apportait à une certaine conception de la psychologie on a souvent fait remarquer qu'Anne-Marie et Gaspard étaient plus des types rudimentaires que des individus nuancés. L'écrivain n'aurait pas su affiner suffisamment les sentiments, s'en serait tenu à une schématisation, une stylisation trop proche du conte. D'autres préfèrent lui reprocher aussi de n'avoir pas su créer de véritables types, tel Benjamin Crémieux : "ces personnages traditionnels du folklore, estimet-il, il eût fallu les typifier, en approfondir, en humaniser quelques-uns, les marquer de traits généraux ineffaçables, nous donner un Sancho, un Rodomont, un Panurge" (22). Jugement sévère sans doute, mais qui repose toujours sur la même idée : Pourrat n'a pas élaboré suffisamment son oeuvre, il est resté trop prisonnier de ses sources.

L'auteur lui-même a d'ailleurs parfois hésité avant de considérer *Gaspard* comme un roman. Dans sa correspondance, il refuse souvent de s'engager et s'en tient à la prudente banalité de mots comme "livre" et "ouvrage", qui expriment bien son incertitude devant une définition quelconque. Parfois il emploie des termes plus imagés, comme "ours" et "monstre", insistant alors sur le côté informe et mal léché, hors des normes habituelles. S'il en vient cependant à parler de "roman", il s'empresse lui aussi de le qualifier aussitôt afin de marquer l'orientation particulière qu'il tient à lui donner. A "Roman d'aventures paysannes" d'abord adopté succède "Roman campagnard de chevalerie" ; puis chaque volume aura un double titre le définissant à la fois par rapport à l'itinéraire du héros et aux lieux principaux de l'action. Dès lors Pourrat met l'accent sur le double centre autour duquel gravite toute l'oeuvre : l'histoire d'un personnage mais aussi la chronique détaillée de toute une région qui sert de décor aux événements et avec laquelle ils entrent en parfaite symbiose.

Le but principal de Pourrat n'est pas de raconter une histoire, même si au début de chaque tome il reprend une incise identique : "dit la vieille", tenant ainsi à conserver la référence à l'oral. Il veut utiliser cette histoire pour évoquer un monde disparu. La structure du *Conte des yeux rouges* et la création du personnage de Gaspard répondent à la même nécessité et ne sont finalement que des moyens au service d'un dessein plus haut. Alors que dans le conte, à quelques détails près, le décor n'avait pratiquement aucune importance, ici il va venir au premier plan car il est indispensable à cette résurrection du passé, but avoué de l'auteur. Dans l'un des synopsis, Pourrat a même précisé clairement cette fonction ancillaire de l'intrigue et des personnages en écrivant : "L'aventure d'Anne-Marie Grange plonge au sein de la vie de ce village d'Auvergne. C'est l'âme de ce pays aux coutumes et aux croyances millénaires qu'on veut capter à travers le drame des personnages" (23). Or le conte, malgré tous ses mérites, offrait un cadre trop étroit pour cette évocation intégrale de toute une civilisation rustique en voie de disparition. Il devait donc s'effacer devant ce genre beaucoup plus vaste que nous appellerons finalement "roman" puisqu'il parvient à captiver en faisant revivre toute une époque à l'aide de personnages imaginaires animant une intrigue aux multiples rebondissements.

Dans une certaine critique friande de classifications, on s'adonne avec délectation à l'étude des genres. On n'hésite pas à brandir, parfois un peu hâtivement, l'étendard de l'excommunication à l'encontre de tout ouvrage ne respectant pas scrupuleusement certains critères dont la valeur peut souvent être remise en cause. Les catégories rigides s'accordent mal à la variété des oeuvres et ressemblent trop à un lit de Procuste mal adapté aux mille nuances de la création littéraire. Pourtant, si l'on ne tient pas à tout prix à enfermer l'oeuvre dans un carcan qui risque de l'étouffer, dégager les traits principaux des genres même les plus habituels peut constituer une voie d'approche fructueuse. C'est donc à la fois avec intérêt et suspicion qu'il faudrait considérer ce type d'analyse, et la comparaison du *Conte des yeux rouges* avec *Gaspard des Montagnes* vient le confirmer.

L'examen de leurs structures, l'étude de leurs personnages, l'analyse du cadre qu'ils proposent révèlent des différences importantes, d'autant plus sensibles que Pourrat s'est efforcé de les accentuer sans peut-être y parvenir toujours suffisamment. Le conte fournit une intrigue qui a su résister au temps et dont l'efficacité ne saurait être mise en doute mais dans le roman elle devient seulement un outil, un tremplin d'où il faudra s'élever vers l'évocation de toute une civilisation rustique. La structure simple du conte va devenir de plus en plus complexe pour mieux s'adapter à sa nouvelle fonction et, désormais, c'est le désir de mieux raconter l'Auvergne d'antan qui infléchit le cheminement des propos.

Pour mieux parvenir à ses fins le roman s'enrichit de nombreux personnages et surtout de Gaspard dont la présence, d'abord nécessaire au niveau structural, retient surtout le lecteur par les traits d'une personnalité attirante. On a ainsi l'impression que l'affabulation romanesque parvient à occulter partiellement le rôle fonctionnel du héros au profit de toutes ces qualités qui lui donnent l'apparence d'une personne plus que d'un personnage au rôle bien défini.

Aux yeux des puristes le conte, reprenant d'âge en âge un schéma très strict et lui obéissant sans cesse sous des déguisements divers, peut paraître plus attrayant que ce roman foisonnant dont l'intrigue manque davantage de rigueur et qu'on parvient difficilement à loger dans une grille préalablement établie. Pourtant le roman réussit mieux que le conte à faire revivre tout un milieu et toute une époque. Même si, trop souvent au goût de certains, il se souvient encore d'avoir été un conte, il parvient cependant à donner beaucoup plus d'épaisseur à la réalité qu'il exprime sous ses innombrables facettes. En procédant ainsi il concrétise cette formule du roman que recherchait Henri Pourrat : "le plus complet et où tous se fondraient, roman d'aventures, de moeurs, d'idées, social, psychologique, poétique, voire philosophique" (24).

Roger Gardes

LE CONTE DES ECRIVAINS
LE DOMAINE FRANÇAIS

CHAPITRE I

LES CONSTANTES D'UN GENRE :
LE CONTE MORAL DE MARMONTEL A ERIC ROHMER

Puisqu'on a pu affirmer que "la définition du conte par ses frontières ne suffit pas à en dégager les traits structuraux"(1), ce n'est pas l'exploration de ses confins qui importe, mais plutôt la découverte de ses caractéristiques fondamentales. Plus particulièrement, nous voudrions nous pencher sur la nature du *Conte Moral*, sous-ensemble original et peut-être exemplaire, dont la permanence dans notre histoire littéraire, au moins du XVIIIe siècle à nos jours, atteste assez à la fois l'unité et la diversité.

Cet ensemble, il fallait d'abord le délimiter ; et, comme il n'était pas possible de prendre en considération toute la production recensée, un choix · s'imposait. Nous nous en tiendrons donc aux deux extrêmes chronologiques : l'un, J. F. Marmontel, auteur à succès du XVIIIe siècle, considéré, à juste titre, comme le créateur et maître du genre (2), l'autre, Eric Rohmer, écrivain et surtout cinéaste, le dernier, dans notre littérature, à s'être illustré dans le genre.

Marmontel composa ses quarante contes moraux en deux séries : les premiers — vingt-trois au total — parurent en feuilleton dans le *Mercure de France* entre 1755 et 1759, et furent rassemblés ensuite en 1761 ; les *Nouveaux Contes Moraux* furent écrits aussi pour le *Mercure*, en des temps plus agités — 1790-1792 — et furent recueillis en un volume posthume en 1801.

L'oeuvre d' E. Rohmer est évidemment mieux connue : ses six *Contes Moraux* sortirent sur les écrans entre 1962 et 1972. On ignore pourtant souvent que ces contes sont aussi des textes écrits, que l'auteur a composés, non comme des scénarios de films, mais pour constituer une oeuvre littéraire véritable, dont l'existence indépendante a été marquée par leur publication en un ouvrage autonome en 1974 (3).

Entre ces deux auteurs, de nature et d'époque fort différentes, un point commun donc : avoir produit, à deux siècles de distance, des oeuvres regroupées sous le même titre générique. S'agit-il là d'une simple identité de dénomination, fortuite et sans signification ? Ou au contraire l'étiquette signale-t-elle l'appartenance à un genre précis et bien délimité ? C'est cette seconde hypothèse que nous allons démontrer en dégageant ce qui, dans leur finalité d'abord, puis dans leur structure, peut être considéré comme les caractéristiques spécifiques, et donc distinctives, des contes moraux, caractéristiques qu'il serait peut-être même possible d'étendre au genre du conte tout entier, si l'on était prêt à admettre que le conte moral n'en est qu'un avatar obligé, imposé — à son origine du moins — par le contexte littéraire et social d'une époque où le roman s'essoufflait et où le vice n'était plus à la mode.

On a parfois considéré que le conte moral était un genre littéraire qui n'était pas vraiment un conte, et qui était encore moins moral. Il conviendra de revenir plus tard sur le début de cette boutade (4), après avoir étudié, en rapport avec sa seconde partie, ce qui paraît être la fonction première du genre, son aspect moral, son moralisme.

E. Rohmer prêcheur de morale, le titre de ses films ne le suggère guère : *La Boulangère de Manceau* n'est pas la femme du boulanger, seulement son employée, mais les dix-huit printemps de cette "brunette assez jolie" (p. 22) s'accommodent assez bien de la cour de moins en moins ingénue que lui fait le jeune étudiant. L'héroïne du second conte n'a que le prénom en commun avec la chaste Suzanne de la légende : elle se retrouvera rapidement, même si elle tient à y mettre les formes, dans le lit du beau Bertrand. Quant à *Ma Nuit chez Maud, Le Genou de Claire, L'Amour l'après-midi*, ils pourraient passer, aux yeux d'un public peu averti, pour des films à projeter seulement dans certaines salles très spécialisées. Tout comme *La Collectionneuse*, le quatrième conte, au titre volontairement ambigu et accrocheur, souligné à sa sortie par des photos de presse fort suggestives et dont l'héroïne est une "chasseuse d'homme", "une fille facile" qui "consomme du mâle avec une sereine amoralité" (5).

Deux cents ans auparavant, et dans un vocabulaire évidemment beaucoup plus grand siècle, Marmontel avait évoqué ou suggéré des situations assez semblables : *Laurette* propose ainsi l'histoire d'une jeune paysanne qui abandonne son vieux père pour suivre à Paris le fringant comte de Luzy, et la description des plaisirs qu'elle trouve à sa nouvelle situation ne laisse aucun doute sur leur nature (II, p. 210). Dans *Annette et Lubin*, l'auteur traite, de propos délibéré, des relations sexuelles prémaritales, et qui plus est entre cousins : la naïveté naturelle d'Annette ne voyait aucun mal aux ébats auxquels elle se livrait avec Lubin, et le bailli du village aura toutes les peines du monde à lui faire admettre la gravité de son crime (II, p. 185). Et de fait, un certain nombre de critiques — qu'ils s'en offusquent ou qu'ils se contentent de le constater — ont remarqué que le contenu des contes de Marmontel ne correspondaient guère à l'idée qu'ils avaient du genre ; leur caractère licencieux, leur "libertinage piquant" (6) étaient souvent relevés, et George May, après avoir souligné que Marmontel avait composé "un assez grand nombre de contes moraux qui étaient loin de mériter toujours cette épithète", estime même que ces contes "ne sont sauvés que dans la mesure précisément où ils ne sont pas moraux" (7).

Amoralisme chez Rohmer, immoralisme chez Marmontel notre boutade initiale pourrait donc bien dire vrai ; nous sommes loin en effet de la définition que donnent les dictionnaires, le Littré par exemple, du conte moral : "contes où l'auteur a l'intention de faire ressortir une leçon morale". Transgressions individuelles, significatives ou inconscientes, des lois du genre ? Il ne le semble pas ; c'est plutôt notre conception même du conte moral, telle que nous l'ont transmise lexicologues et théoriciens, qui serait à reprendre. Marmontel invite à le faire, quand il explique dans sa *Préface* pourquoi il a rangé ses récits sous ce titre : "J'ai tâché partout de peindre ou les moeurs de la société ou les sentiments de la nature ; et c'est ce qui m'a fait donner à ce recueil le titre de Contes Moraux" (8). Rohmer lui fait écho, quand il justifie à son tour le titre de son livre : "Une des raisons pour lesquelles ces contes se disent 'moraux', c'est qu'ils sont dénués d'actions physiques : tout se passe dans la tête du narrateur" (p. 12). Aucune trace donc, ni chez l'un ni chez l'autre, d'un quelconque souci moralisateur : étude de moeurs pour Marmontel, analyse psychologique chez Rohmer, telle est la finalité que les deux écrivains proposent au genre, s'accordant ainsi pour ne pas l'enfermer dans un didactisme étroit et stérilisant.

Il s'agit là, en fait, d'un retour aux sources et à l'étymologie : l'adjectif "moral", issu du latin "mores", d'où dérivent à la fois "moeurs" et "morale", avait dès l'origine ce double sens. Appliqué au conte, il a gardé cette ambiguïté dont témoigne la diversité des récits regroupés sous ce label, diversité d'un auteur à l'autre, mais diversité aussi chez un même écrivain, puisque parmi les vingt-trois premiers contes de Marmontel, deux seulement portaient ce titre à leur parution, les autres n'ayant pas reçu de dénomination particulière ou étant intitulés "anecdote" ou "histoire" (9) ; ils deviendront "moraux" quand le succès du genre sera établi. Ecrire un conte moral, c'était donc d'abord faire oeuvre de moraliste, le mot étant pris au sens large qu'il avait à l'époque classique et qui regroupait toutes les analyses portant sur la condition de l'homme et sur sa psychologie. Aucune considération didactique par conséquent : les contes de Marmontel et de Rohmer sont dits moraux parce qu'ils décrivent la conduite humaine et "parce qu'ils donnent à réfléchir sur l'homme et sur sa condition", comme le note J. Proust à propos des contes de Diderot (10), qui, à ce titre, peuvent eux aussi être rangés sous cette bannière.

Il serait exagéré néanmoins de ne pas reconnaître que le conte moral est devenu très vite moralisateur, qu'il s'est transformé en un sermon laïc, résolvant ainsi pour sa part, et souvent au détriment de sa valeur littéraire, ce que George May appelle "le dilemme du roman". Mais il ne s'agit là que d'un développement, à la fois et paradoxalement, secondaire et obligé du genre. Obligé en ce sens que le conte, en tant que tel, est sans doute prédisposé à donner explicitement ou indirectement une leçon : la plupart des contes, même quand ils sont faits de merveilleux, s'ils veulent "plaire et intéresser", se doivent de traiter des grandes questions qui se posent à l'homme, de l'amour en particulier ; ils se doivent aussi d'avoir une fin heureuse : Marc Soriano l'a constaté pour les Contes de Perrault : "La préoccupation morale ... en est une des constantes" (11), tout comme Roland Mousnier pour les Contes Bleus : "Dans ces contes, ... il y a toujours une fin heureuse. C'est le châtiment des méchants, le triomphe des bons : ils se marièrent, ils vécurent très longtemps, ils furent très heureux et ils eurent beaucoup d'enfants" (12).

Développement obligé donc, mais en même temps secondaire, dans la mesure où la présentation d'une morale didactique, lorsqu'elle devient trop explicite et trop marquée, ne fait que répondre à une mode ; ainsi Marmontel va-t-il passer peu à peu de la description des moeurs à la louange des bonnes moeurs, à l'éloge des règles et des pratiques à respecter dans la société. Mais, s'il fait ce choix, c'est moins pour répondre à la nature du genre, que pour défendre les idées, largement répandues vers 1750, selon lesquelles il n'est d'autre salut pour l'art que dans la voie de l'édification morale. La littérature en général, et le roman en particulier, ne seront qu'une application singulière de cette conception : "Le plus digne objet de la littérature, écrit-il dans son *Essai sur les Romans considérés du côté moral* (III, p. 558), le seul même qui l'ennoblisse et qui l'honore, c'est son utilité morale", ajoutant même : "Tous les romans qui ne prêchent pas activement la bonne morale doivent être tenus pour abominables" (*ib.*). La vogue du conte licencieux, qui, à force de raffinement, sombrait dans la facilité et le grotesque, était en train de s'éteindre ; on allait bientôt se pâmer à la lecture de *La Nouvelle Héloïse* : il y avait donc une place à prendre, et Marmontel, avec son arrivisme coutumier, sut profiter des circonstances. Nombre de ses contes n'eurent d'autre objet que de corriger les vices et de célébrer la vertu ; leur titre en témoigne : *La Mauvaise Mère, La Bonne Mère, L'erreur d'un bon Père, L'Ecole des Pères, Le Bon Mari, La Femme comme il y en a peu, L'Amitié à l'épreuve, L'Ecole de l'Amitié* ; quand la famille n'est plus en question, il s'agit de "dénoncer l'influence pernicieuse des mauvais livres" (*Le Scrupule*), de "prévenir les dangers qui guettent une jeune femme sans expérience dans le monde" (*Les Deux Infortunées*), de "condamner la vanité de l'homme" (*Le Philosophe soi-disant*), ou "les faiblesses des prétendus beaux-esprits" (*Le Connaisseur*) (13). Morale facile, artificielle, d'un conformisme éculé certes, mais qui n'empêcha pas l'auteur d'obtenir un grand succès non seulement en France, mais dans toute l'Europe. Que cette avalanche de bons principes ne nous abuse pas néanmoins : Marmontel lui-même ne voit pas là l'essentiel du genre : il note en effet dans l'article "Conte" de ses *Eléments de Littérature* : "Quant à la moralité, quoiqu'on n'en fasse pas au conte une loi rigoureuse, il doit pourtant y atteindre" (IV, p. 272). S'il y atteint si souvent chez lui, c'est donc bien surtout affaire de circonstances.

Avec Rohmer, autre temps, autres moeurs ; les préoccupations ont changé. Non que le récit ait perdu toute trace de moralisme : on constate en effet chez les héros "un évident souci moral" (14), mais l'adjectif est alors entendu au sens large de "volonté d'observer dans sa conduite un certain nombre de règles" (*ib.*). On connaît le thème central de ses contes, tel que l'auteur lui-même le résume : "Tandis que le narrateur est à la recherche d'une femme, il en rencontre une autre, qui accapare son intention jusqu'au moment où il retrouve la première" (*ib.* p. 30), thème de la séduction et de la fidélité donc. On sait aussi que tous ses héros découvrent en eux assez de ressources pour résister à la tentation, et que, même s'ils sont tout près de succomber, ils reviennent en définitive à l'élue qu'ils ont choisie. La nuit chez Maud sera donc pour le narrateur une nuit fort sage, au cours de laquelle toute la séduction de la jeune femme ne parviendra pas à le faire sortir de la voie qu'il s'est tracée ; de la même manière, Suzanne passera une nuit tout aussi chaste chez Guillaume. Et le genou de Claire sera, si l'on ose ainsi dire, le seul objet des caresses, innocentes ou équivoques, de Jérôme. Quant à Frédéric, pour faire l'amour l'après-midi, il ira retrouver Hélène, son épouse, après avoir planté là sans autre explication la belle Chloé, qui l'attendait pourtant nue sur son lit, "appuyée sur un coude et lui tournant le dos, ... occupée à lisser le drap et redresser le traversin" (p. 163) pour préparer des ébats qu'elle croit imminents.

Fin morale donc, "trop morale" même, comme le constate le narrateur de *Ma Nuit chez Maud* (p. 71), mais presque par accident : ce qui préoccupe le héros rohmérien, ce n'est pas la concordance de ses actes avec un conformisme social, avec l'ordre moral établi ; c'est le respect de lui-même, un certain sens de l'honneur en quelque sorte, qui lui fait conserver coûte que coûte la ligne de conduite qu'il s'est délibérément fixée, en accord avec ce qu'il a reconnu être sa nature intime. "On a tort de faire ce qu'on n'aime pas, d'accepter les choses qu'on n'aime pas, de voir des gens qu'on n'aime pas. C'est même la suprême immoralité", dit Daniel dans *La Collectionneuse* (p. 149) ; à quoi répond en écho le partenaire de Maud : "S'il y a quelque chose que je ne comprends pas, c'est l'infidélité. Ne serait-ce que par amour-propre. Je ne peux pas dire blanc, après avoir dit noir. Si je choisis une femme pour ma femme, c'est que je l'aime, d'un amour qui résiste au temps. Si je ne l'aimais plus, je me mépriserais" (p. 103). Quant au héros de *La Boulangère de Monceau*, il explique que son choix entre Sylvie et la boulangère "fut, avant tout moral", justifiant en ces termes le qualificatif : "Sylvie retrouvée, poursuivre la boulangère était pis que du vice : un pur non-sens" (p. 29-30). Même si donc la morale établie y est en général sauve, les *Contes Moraux* ne sont pas moraux parce qu'ils sont moralisateurs : aucun des personnages décrits n'est exemplaire : "Encore une fois, je ne me pose pas en exemple", affirme Jean-Louis face à Maud (p. 93) ; ils le sont parce qu'ils sont "l'oeuvre d'un moraliste, d'un homme qui se penche sur nos moeurs et regarde vivre ses personnages avec un respect infini ... qui n'exclut pas une délectation suspecte" (15).

Aussi diverse qu'en soit la cause, les récits de Rohmer, comme ceux de Marmontel, peuvent donc être dits "moraux", en ce sens qu'il s'agit d'abord d'y faire une peinture de moeurs. Et c'est là qu'apparaît sans doute, sur le plan de sa finalité, le trait distinctif de ce type littéraire, et peut-être même du conte en général. Mais, pour moraux qu'ils soient, ces récits se prétendent aussi des contes, et c'est sous cet aspect qu'il convient maintenant de les étudier.

Sur le plan de leur structure, la première caractéristique à retenir — la moins inattendue — est évidemment leur brièveté ; c'est là un des traits les plus authentiques du genre, le seul, à dire vrai, sur lequel s'accordent les théoriciens, sans être dupes toutefois de sa valeur : il existe en effet comme le souligne Jean Ehrard, "de petits romans et des contes d'une certaine longueur" (16). C'est pourtant là la seule différence que d'Alembert, dans *L'Encyclopédie*, institue entre les deux genres, appelant conte "une histoire courte" et "roman, un long conte" (17). Les contes de Marmontel sont à cet égard très contes : ils varient en effet de sept à vingt-cinq pages pour la première série, et de huit à soixante-et-onze pour la seconde. A titre de comparaison, les deux romans du même auteur, *Bélisaire* et *Les Incas* offrent respectivement quatre-vingt-onze et deux cent vingt-deux pages. Les chiffres, chez Rohmer, sont voisins : de dix-sept à soixante pages.

Plus intéressantes sont les conséquences de cette brièveté sur la composition même du conte. Au plan du style d'abord, on remarque chez nos deux auteurs la présence constante du discours indirect, qui permet de rapporter les propos en les réduisant à l'essentiel, l'absence systématique de transition entre les scènes et les dialogues, une grande rapiditié dans les descriptions ou les portraits, qui ne sont donnés qu'en tant qu'ils sont nécessaires à l'action, une concentration extrême dans l'exposition des faits. Répercussions analogues sur le choix des thèmes : sont seuls retenus les situations ou les intrigues qui n'exigent pas de longs développements, les caractères simples, faciles à styliser, ou du moins dont la complexité relative ne réclame pas d'explications détaillées, le lecteur pouvant suppléer par sa propre expérience à la rapidité de l'évocation. "Il est des caractères, prévient Marmontel dans sa *Préface* (p. XI), qui, pour être présentés dans toute leur force, exigent des combinaisons et des développements dont un conte n'est pas susceptible : je ne puis que les indiquer. Il en est d'autres qui ne sont pas assez généraux pour être peints sans donner lieu aux applications personnelles, je m'abstiens de les désigner". Même souci de simplicité chez Rohmer, qui non seulement traite six fois le même sujet, mais qui choisit encore un thème si commun et si ressassé que les cinéphiles, et les lecteurs, ne peuvent le résumer sans rire (18). Sans doute faut-il voir là une des traces de l'origine orale des contes ; peut-être aussi est-ce la cause de la tentation du grand genre dont sont souvent victimes les auteurs d'oeuvres de faible étendue et à laquelle ont succombé nos deux écrivains (19). C'est en tout cas ce qui explique la plasticité de ces récits, qui peuvent s'adapter à d'autres techniques, théâtre chez Marmontel (20), cinéma chez Rohmer. Mais il est communément admis que "l'une des caractéristiques du conte, en tant que genre, est de procéder par raccourcis" (21) : rien donc sur ce point de très original.

Second trait distinctif possible du conte moral, et celui-là plus inattendu, son réalisme. Inattendu, parce qu'aux yeux de tous, surtout à l'âge classique, le conte passe pour une oeuvre de fiction, voire d'affabulation : "Conte, fable, roman, synonymes, désignent des récits qui ne sont pas vrais", lit-on encore dans *L'Encyclopédie* (22). Mais H. Coulet rappelle opportunément que le conte, à ses origines, proposait "une expression de la vérité éternelle, réelle et authentique, et non des fruits de l'imagination" (23) et que c'est seulement à partir du XVIe siècle qu'il devient "un récit fait pour amuser, ou un récit merveilleux" (*ib.*). C'est donc à cette tradition du conte réaliste, "historique" dira plus tard Diderot (24), illustrée depuis le Moyen Age et reprise par Scarron et Cervantès, que se rattache le conte moral. Et c'était pour lui une nécessité : pour présenter une leçon, il doit être crédible, et pour être crédible il convient que le lecteur parvienne à se reconnaître dans les personnages et dans l'intrigue, ou du moins que l'aventure relatée puisse être sienne : à ce prix seulement la peinture sera intéressante et surtout la leçon efficace.

Comment parvenir à ce réalisme ? D'abord en relatant le vrai, c'est-à-dire en présentant des histoires "authentiques" : ainsi, Annette et Lubin ont effectivement vécu. La Bergère des Alpes n'est autre que la célèbre Lolotte, future comtesse d'Hérouville dont l'auteur avait été éperdument amoureux (et dont Diderot fera à son tour l'héroïne d'un autre conte) (25). Le conteur va même jusqu'à mettre en scène ses propres amis, parfois sous leur vrai nom : le comte de Creutz (dans *Les Solitaires de Murcie*), Fontenelle (*La Côte des Deux Amants*), Voltaire, Vauvenargues et Cidreville (*L'Erreur d'un bon Père*). Et de cette manière les histoires les plus invraisemblables réussiront à prendre un air de vérité.

A défaut de raconter le vrai, le conte peut essayer d'en donner l'apparence, c'est-à-dire selon Marmontel, "rechercher la plus naïve imitation de la nature dans les moeurs et dans le langage" (Préf. p. XI) ; car le conte reste — par définition — une oeuvre d'imagination, ainsi que le note Rohmer : "Ces contes, comme le terme l'indique, devraient tenir debout par le seul poids de leur fiction" (p. 10), mais il se hâte d'ajouter : "Il arrive à celle-ci d'emprunter, voire de dérober à la réalité quelques-uns de ses éléments" (*ib.*). Et c'est pourquoi, à l'instar de son devancier, il met lui aussi en scène ses relations (*La Collectionneuse*), ou bien fait porter à ses personnages le prénom même de leur interprète, Haydée Politoff (*ib.*) ou Aurora Cornu

(*Le Genou de Claire*), interprètes qui ont même dans certains cas participé "à la rédaction du dialogue", et qui "se trouvent donc être d'une certaine manière, coauteurs de ce livre" (p. 11). Marmontel avait eu lui aussi un tel parti-pris d'authenticité : "Quand je fais parler mes personnages, tout l'art que j'y emploie est d'être présent à leur entretien, et d'écrire ce que je crois entendre" (Préf. p. XIII). C'est pourquoi encore tous les lieux choisis par Rohmer sont réels et fidèlement recréés : le Paris du carrefour Villiers dans *La Boulangère de Manceau*, ou du boulevard Saint-Michel dans *La Carrière de Suzanne*, le lac d'Annecy du *Genou de Claire,* le Saint-Tropez de *La Collectionneuse*, et bien sûr le Clermont-Ferrand de *Ma Nuit chez Maud*, dont le site est parfaitement évoqué (p. 69), avec sa place de Jaude et sa statue de Vercingétorix, son Eglise du Port, le Café du Boulevard Desaix, "ses petites rues" dans la vieille ville, sa "cantine Michelin", son "excellent vin de Chanturgue" qui tourne la tête à Vidal, l'ami de Maud, "chargé de cours de philo à la fac", avec sa banlieue enfin, "Sauzet" (sic) et "Ceyrat" qu'il est difficile de regagner un soir d'hiver quand le dernier car vous a filé sous le nez ou que les routes sont enneigées.

Prôner le réalisme, c'est aussi refuser le romanesque : tout incident extravagant ou exceptionnel sera banni du conte dans lequel chaque intervention un peu suspecte sera justifiée : "A la vérité des caractères, souligne Marmontel (Préf., p. XII), j'ai voulu joindre la simplicité des moyens, et je n'ai guère pris que les plus familiers". Ainsi un petit serin lui sert à détromper et à guérir une femme de "l'aveugle passion qui l'obsède" (*Tout ou Rien*) ; ainsi "quelques traits changés à un tableau" réconcilient deux époux (*L'Heureux Divorce*). Aucun deus ex machina non plus chez Rohmer : seule la chance apporte parfois une aide fort opportune au héros : c'est elle qui, dans *Ma Nuit chez Maud*, remet en présence le narrateur et Vidal, deux amis d'enfance qui s'étaient perdus de vue depuis quinze ans, elle encore qui permet deux fois à Jean-Louis de retrouver Françoise, l'élue dont il ne connaissait pas même le nom ; c'est elle toujours, dans *Le Genou de Claire*, qui fait se rencontrer Jérôme et Aurore, l'instigatrice de l'intrigue, sans laquelle rien n'aurait pu être. Mais l'auteur prend soin de préciser que ce hasard n'a rien que de "tout à fait normal", et qu'il est même mathématiquement "prévisible" (p. 75), à moins qu'il ne soit, au gré des circonstances et des aveux, l'instrument innocent du destin ou de la prédestination ! Et dans ses contes, comme chez Marmontel, le rythme du récit est celui de la vie même : les faits se déroulent toujours selon la perspective chronologique ; aucun retour en arrière, rien d'autre que la succession des heures et des jours, explicitement marquée parfois par une suite de dates précises, comme dans *Le Genou de Claire*, dont l'intrigue s'étend précisément sur le premier mois des vacances scolaires, du 29 juin au 29 juillet très exactement. C'est là aussi une habitude du conte, relevée par maints critiques (26). Relation de faits vrais ou réalisme de la fiction, telle est donc la seconde loi propre au conte moral.

Mais ce n'est pas là encore sans doute sa caractéristique spécifique. Il semble en fait que ce qui permette de définir précisément le conte moral, voire le conte en général, soit ce que l'on pourrait nommer son unité d'univers. Et si Marmontel passe, à juste raison, pour l'inventeur du genre, c'est surtout parce que, le premier, il a su énoncer et mettre en pratique ce principe : "L'unité, remarque-t-il dans l'article 'Conte' (III, p. 217), n'est pas aussi sévèrement prescrite au conte qu'à la comédie ;

mais un récit qui ne serait qu'un enchaînement d'aventures, sans une tendance commune qui les réunirait en un point, serait un roman et non un conte".

Cette "tendance commune" se traduit d'abord dans son oeuvre par une "unité d'intention", constituée évidemment la plupart du temps par la thèse morale qu'il veut défendre : c'est elle qui forme en quelque sorte l'épine dorsale du récit, soit qu'elle se trouve énoncée dès l'introduction (dans *La Bonne Mère*) et tout le récit n'en est alors que l'illustration, soit qu'elle tienne lieu de conclusion, vers laquelle s'achemine sans détour le développement (*L'Heureux Divorce*). G. Lanson avait noté cette originalité : "Tous les personnages, tous les épisodes servent au raisonnement et contribuent à opérer la persuasion" (27), et on peut y voir une des constantes du genre : tout ce qui figure dans le récit doit avoir une fonction précise par rapport à cette intention dominante. C'est sur cette voie que vont s'engager les successeurs de Marmontel, qui fit là vraiment oeuvre de pionnier (28). Le conte avait trouvé sa technique, qui peu à peu allait s'imposer. H. Coulet relève par exemple ce que Maupassant doit à Marmontel sur ce point (29), et la définition du conte, telle que la formule A. Vial, d'après *Boule-de-Suif* ou *Les Contes de la Bécasse*, pourrait s'appliquer exactement à nos contes moraux : "La destination du conte est de servir de messager d'expérience entre un personnage qui raconte et un ou plusieurs personnages qui écoutent, et de déterminer chez celui qui écoute une modification ou un enrichissement de son jugement" (30).

"Messager d'expérience", E. Rohmer l'est aussi, mais l'expérience qu'il prétend communiquer est d'un autre ordre. Moraliste, et non pas moralisateur, il n'entend pas prêcher une morale, mais tout au plus exposer l'éthique profonde de ses personnages, les motivations de leurs actes, c'est-à-dire analyser comment un homme — les femmes ne sont souvent chez lui que des comparses — peut trouver assez de ressources intérieures pour respecter, malgré désirs et tentations, la règle de vie qu'il s'est librement fixée. Et tout, dans le conte, est subordonné à cette volonté première. Ainsi, dans *Le Genou de Claire*, les événements retenus sont-ils ceux-là seuls qui concernent les activités de Jérôme : Aurora est sa confidente, la meneuse de jeu même, et nous n'apprendrons pourtant qu'à la fin du récit, et au détour d'une phrase, qu'elle a mis à profit son séjour estival pour choisir un mari : il y avait là peut-être matière à un autre conte, et c'était superflu dans celui-ci. Quant au narrateur de *Ma Nuit chez Maud*, il nous avertit dès le début : "Je ne dirai pas tout dans cette histoire ... D'ailleurs il n'y a pas d'histoire, mais ... un choix d'événements" (p. 69). Et ces événements, quand ils sont relatés, le sont de manière très restrictive, seulement dans la mesure où ils servent le projet initial : aucune description par exemple des beautés romanes de N. D. du Port, mais seulement une explication du choix qu'a fait le héros en décidant d'y venir (p. 71). Aucun détail non plus ni sur le déjeuner à l'auberge montagnarde, ni sur l'ascension du Pariou (p. 110) : il ne s'agissait que de remettre en présence Jean-Louis et Maud après leur "nuit". Nous avons donc bien là, semble-t-il, le trait spécifique du conte, et c'est en effet celui que retient l'Encyclopédie Larousse, reprenant les conclusions fort pertinentes d'Alain Bosquet : "(Le conte se distingue de la nouvelle) surtout par le choix, très conscient, soit du style, soit de l'intention satirique, sociale, morale, etc. Il ne prétend pas comme la nouvelle à une relation, il prétend à l'interprétation de ce qu'il relate ; il est sinon forcé, pour le moins voulu : il souligne tantôt les particularités littéraires de son auteur, tantôt le but visé par celui-ci" (31).

Cette unité du conte ne se retrouve pas seulement au niveau de son intention dominante et de la représentation du monde qu'elle propose. On pourrait se demander en définitive si cette recherche de l'unité dans un genre court et forcément simple n'explique pas l'aspect sommaire et parfois rudimentaire de sa structure. La morphologie du conte moral, tel au moins que Marmontel et Rohmer l'ont illustré, est parfaitement conforme en tout cas à la matrice du conte merveilleux que Cl. Brémond a dégagée en s'inspirant de la méthode de Propp. Sans entrer dans les détails, ce cadre de Brémond s'applique parfaitement tant aux récits de Rohmer qu'à ceux de Marmontel. Cette matrice initiale est la suivante :

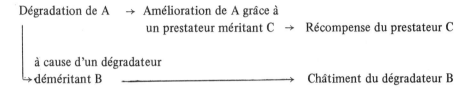

étant précisé qu'une hiérarchie existe entre ces trois séquences : "la séquence Dégradation → Amélioration de A est la seule nécessaire", les autres étant facultatives, et que la dégradation peut intervenir sans dégradateur et l'amélioration se produire sans prestateur méritant (32).

Tous les épisodes des contes de Rohmer peuvent être décrits en fonction de ce schéma : dans tous, en effet, le héros, promis à l'élue, est tenté par une séductrice : dégradation de sa situation par l'intervention d'un dégradateur ; mais il retourne à l'élue, "amélioration" donc, le dégradateur étant en général "puni" par un abandon, un échec sentimental ou simplement une peine de coeur. Il en va de même chez Marmontel : ainsi, dans *La Bonne Mère*, Emilie est en âge de choisir un mari ; son inexpérience du monde et des hommes la font s'amouracher d'un jeune fat, Verglan : dégradation de la situation par le fait d'un dégradateur. Elle va l'épouser, mais sa "bonne mère", qui, bien que veuve, a décidé de tout sacrifier à l'avenir de sa fille, parviendra peu à peu à lui faire admettre que les vertus de leur ami Belzors sont bien supérieures à celles de Verglan ; la jeune Emilie revient alors sur son choix initial et optera finalement pour le meilleur parti, à la grande satisfaction de sa mère, ... et au grand dam de Verglan, dont les espérances et la vanité sont cruellement déçues. Tout y est : amélioration du sort de l'héroïne (Emilie), châtiment du dégradateur (Verglan) et récompense du prestateur (la mère). Et il serait facile de multiplier les analyses de ce type qui toutes confirmeraient la justesse du cadre.

On pourrait faire apparaître également — et ce n'est pas le moins intéressant — la différence essentielle entre Rohmer et Marmontel. Marmontel développe une morale sociale : le héros, un moment égaré, est ramené dans le droit chemin grâce à l'intervention d'un personnage — le prestateur — plein de sagesse et d'expérience : intervention extérieure, de la société, qui impose ses règles au défaillant. Chez Rohmer, au contraire, le héros retrouve le droit chemin par sa seule volonté ; le prestateur méritant disparaît, ou plutôt il change de nature, c'est le héros lui-même qui tient ce rôle dans la mesure où il découvre en lui les forces nécessaires — sans qu'il lui en coûte beaucoup d'ailleurs — pour rester "fidèle à la fidélité". Et il en sera doublement bénéficiaire : en tant que héros, il verra sa situation s'améliorer, et comme prestateur, il connaîtra la douce récompense de n'avoir pas trahi ses principes. Valorisation de l'individu, nouvelle conception de la morale : on voit là la différence entre deux siècles.

Que conclure finalement de ces analyses ? Qu'en tirer qui permette de délimiter plus précisément les frontières du conte ? Le conte moral peut certes apparaître comme un genre flou ; flou d'abord parce que le terme "moral" y est pris au moins en deux sens, tantôt moraliste (Rohmer), tantôt moralisateur (Marmontel), ces deux tendances pouvant parfois se conjuguer et l'analyse des moeurs aboutir alors à une leçon morale. Flou encore, parce que lié au contexte tant littéraire que social, dans la mesure où la morale proposée et la manière de la présenter restent tributaires, assez largement, des conduites et des rapports humains tels qu'ils se réalisent dans une société donnée.

Mais ce flou dans les finalités est, en quelque sorte, compensé par une stabilité dans la structure, qui fait qu'en tant que genre le conte moral est très typé : brièveté du récit, unité d'intention qui explique que tout doive converger vers la fin attendue, unité d'univers jointe à une uniformité d'intrigue. Peut-être tient-on là une ébauche de ce qui pourrait devenir une définition non seulement du conte moral, mais du genre tout entier, dans la mesure où, comme nous avons essayé de le montrer, rien dans sa finalité, ni dans sa structure, n'oppose cette catégorie particulière aux traits généraux qui caractérisent l'ensemble des récits de ce type.

Michel Bellot-Antony

CHAPITRE II

LA RECEPTION DU CONTE FRANCAIS
A L'EPOQUE DES LUMIERES EN POLOGNE

Le phénomène du grand retentissement qu'a eu en Pologne la littérature française à l'époque des Lumières est bien connu, il n'est donc pas nécessaire d'examiner ces manifestations et leurs raisons. La place et l'importance de la prose littéraire constitue pourtant un problème très significatif au sein de ce processus. Parmi les genres de la prose nous trouvons ceux qui sont lus dans le texte et puis discutés par les cercles du public littéraire, et les autres, qui sont traduits, adaptés, remaniés par les écrivains polonais. Les grands romans français du XVIIIe siècle n'ont pas été traduits en polonais. En même temps on relève l'existence de quelques centaines de traductions de contes français surtout. Elles sont publiées dans les magazines, comme par exemple *Le Moniteur, Les Jeux agréables et utiles, Le Magazine de Varsovie* ; elles se trouvent dans des anthologies, des recueils, des morceaux choisis, elles paraissent également sous forme de brochures particulières et même de publications en plusieurs volumes, par exemple la traduction des *Contes moraux* de Marmontel. Il est intéressant de constater qu'à cette époque certains contes sont traduits et publiés à plusieurs reprises par des auteurs différents. Les traductions sont parfois suivies de productions originales d'écrivains polonais, soit en polonais (Ignace Krasicki), soit en français (Jean Potocki). Le phénomène de la popularité exceptionnelle du conte dans la deuxième moitié du XVIIIe siècle en Pologne est devenu un sujet des recherches menées récemment par les historiennes de la littérature. Il s'agit de deux travaux consacrés à ces problèmes : le livre de Mme Zofia Sinko, *La réception du conte français et anglais à l'époque des Lumières en Pologne* et la thèse de doctorat de Mlle Jadwiga Warchol : *Les Contes de Voltaire en Pologne des Lumières : traduction ou adaptation ;* les recherches concernant la réception des contes de Marmontel en Pologne sont menées aussi par Mlle Ewa Rzadkowska. Les résultats de leurs travaux seront évoqués plus loin. Quels types de conte étaient connus et lus dans les traductions polonaises ? Il faut mentionner tout d'abord les contes didactiques. Il y a un grand nombre de récits parmi lesquels on peut distinguer deux variantes : le conte dit "édifiant" et celui dit "moral". La première variante est représentée par exemple par les oeuvres de Fénelon, tels que *Histoire d'Alibée Persan,* qui a été publié sept fois en traduction polonaise, *Les Aventures d'Aristonous* — traduit cinq fois et *Les Aventures de Melesichton* — traduit deux fois. On observe quelques types de construction qui dominent dans les contes dit "édifiants".L'auteur s'intéressant aux problèmes moraux et existentiels de l'homme cherche à présenter un modèle de comportement qui — à son avis — garantirait un ordre éthique du monde, la possibilité de réalisation des vertus sociales et du bonheur de l'individu. Pour présenter ce modèle, on utilise une forme de récit qui raconte un rêve, une vision ou même une pérégrination à travers un pays insolite, traité d'une manière allégorique. Le conte "édifiant" peut aussi prendre la forme d'une relation de la vie d'un héros vertueux, comme chez Fénelon. Une autre possibilité est un court curriculum vitae d'un héros qui passe des fautes et des crimes de la jeunesse à la vertu de la vieillesse. Le thème du voyage ou de l'épreuve y joue un rôle important. Le conte *Nouzjahad, histoire orientale de Frances Sheridan,* traduit en polonais par deux fois en est un bon exemple. On observe aussi que le conte édifiant est un récit d'un seul événement — bon ou mauvais — de la vie du héros, qui est puni ou récompensé selon le caractère de ses actions. Parmi les contes édifiants français traduits en polonais nous trouvons les oeuvres des auteurs suivants : P. Ch. Levesque, J. P. C. Florian, F. T. M. Baculard d'Arnaud, Mme Prince de Beaumont, F. Saint-Lambert, L. S. Mercier, ainsi qu'un certain nombre d'oeuvres anonymes, dont les auteurs n'ont pas été découverts.

Parmi les contes moraux la première place est occupée par les *Contes moraux* de Marmontel, publiés en polonais à plusieurs reprises, par exemple la traduction de trois volumes en 1776-1777, la traduction de *Nouveaux contes moraux* en deux volumes en 1794. Le conte moral est représenté aussi par la traduction en 1798 du *Délassements de l'homme sensible* de Baculard d'Arnaud, par la traduction de *Contes moraux* de Mlle Uncy, par les oeuvres de Saint-Lambert, par exemple *Sara Th^{xxx}* et de Lezay Marnezi *L'heureuse famille.*

Le conte "édifiant" traite des problèmes essentiels de la vie humaine, par exemple le bien et le mal, la vertu et le vice, etc. tandis que le conte moral considère des situations plus simples en liaison avec la vie quotidienne, il est enraciné d'une manière plus nette dans la réalité bien connue des lecteurs. Il s'agit par exemple d'amitié véritable (comme *L'Amitié à l'épreuve* de Marmontel, *La Sympathie* de Mercier), de la vie familiale (par exemple *Sara Th^{xxx}* de Saint-Lambert, *L'heureuse famille* de Lezay-Marnezi), de la vie simple à la campagne, de la bienfaisance, etc. Le monde représenté dans les contes "édifiants" est plutôt fictif, irréel et allégorique, dans les contes moraux, au contraire, on insiste sur la quasi-vérité des événements qui sont très proches des coutumes, des modes de comportement et de la manière de vivre de la société contemporaine. Ce phénomène explique que la différence entre le conte moral et la nouvelle soit moins claire et moins nette. Le conte "édifiant", lui, grâce aux traits caractéristiques de sa composition et de son contenu, se rapproche de l'apologue ou de l'exemplum.

Parmi les contes traduits en polonais on trouve également les contes de fée. On adopte donc en 1765-1778 quatre contes de Fénelon, écrits par lui pour le prince héritier. Quelques contes de fée se trouvent dans le *Magazine des enfants* de Mme Prince de Beaumont, traduit en 1768, y compris son fameux conte *La Belle et la Bête.* On traduit aussi deux contes de Paradis de Moncrif et un certain

nombre de contes de fée anonymes. Ces oeuvres reprennent des éléments du folklore français et des fables de Perrault, elles sont lues par les enfants et la jeunesse.
Elles contiennent non seulement des éléments merveilleux et magiques, par exemple des sorcières, des devineresses, etc., mais aussi des motifs moralistes et renoncent aux sujets érotiques et aux images de cruauté.

Un type assez proche du conte de fée était le conte fantastique. Selon Roger
Caillois, dans le premier, les événements merveilleux, le sortilège, le pouvoir magique sont tout à fait naturels, et constituent l'essence même du monde présenté ;
dans le conte fantastique par contre, le miracle envahit le monde habituel, en devenant une manifestation du scandale, de l'agression qui fait mettre en doute les lois
rationnelles, l'ordre établi du monde bien connu et apprivoisé par la raison de
l'homme. Le fameux conte de Cazotte *Le Diable amoureux* publié deux fois en
polonais (1782,-1784) constitue un exemple spécifique d'un phénomène tout à
fait nouveau — quant à son sens philosophique — en comparaison avec les contes
simples et ingénus, "édifiants" ou moraux.

Mais cette traduction était presque exceptionnelle dans la situation culturelle
et littéraire polonaise d'alors, car les contes galants et licencieux, très populaires en
France au XVIIIe siècle, n'étaient pas traduits aussi souvent que les autres types de
conte. Dans les milieux aristocratique et littéraire on lisait les oeuvres de Cayeus,
de Voisenon, de Duclos, de Crébillon fils, plutôt dans le texte.

Néanmoins les lecteurs polonais pouvaient lire en traduction par exemple le
conte de Boufflers *Aline reine de Golconde*, présentant une atmosphère d'érotisme
subtil, le conte de F. Algarotti *Le Congrès de Cythère* et *La Jarretière* qui renoue
avec *Sopha* de Crébillon-fils.

A la frontière du conte de fée et du conte galant se trouve le conte oriental
(ou arabe) qui se distingue par son costume oriental spécifique, par les thèmes enracinés dans la tradition du monde de l'est. La traduction polonaise des *Mille et une
nuits* de Galland publiée six fois entre 1767 et 1793 fut un des livres le plus populaire dans la Pologne des Lumières, lue non seulement dans le milieu aristocratique
mais aussi par la bourgeoisie et par la petite noblesse. Ce type de conte attire les
lecteurs par l'originalité du scénario oriental très riche, par ses personnages insolites : un vieillard honorable, un derviche, un vizir, traités comme incarnation de la
bonté et de la sagesse. L'intérêt manifesté pour le conte oriental fait que l'on publie
à Varsovie en français (1769) et en polonais (1779) *Les Fables politiques et morales*
de Philpai philosophe indien comprenant des apologues et des contes orientaux
didactiques composés artistement dans des cycles très développés et compliqués.
On lisait également en français *Les mille et un jours* de Petis de la Croix (traduit en
polonais au début du XIXe siècle) ainsi que les anthologies du conte oriental de
Cardonne, de Blanchet et de Mouton.

Les lecteurs polonais lisaient aussi les oeuvres appartenant au type le plus
ambitieux et le plus caractéristique pour les Lumières — les contes philosophiques,
mais ceux de Voltaire seulement. Il est significatif que les traductions assez nombreuses des contes de Voltaire sont publiées en ce temps-là sans le nom de l'auteur
et même sans celui du traducteur, avec l'indication d'un lieu de publication et d'une
maison d'édition fictives. Passons sur ce fait sans l'examiner de manière plus détaillée, parce qu'il appartient plutôt aux problèmes de la réception de l'oeuvre de Vol-

taire lui-même à l'époque des Lumières polonaises. Pour ce qui est des contes, on trouve quatre éditions de la traduction de Zadig en 1773-1790, une édition de *La Princesse de Babylone* (1779), deux traductions différentes de *Candide* (1780, 1803), des traductions de l'*Histoire d'un bon Bramin* parue en 1781, *Le monde comme il va,* vision de Barbue en 1785 et dans la dernière décennie du XVIIIe siècle : *Le Blanc et le Noir* et l'*Ingénu.*

Ce qui est le plus intéressant, c'est que les textes de *Candide* et de *Zadig* surtout ont été remaniés en tenant compte du milieu auquel ils étaient destinés. La traduction de *Zadig* de Szymanowski (poète, traducteur, théoricien lié avec le cercle aristocratique et proche du rococo) par exemple, conserve l'ambiguïté du conte et le sens ironique de son contenu, mais ces sens sont changés et corrigés dans des éditions adressées au public plus large de la petite noblesse et de la bourgeoisie. On y traite le conte de Voltaire dans un récit "édifiant" qui propose un mode de comportement dans le monde d'une manière sérieuse et ferme. Cette possibilité de remanier le texte met en évidence − à mon avis − un des traits caractéristiques du conte comme genre littéraire. Elle montre qu'on peut changer le sens de l'oeuvre, tout en gardant les éléments de la fable et des personnages et en faisant des retouches légères au niveau de la narration ou du style.

Nous avons déjà mentionné beaucoup d'exemples de contes français connus et traduits en polonais. Si on y ajoute des contes écrits en polonais, on peut constater que ces oeuvres constituent une grande partie des lectures en Pologne du XVIIIe siècle.

On distingue quelques types de conte connus au XVIIIe siècle. Il faut pourtant se demander quels sont les traits communs, qui permettent de les considérer comme les représentants d'un même genre, comme le même phénomène littéraire. Une question s'impose : quels sont les liens entre le plus simple conte didactique et celui plein de motifs orientaux insolites et celui de Voltaire ou de Diderot, dont le contenu est plus profond, avec plusieurs significations.

Les théoriciens du XVIIIe siècle ont déjà insisté sur "une mouvante forme du conte" et il n'est pas facile de trouver les éléments stables de ce genre. Mais, malgré tout, essayons de décrire quelques traits caractéristiques des contes qui ont été traduits en polonais. Premièrement, au niveau de la construction, il faut constater une simplicité de la fable, pas trop développée, comprenant une quantité d'événements qui − en général − peuvent être classés par ordre de fonctions (Propp). Mais d'autre part ils sont encadrés par une situation insolite, extraordinaire, comme rêve, vision, voyage peu commun, rencontre surprenante ou même la personne du narrateur.

Au niveau de la création de personnages une observation s'impose : c'est l'élimination de traits caractéristiques plus profonds, l'absence d'éléments psychologiques, la candeur de la motivation, la simplicité générale des héros.

Mais en même temps ces héros peuvent être exceptionnels dans une certaine mesure − du point de vue du lecteur. Leur singularité vient − d'une part − de leur origine spécifique, le derviche ou le vizir. Et même s'ils sont proches de l'expérience quotidienne du lecteur, comme dans le conte moral, ils ont été choisis pour jouer un rôle d'exemple, ils doivent donc intéresser le lecteur par le fait qu'ils appartiennent au monde fictif du conte.

Car ce genre se caractérise aussi par le choix spécifique de la trame qui constitue le monde présenté par le récit. Les motifs orientaux et insolites y dominent pour attirer ou même étonner le destinataire. La force attractive du conte réside donc dans la possibilité d'intriguer le lecteur en le plongeant dans une réalité curieuse, peu connue. Les contes qui renoncent à cette tendance s'écartent en même temps du modèle de ce genre, par exemple certains contes didactiques de Marmontel qui sont plutôt des nouvelles.

Ce qui semble donc le plus important au niveau de la construction et du monde présenté dans le conte, c'est une tension permanente entre sa simplicité d'une part et son caractère insolite d'autre part.

Mais la spécificité du conte au XVIIIe siècle se manifeste aussi au niveau narrationnel et consiste, semble-t-il, dans le mode de la narration, dans la position prise par le narrateur face aux événements présentés. Elle se caractérise par une sorte de distance, par un calme, un équilibre provenant de la sagesse et de l'expérience exceptionnelles du narrateur qui est en état de garantir par sa personnalité la quasi-vérité du monde fictif. Mais en même temps ce narrateur manifeste sa présence et son attitude d'une manière indirecte par les démarches stylistiques, par les signes de la narrativité et — dans les meilleurs exemples du genre — par l'ironie, le sarcasme, par une réflexion profonde sur la situation existentielle de l'homme et sur son destin.

Ce qui appartient pourtant à la spécificité du genre, c'est une tendance à l'optimisme modéré : si cet optimisme ne réside pas dans la foi irréfutable en la possibilité de conserver la bonté naturelle de l'homme, il apparaît comme un conseil ambigu, celui de "cultiver son jardin".

On peut donc supposer que pour les lecteurs du XVIIIe siècle la force attractive des contes vient non seulement de leurs histoires insolites, des héros peu connus mais aussi de leur idéologie positive et de la personnalité du narrateur. Celui-ci n'est pas toujours aussi surprenant comme Shecheresada ou sage comme le philosophe de Voltaire, mais il cherche sans cesse à attirer l'attention des destinataires par son art de raconter des choses simples et en même temps toujours importantes et actuelles pour l'homme.

Teresa Kostkiewicz

CHAPITRE III

QUAND UN RECIT S'INTITULE
"CECI N'EST PAS UN CONTE" (DIDEROT)

"Ceci n'est pas un conte" (1). Le titre est-il une mystification ? une provoca-tion ? Diderot est coutumier de l'une et de l'autre. Mais à s'y laisser prendre, on est en fin de compte toujours gagnant. Voyons donc puisque ce n'est pas un conte, ... ce que c'est. Peut-être s'en dégagera-t-il a contrario une théorie propre à Diderot sur le conte. Mais voilà que dès la cinquième ligne, nous lisons "dans le récit qu'on va lire et qui n'est pas un conte ou qui est un mauvais conte si vous vous en doutez ..." (p. 123). C'est donc bien un conte, "mauvais", c'est-à-dire hors des normes. Mais quelles normes ? et ce n'est un conte que pour le lecteur perspicace ("si vous vous en doutez"). Suit ce que le narrateur appelle une "historiette", celle du pauvre Tanié, parti faire fortune aux îles pour satisfaire la belle Reymer et pour toute récompense condamné par elle au retour à repartir faire de même "dans les glaces du Nord", à Petersbourg où il mourra aussitôt arrivé.

"Ce que je vais ajouter n'est pas plus un conte que ce qui précède", continue le narrateur. Et il entame une seconde histoire, celle de Mlle de La Chaux qui, après avoir sacrifié sa jeunesse, ses nuits, sa santé à faire des traductions pour son amant Gardeil, est abandonné par lui sans explication ni ménagement. Histoire symétri-que de la première ? Pas tout à fait car celle-ci a une suite : le Dr Le Camus aime Mlle de La Chaux, comme elle a aimé Gardeil et tout comme Gardeil à son égard, elle ne saurait lui rendre son amour. Le récit continue un peu autour de la person-nalité intellectuelle et littéraire de l'héroïne, et nous apprend qu'elle mourut sur la paille tandis que tout allait bien pour Gardeil jouissant "dans la plus grande aisance de la réputation méritée d'habile homme et de la réputation usurpée d'hon-nête homme".

Si tout cela n'est pas un conte, il faut avouer qu'on en retrouve bien des élé-ments : des personnages dont le narrateur embrasse en quelques pages la vie entière ramenée à ses moments décisifs, deux histoires symétriques où celui qui aime se fait confier une tâche difficile, la mène à bien, mais se voit frustré de l'amour qu'il attendait en récompense, chassé, voué à la maladie, à la mort, pendant que le traître jouit en paix du fruit de sa trahison. L'enchaînement des faits est si peu inattendu que quelqu'un peut dire à la fin du texte "cela est encore à peu près dans la règle". Un conte moral alors, même si son issue est décevante pour les âmes sensibles ? En effet, Diderot a jugé bon d'inaugurer le premier récit par cette sentence : "Il faut avouer qu'il y a des hommes bien bons et des femmes bien méchantes" et le deuxième par celle-ci "Et puis, s'il y a des femmes méchantes et des hommes très bons, il y a aussi des femmes très bonnes et des hommes très méchants". Avouons que si telle était la vérité morale à illustrer ou à justifier, ce n'était guère la peine d'entreprendre d'écrire.

Mais il faut revenir au titre *Ceci n'est pas un conte*. Quelle était l'intention de Diderot en proposant cette énigme dont à aucun moment il ne donnera en clair la solution ? Peut-être faudrait-il interroger d'autres écrits du même auteur où l'emploi du mot conte éclairerait la signification qu'il lui donne, et en particulier *Jacques le Fataliste* dont la première rédaction est contemporaine de celle de notre texte, et où abondent, souvent déguisées en boutades, les réflexions sur la création littéraire.

D'abord ce passage, bien propre à nous dissuader de demander à Diderot des distinctions subtiles dans la définition du genre "conte" :

"Toutes vos nouvelles en vers ou en prose sont des contes d'amour ; presque tous vos poèmes, élégies, églogues, idylles, chansons, épîtres, comédies, tragédies, opéras, sont des contes d'amour. Presque toutes vos peintures et vos sculptures ne sont que des contes d'amour" (p. 198).

Mais l'acception du mot n'est pas toujours aussi vaste :

"Vous voyez, lecteur, que je suis en beau chemin et qu'il ne tiendrait qu'à moi de vous faire attendre un an, deux ans, trois ans, le récit des amours de Jacques en le séparant de son maître et en leur faisant courir à chacun tous les hasards qu'il me plairait. Qu'est-ce qui m'empêcherait de marier le maître et de le faire cocu ? d'embarquer Jacques pour les îles ? d'y conduire son maître ? de les ramener tous les deux en France sur le même vaisseau ? Qu'il est facile de faire des contes !" (p. 4).

ou ce passage-ci :

"Vous allez prendre l'histoire du capitaine de Jacques pour un conte, et vous aurez tort. Je vous proteste que telle qu'il l'a racontée à son maître, tel fût le récit que j'en avais entendu faire aux Invalides je ne sais en quelle année, le jour de la Saint-Louis, à table chez un M. de Saint-Etienne major de l'hôtel" (p. 69).

La distinction conte/nouvelle lui est visiblement étrangère, bien que le mot existe et soit connu de lui. Ce qui l'intéresse, c'est la distinction entre conte et histoire, c'est-à-dire le problème de la "vérité" ou de la crédibilité d'une narration. Qu'on nous permette donc d'employer le mot "conte" dans l'acception qu'il lui donne et qui définit une problématique différente de celles qui sont envisagées dans d'autres chapitres.

Le conte serait une histoire bâtie à plaisir, et le contraire du conte le récit d'un enchaînement de faits réels, garantis par leur insertion dans des lieux et des temps repérables ... si le dernier exemple n'invitait justement le lecteur attentif à douter de ce repérage qui ne cautionne un récit que par un autre récit. C'est que Diderot ne confond jamais, même et surtout quand il semble le faire, les deux ordres, celui de la vie et celui de la création littéraire. La typologie du conte qui termine *Les*

Deux Amis de Bourbonne (2) définit la perfection du conte merveilleux par sa cohérence interne qu'il nomme "le respect du module choisi" et celle du conte plaisant par "le charme de la forme" qui "dérobe l'invraisemblance du fond".

Mais même lorsqu'il s'agit de ce qu'il appelle "conte historique", celui qui "a pour objet la vérité rigoureuse", l'important n'est pas d'être vrai, mais d'être cru et pour cela de savoir tromper en parsemant le récit "de petites circonstances si liées à la chose, de traits si simples, si naturels et toutefois si difficiles à imaginer que vous serez forcé de vous dire en vous-mêmes : Ma foi, cela est vrai, on n'invente pas ces choses-là". Vérité pour les naïfs qui croiront reconnaître la réalité là où il n'y a que métier de narrateur.

Si nous examinons notre texte sous cet angle, il s'apparente au conte historique, c'est un conte bien fait, au moins dans sa seconde partie et ce "n'est pas un conte" en ce sens qu'il veut se faire passer pour vrai et qu'il y parvient. On peut en effet y voir un exercice de style de Diderot associant à un essai d'illusion narrative rapidement mené et moyennement réussi, l'histoire Tanié-Reymer, un second essai plus élaboré que le parallélisme avec le premier met en valeur. Il n'y épargne rien de "ce que l'on n'invente pas". "Je nomme Mlle de La Chaux de son propre nom parce que la pauvre malheureuse n'est plus" ... "Sa première tentative littéraire fut une traduction des *Essais sur l'entendement humain* de Hume. Cette traduction fut imprimée en Hollande et bien accueillie du public. Ma *Lettre sur les Sourds et Muets* parut presque en même temps. Quelques objections très fines qu'elle me proposa donnèrent lieu à une addition qui lui fut dédiée. Cette addition n'est pas ce que j'ai fait de plus mal" (p. 141).

En effet, la *Lettre sur les Sourds et Muets* est bien suivie d'une *Lettre à Mademoiselle*... mais s'il faut en croire un ouvrage récent (3), la prétendue traduction de Hume parue en Hollande n'a jamais existé et tout ce que les biographes de Diderot ont dit de Mlle de La Chaux remonte en dernière analyse à *Ceci n'est pas un conte*. Avoir mystifié pendant deux cents ans des érudits avec quelques pages de conte, voilà de quoi réjouir les mânes de Diderot.

Mais l'originalité de ce texte, liée d'ailleurs intimement au problème que nous venons de voir, se situe dans les modalités de l'énonciation et dans la façon dont l'auteur joue avec la distance qu'il impose à son lecteur à l'égard de ce qu'il lui conte. Voyons les premières lignes du texte :
"Lorsqu'on fait un conte, c'est à quelqu'un qui l'écoute ; et pour peu que le conte dure, il est rare que le conteur ne soit interrompu quelquefois par son auditeur. Voilà pourquoi j'ai introduit dans le récit qu'on va lire, et qui n'est pas un conte, ou qui est un mauvais conte, si vous vous en doutez, un personnage qui fasse à peu près le rôle du lecteur, et je commence."

La fonction de ces quelques lignes, c'est d'être l'indicateur narratif, le signal auquel chacun de ceux qui composent le public se rend disponible, en effaçant de sa personnalité tout ce qui n'est pas son personnage de narrataire, de même que le narrateur ne s'identifie pas à l'ensemble de la personnalité de l'auteur.

Mais si l'indicateur traditionnel "il était une fois" ou ses équivalents non-merveilleux créent le charme en isolant pour la durée du récit un espace qu'ils ouvrent à l'écart de la réalité ambiante et cela sans le dire, bien sûr, Diderot lui, le dit, l'assène, insiste, comme pour mettre fin à l'enchantement, donc à la passivité qu'il reproche avec bonhomie au lecteur de *Jacques le Fataliste* : "Vous êtes aux contes d'amour pour toute nourriture depuis que vous existez, et vous ne vous en lassez point. L'on vous tient à ce régime et l'on vous y tiendra longtemps encore, hommes et femmes, grands et petits-enfants, sans que vous vous en lassiez. En vérité, cela est merveilleux." (p. 198).

Or ce qu'il dit pour réveiller son lecteur dans l'introduction de *Ceci n'est pas un conte*, c'est ce que la critique du XXe siècle exprimera en termes plus pédants : que le conte écrit reste très proche de son origine orale, que le "je" narrateur et le "tu" auditeur/lecteur ont partie liée et apparaissent toujours ensemble. Cela ne suffit pas. Il faut encore que Diderot mette en scène l'énonciation, un peu comme le faisait la fiction de la table d'hôte dans les nouvelles du XVIe siècle. Il insère les deux historiettes dans un dialogue-cadre entre narrateur et mandataire du lecteur. Au début, ces deux interlocuteurs sont anonymes et même peu différenciés. Ils acquerront peu à peu une personnalité plus nette : en effet, bien loin que ce soient eux qui donnent naissance au conte, comme il semblerait au premier abord, ils reçoivent de lui leur existence. Ils ne sont au début que deux invités sortant d'une soirée, l'un plus bougon que l'autre. Ils tiennent des propos mystérieux sur ce qu'ils ont entendu. Ce dialogue marqué par la mauvaise humeur de l'un et les taquineries de l'autre dénigre à plaisir l'histoire qui va venir. - Elle "ne prouve pas plus que celles qui vous ont excédé" - Il s'en prend au narrateur "de toutes les manières qu'ils ont de me faire enrager, la vôtre m'est la plus antipathique".

Ce n'est pas le contraire d'une "captatio benevolentiae" : c'en est une forme inversée qui n'en fonctionne que mieux. Mais dès le premier mot de l'histoire de Tanié et de Mme Reymer, il apparaît que celui à qui on la raconte la connaît au moins aussi bien que le narrateur, qui n'en continue pas moins imperturbablement. Plus le récit avance, moins le lecteur se reconnaît dans les paroles de celui qu'on lui a présenté comme son porte-parole. Celui-ci est en fait un personnage, lié de fort près à l'héroïne d'une histoire qui aurait pu être la sienne. A partir de là, deux interprétations possibles :

Dans la plus naïve, le bougon anonyme étant de l'ordre du réel, Tanié et Mme Reymer échappent à l'ordre du récit et "ceci n'est pas un conte" parce que c'est la réalité. Ou bien c'est l'assimilation inverse qui se produit : tous appartiennent à la fiction : la belle, l'amant grugé, l'amant en second à qui on raconte l'aventure, et aussi celui qui la raconte. Le narrateur lui-même en effet, s'y donne un rôle. "Je faisais grand cas de Tanié, et je fréquentais sa maison".

Non seulement il est témoin, mais témoin actif de scènes fort intimes : un peu confident, un peu entremetteur, substitut à la fois du directeur de conscience et du voyeur de roman libertin. S'amuse qui voudra à imaginer Diderot, Denis, le Philosophe, l'ami Platon, jouant au naturel ce rôle qu'il se distribue pourtant volontiers.

A la vérité, ce "je" qui énonce est un être de papier dont la fonction est purement littéraire : créer la distance par rapport au récit et en même temps l'abolir par sa participation en tant que personnage, provoquer le lecteur en feignant de lui donner la parole et le provoquer de nouveau en changeant sous ses yeux le statut de celui auquel il l'invitait à s'identifier. Dans ce cas, "ceci n'est pas un conte", parce qu'on ne saurait s'en laisser bercer. Le réveil est garanti, sinon à la première discordance, du moins à l'une des suivantes et il faudra bien se demander ce que tout cela signifie. Le lecteur est constitué en partenaire tout autre que le lecteur/auditeur d'un conte.

La deuxième historiette s'ouvre tout autrement. C'est encore un dialogue entre les mêmes, mais l'interlocuteur, toujours anonyme, cesse d'être inquiétant. Il est celui qui ne sait pas encore, en face de celui qui sait, il questionne, fait préciser, refuse de se laisser mettre en cause, bref, joue dans la meilleure tradition son rôle de faire-valoir du narrateur et de l'histoire contée. En revanche, le narrateur met dès le départ une belle insistance à décliner son identité : il est Diderot, il habitait au moment des faits rue de l'Estrapade, il éprouvait à l'époque une "fureur pour l'étude de la langue grecque" ; plus loin, l'allusion à la *Lettre sur les Sourds et Muets* l'identifie comme écrivain. Pourtant, premier détail suspect, la présentation de l'héroïne s'accompagne d'un éloge débordant de sensibilité que souligne l'interlocuteur :

"– Mais votre voix s'entrecoupe et je crois que vous pleurez ...

– Il me semble encore que je vois ses grands yeux noirs, brillants et doux, et que le son de sa voix touchante retentisse dans mon oreille et trouble mon coeur. Créature charmante ! créature unique ! tu n'es plus ! Il y a près de vingt ans que tu n'es plus ; et mon coeur se serre encore à ton souvenir." (p. 131).

Le lecteur habitué à Diderot se rappelle une réplique du neveu de Rameau commentant l'emphase du renégat d'Avignon : "C'est qu'il était faux et qu'il avait passé la mesure. Cela est clair pour moi et ne m'interrompez pas davantage." (4). Mis en garde ou non par cette dissonance, le lecteur s'engage dans l'histoire et se trouve de plus en plus, au fil du récit, en face d'un Diderot moins narrateur que personnage et sur un autre plan, moins narrateur qu'auteur dramatique, substituant le dialogue au récit, la représentation à la narration. Le narrateur-personnage a tellement partie liée avec Mlle de La Chaux qu'il se fait mettre à la porte en même temps qu'elle et qu'il doit revenir à une vision, plus narrative où il se ménage d'autres interventions, jusqu'à ce que le conte meure de l'épuisement de cette possibilité.

Les répliques du compère se sont raréfiées : il n'a plus de fonction à assumer. Il incarne effectivement le lecteur en ponctuant le dialogue dramatique auquel il est étranger de quelques vérités premières, mais précisément, le lecteur n'est pas flatté que l'on fasse en son nom un commentaire aussi plat. Dans cette deuxième histoire donc comme dans la première, mais avec des moyens différents et presque opposés, Diderot semble expérimenter les moyens de créer ou d'abolir à volonté la distance. Il l'abolit, faisant jouer directement aux personnages leurs rôles puisque l'auteur/narrateur devient l'un d'eux et renonce à son rôle d'intermédiaire du moins dans l'épisode essentiel. Il la crée en jetant la suspicion par le ton faux des répliques qu'il s'attribue et par l'étrangeté du rôle qu'il se donne. Il la confirme en renvoyant au lecteur une image de lui-même que celui-ci a de grandes chances de refuser.

Chacune des astuces du métier de conteur est donc employée dans ce texte de manière contradictoire. Lorsque Diderot feint de prendre le contrepied de la manière traditionnelle c'est pour mieux en mettre en lumière le fonctionnement et plus il affecte de confondre les ordres, celui du récit et celui du réel, plus il attire l'attention sur la nécessité de les distinguer. La forme du titre, "Ceci n'est pas un conte", négation qu'aucune affirmation ne vient ensuite éclairer, est emblématique de l'ensemble du texte. Aucune sécurité pour le lecteur. Il ne peut pas ne pas réfléchir.

Cette recherche d'écrivain sur les possibilités du récit jouant aux frontières du réel et de la fiction comme le souvenir participe des faits et de l'imaginaire, n'est pas particulière à Diderot en son temps. Marivaux, l'abbé Prévost ont exploré les ressources des jeux de masque d'un narrateur/personnage/auteur. Mais si avec d'autres écrivains une lecture naïve reste possible, Diderot se distingue par la façon dont il malmène son public, et cela surtout dans les oeuvres narratives des années 1770-73, *Jacques le Fataliste* et trois textes brefs dont le nôtre, les seuls de son oeuvre qu'il nomme contes. Pourquoi ? Au-delà d'un souci banal de renouvellement formel, on peut voir là une relation auteur/lecteur qui pour n'être pas absolument nouvelle chez Diderot, se précise à ce moment en liaison avec les sujets abordés. Il s'agit d'associer le lecteur à une recherche en cours, dont l'auteur n'est pas sûr qu'il sorte quelque chose, mais pour laquelle il a besoin de sentir la présence d'un partenaire actif. On sait que le dialogue est dans l'oeuvre de Diderot une forme privilégiée, non seulement de présentation, mais d'élaboration de la pensée. La narration transpose le dialogue à un autre niveau. Diderot n'est pas de ceux qui parlent dans le désert ou à la cantonnade. Il a besoin de tenir l'autre par un bouton de son habit, et ...tant pis pour le bouton : c'est chez lui la condition de la création littéraire. Il ne s'agit pas d'un simple souci de la réception de l'oeuvre : l'oeuvre ne peut naître que si l'auteur sent qu'elle sera, non pas reçue, mais co-élaborée par le lecteur. D'où le souci non de plaire, mais de heurter, d'inquiéter, de susciter la controverse, démarche qui, dans le cas de notre texte, justifie le titre, car ce n'est pas la démarche habituelle d'un conteur.

Le conteur traditionnel modèle toujours son public, mais c'est en général pour s'en faire un allié et non un contradicteur. S'il attend du public la conclusion de son récit, ce n'est qu'une feinte. Chez Diderot, au contraire, l'ambivalence demeure. Chacun peut et doit tirer la moralité qui lui paraît la meilleure. C'est la contribution que l'auteur exige du public en retour, dans cet échange qu'aura été la narration.

En effet, dans toutes les oeuvres de la fin de sa vie, et tout particulièrement dans ses quelques "contes", Diderot pose des questions qui effectivement, restent pour lui ouvertes. Il n'a pas de réponse toute faite à bien des questions morales qu'il a envisagées sous divers aspects dans ses grandes oeuvres.

Celle qu'il se pose dans la période à laquelle appartient notre texte, période où la recherche philosophique est consubstantielle chez lui à la recherche littéraire, c'est la question, si l'on peut dire, de la morale de l'amour. Sujet très vieux, mais à bien des égards neuf. Tout ayant été dit, tout reste à dire. Considérer les problèmes du couple comme ceux de deux partenaires libres et égaux en dignité, c'est sans doute l'apport novateur de Diderot dans ses contes. Il suffit de penser à la façon dont Rousseau voit les relations homme/femme dans la *Nouvelle Héloïse* et dans le cinquième livre de l'*Emile*, ouvrage par ailleurs si novateur, pour mesurer combien Diderot était fondé à juger ce sujet digne de la recherche d'un philosophe. Dans la trilogie *Ceci n'est pas un conte, Mme de la Carlière, Supplément au Voyage de Bougainville*, Diderot se préoccupe de l'insertion sociale de la sexualité. Mais formuler ainsi l'objet de sa recherche, c'est parler un langage non de son temps, mais du nôtre. Diderot n'avait pas les mots pour le dire. Tout est là.

Le conte lui offre un terrain d'essai bien commode. Aucune règle pour en définir les contours, aucune obligation d'être historiquement vrai, ou, si l'on ment, de le dire. On peut conclure ou non. On peut même annoncer une "moralité" en trompe-l'oeil et en laisser plusieurs autres possibles. De toutes façons, ce n'est pas un genre pris au sérieux. Son auteur, comme le fou du roi, peut donc tout dire, et par exemple ceci : Quand un Tanié part aux îles faire une fortune qu'il "ne désirait qu'honnête et rapide" et qu'il envoie à son amie "le produit de ses vertus et de ses travaux", il est normal qu'il ait des "successeurs" pendant son absence et qu'au retour, il se voie confier une nouvelle mission lointaine de pourvoyeur de fonds. "Il y a des gens dans le monde qui vous diront que c'est un sot" et non une victime, et ceux qui en déduisent qu' "il y a des femmes méchantes et des hommes très bons" sont d'un moralisme vraiment borné. Ou bien ceci : Lorsqu'une jeune femme lettrée se confine dans l'étude pour aider son amant dans ses travaux, elle lui donne peut-être une grande preuve d'amour, mais n'acquiert pas pour autant un droit éternel à la réciprocité car il n'existe pas de droit sur la liberté de l'autre. C'est si vrai qu'elle le signifie sans ambage à quelqu'un qui aurait sur elle des "droits" analogues. A chacun d'organiser sa vie. Diderot compte sur cette interprétation puisqu'il termine son texte sur une apostrophe au lecteur qui l'a faite. "Mais mettez la main sur la conscience et dites-moi, vous, monsieur l'apologiste des trompeurs et des infidèles, si vous prendriez le docteur de Toulouse (Gardeil) pour votre ami Vous hésitez ? Tout est dit." (p. 146). Ce n'est donc pas pour l'auteur la seule possible. Notre texte ne s'épuise pas davantage dans cette interprétation que dans le résumé des deux histoires qui le composent. Elle n'est qu'une interprétation d'*un* lecteur de maintenant, conditionné comme tout lecteur, autant par les débats de son temps, que par l'impulsion venue du texte.

L'intérêt est de rapporter cette interprétation – ou une autre – à ce résumé pour mesurer l'effet du discours de l'auteur. Il a consisté à ménager des réfractions multiples du fait objectif dans des subjectivités diverses : celles des personnages des deux histoires, celles, mouvantes et mal définies, des interlocuteurs du dialogue qui leur sert de cadre, celle de l'officieux personnage narrateur-témoin-confesseur-voyeur qu'on ne saurait assimiler à l'auteur et celle du lecteur du texte à la fois semblable à ce qu'il est dans la vie et différent. Chacun apporte avec lui sa propre opacité et révèle indirectement ses propres problèmes. C'est de cela, bien plus que de l'exactitude historique toujours problématique à ce niveau, que vient l'impression de "vérité" qui autorise l'auteur à dire "ceci n'est pas un conte". La recherche non feinte de ce qu'il pense sur ce faisceau de questions morales entraîne une recherche sur ce que doivent être les modalités de l'énonciation pour qu'une fiction soit reçue comme vraie. Il faut dire à chaque moment qui parle et à quel titre, ne pas présenter comme clair ce qui n'est pas élucidé. Si, ce faisant, l'auteur justifie le scepticisme sur ce qu'il raconte, bien loin de voir là une difficulté, il accentue par divers moyens cette invitation au doute, et cela d'autant plus volontiers qu'il s'agit d'un problème complexe dont il n'est pas sûr de voir lui-même tous les aspects. La nouveauté est dans l'énonciation *et* dans le message. Et nous voulions nous demander lequel des deux entraîne l'autre, "ce serait une dispute à ne finir qu'au jugement dernier"

Lucette Perol

CHAPITRE IV

RETIF CONTEUR : L'UTOPIE, L'INCESTE, L'HISTOIRE

Le Massif rétivien

Rétif ne finit pas d'entrer en littérature. On le proclame ici ou là "le Richardson des Français" (1), voire "le plus grand écrivain du XVIIIe siècle" (2), il n'entre pourtant dans la grande maison des classificateurs que par la fenêtre. Et encore faut-il, avant de le hisser, l'épouiller, le peigner, l'émasculer un peu. Le volume de son oeuvre effraie : trois cents, quatre cents ouvrages ? La légende romantique a gonflé les chiffres et, si les calculs de Bachelin les ont ramenés à deux cents, l'impression de démesure demeure. Rétif est prolixe, ce qui ne va pas aux yeux des commentateurs sans les connotations ordinaires de mal élevé, hirsute, impropre à la consommation intégrale. Pire, il n'a pas le sens de l'objet fini : l'oeuvre — pure et lisse, s'offrant d'emblée au rangement. Seul, son théâtre pourrait entrer dans les catégories habituelles mais même les inconditionnels de Rétif le disent illisible. Le besoin de copie a obligé cet écrivain à concevoir son oeuvre comme une vaste carrière qu'il venait périodiquement piller et il est assez probable que l'institution pardonne encore moins l'autophagie que le plagiat.

Les volumes interminables de Rétif ramassent de surcroît, sous les titres les plus divers, toutes sortes de choses inutilisables : factures d'apothicaire, chiens écrasés, règlements de comptes de folliculaire ou minutes de procès. Sans doute, dans la masse, des pages admirables comme on dit, mais qu'il faut isoler.

Et c'est peut-être là qu'il faut situer le vieux contentieux qui persiste entre Rétif et les professionnels de la lecture. Son oeuvre tout entière repose en effet sur ce postulat : **tout est racontable** : il n'existe pas pour lui un réel — essentiel ou infinitésimal — qui serait littéraire et un autre — massif, grossier, ennuyeux — qui serait étranger à l'écriture. La littérature en tant que "dévoilement du coeur humain" est avant tout narration : "on ne peut connaître les coeurs que par les actions" (p. 77). La formule revient souvent ; Rétif y ajoute même cette précision essentielle : en tant qu'écrivain, il n'est pas curieux de tempérament ayant "en lui-même un drame plus intéressant que les passions d'autrui" (p. 77). Il ne veut que comprendre : nulle malice, nul préjugé dans sa façon de regarder ; surtout pas de tri (le refus de choisir ou le choix impossible constitue, comme on le verra, le fondement philosophique de ses contes). Le livre est terre d'accueil comme la nation dont il rêve et qu'il adjure dans ces termes : "Alimente le cheval de labeur, le boeuf, l'âne même ; ils sont nécessaires, alimente la brebis, le mouton, le porc, la chèvre, ils sont utiles ; favorise l'abeille et même le ver à soie, ils sont agréables ; on peut même souffrir le singe, il divertit ; d'ailleurs, l'homme lui doit quelque considération à cause de la ressemblance ..." (p. 122). Et cela continue : le texte rétivien prolifère comme le vivant dont il veut saisir la multiplicité, la dynamique polymorphe.

Rétif et le conte : l'association ne va pas sans paradoxe. Le conte exige la mise en ordre, le récit ramené à une ligne essentielle, la boucle bouclée — tout une épure, toute une clôture à laquelle l'écriture prolifique de Rétif paraît inadaptée. Or, ce type de récit existe, en proportion infime sans doute dans la masse de l'oeuvre, mais sa rareté est d'autant plus signifiante. Le récit bref, ramassé, achevé, interrompant l'extraordinaire bourgeonnement narratif, donne forme à un fantasme, il fixe un désir et un moment dans le travail de l'idéologie.

La Semaine Nocturne

Les remarques qui suivent portent sur les quatre premières nuits de *La Semaine Nocturne* qui constitue le huitième volume des *Nuits de Paris*. Cet ouvrage est présenté par l'auteur comme "une de ces vastes compositions destinées à peindre les moeurs d'une nation". Les quatre premières nuits vont du 27 avril 89 à la prise de la Bastille. Il s'agit de la narration à chaud des troubles où va se préparer cette chose inconcevable pour le Rétif de l'année 89 : la mise en accusation du Roi. Notons que *la nuit* est une unité textuelle et non temporelle puisque certaines "nuits" couvrent plusieurs semaines alors que d'autres rapportent, pour l'essentiel, des actions diurnes. De l'événement, Rétif affirme ne raconter que ce qu'il a vu lui-même ou les récits de témoins véridiques. Ni historien (il n'a ni recul, ni accès aux documents, ni proximité avec les centres de décision) ni historiographe (personne ne l'a mandaté pour consigner les événements) ni même écrivain (au sens de dépositaire d'une parole unique, d'un pouvoir magique sur les mots et les significations puisque Rétif prévoit des continuateurs. "*Les Nuits de Paris* sont un ouvrage qui doit avoir une continuation, tant que cette grande ville existera"), mais scripteur, au sens strict. On expliquera un tel effacement par la conjoncture : "Dans ces temps de trouble, un accusé était toujours coupable" (p. 88) et Rétif écrivait moins pour la postérité que pour l'imprimeur. Il est aussi une autre raison, plus rétivienne : l'écriture immédiate garde, dans sa myopie, une proximité avec le vécu qui est de l'ordre de la transparence. Or, on l'a vu, le vécu s'offre d'abord comme narration. L'histoire se fait avant tout dans les millions de petites histoires que vivent quotidiennement les hommes d'un pays. Même ensuite, quand elle devient "idée",l'histoire, selon Rétif, reste récit. Ainsi, les événements qui se préparent autour du 27 avril 1789, se résument-ils aux fourberies d'Aristocratie "une grande femme née sur les confins du Parisis et de la Normandie" qui "eut l'air noble et ne l'a plus que méchant" (p. 19) et à la manière dont Démocratie, en assemblant ses Etats-Généraux, "lui donne un soufflet" (p. 19). L'histoire en marche est pour l'essentiel soit un fond sonore, un grondement lointain perceptible, au reste, jusque dans le rythme de la phrase : "Le tocsin sonnait, le Palais Royal motionnait : tout était dans le trouble et la consternation" (p. 49) ; soit le sombre défilé des têtes décollées et enfourchées ; soit encore l'interminable profession de foi monarchiste. Mais si l'histoire dérobe au promeneur la dialectique qui l'ordonne, au moins lui offre-t-elle des prises ténues : **les traits.** Le mot revient souvent dans ses livres. **Le trait** n'est pas l'événement typique, le détail où se dévoile un peu plus le "coeur humain". Or, et en restant dans la rhétorique de Rétif, l'insurrection révèle des abîmes insoupçonnés de misère humaine. L'accélération de l'histoire se traduit par une suractivité du narratif, par une prolifération monstrueuse des **traits.** L'agitation met dans la rue une humanité divisée, bestiale, revenue à l'état sauvage. Rétif ramène cette situation à trois causes principales : la contestation du Roi, principe et gardien de l'harmonie sociale ; l'aristocratie qui s'est démasquée, révélant son ignominie foncière ; le surgissement, enfin, de tout un grouillement subhumain — "Les Cannibales" — qui plonge Paris dans l'insécurité. A cette humanité à la dérive, Rétif oppose dans ses contes le noyau familial ressoudé par le désir indivisible du père.

Corpus : définition

Un mot sur le corpus. Chacune des quatre premières nuits de *La Semaine Nocturne* se termine par un conte auquel l'auteur a donné un titre. Dans l'ordre : *Les Deux n'en font qu'une ; Les Trois n'en font qu'une ; les Huit soeurs et les Huit amis ; Les Gradations.* Les cinquième, sixième et septième Nuits s'achèvent également par des récits autonomes mais qui ne sont pas des contes. Ce qui conduit à donner une définition — peu formalisée et toute relative au contexte rétivien — du conte.

a) Le conte n'est pas une création originale, l'invention d'un auteur (à ce titre, *Candide* ou *Un Coeur Simple* sont des nouvelles ou de courts romans non des contes). Le conte présuppose une certaine transmission, une circulation dans l'espace et le temps, la mise en branle d'une parole collective. Cette circulation peut se faire dans un espace géo-culturel important (conte folklorique) ou à l'intérieur d'un groupe restreint (par exemple : le conte libertin auquel Rétif s'apparente jusqu'à un certain point).

b) Corrélativement, le sujet biographique (pour reprendre un mot de Julia Kristeva) est absent ou du moins, fortement masqué. Excluons donc le récit intitulé *L'Amante de Mérite* (cinquième Nuit) parce qu'il se déroule autour de l'apologie d'une pièce de théâtre de Rétif *Le Libertin Fixé* et d'un règlement de comptes avec ses détracteurs ; excluons de même *Félicité ou l'Amour médecin* parce que Rétif y est présent sous l'anagramme Tefris et y fait allusion aux livres qu'il a déjà publiés.

c) Le conte développe une ligne narrative unique et nécessite un resserrement de l'action, la brièveté sinon l'absence de développements conceptuels, la qualification minimale des personnages.

d) Le conte n'épuise pas seulement un thème narratif, il ne raconte pas un épisode de la vie de quelques personnages (c'est, me semble-t-il, le rôle de la nouvelle) mais l'épisode essentiel (crise ou aventure) le moment qui décide du reste de l'existence de ces personnages. "Ils se marièrent et eurent beaucoup d'enfants" signifie que l'essentiel (le vital) a été dit et que le reste est d'ordre anecdotique.

Vérité et fiction

Rétif note au passage le caractère véridique de ses contes : "voici une aventure qui nous fut racontée ce soir-là" (p. 22) "voici une aventure contée le même soir" (p. 40). Pas d'insistance, les sources restent indéterminées mais Rétif cherche à nous convaincre de la véracité de ses récits : "Cette histoire est certaine autant que d'une véritable morale" (p. 73). L'auteur veut instruire : il donne en exemple un modèle de société en même temps qu'un modèle d'éducation. Mais ce modèle est réalisable puisque déjà réalisé. Le souci de vérité se traduit à l'intérieur des contes par des précisions de date ou une localisation géographique. Le premier conte se passe en 1784, le second commence "le 14 février, dix ans avant le jour du grand Te Deum national" (p. 14), le troisième se déroule entre le Jardin des Plantes et la Rue des Fossés-Saint-Victor tandis que le quatrième a pour cadre une boutique du Palais-Royal. Seulement, dates et lieux, n'ont pas de rapport nécessaire avec l'action.

D'autre part, et c'est pour cela que le mot conte paraît convenir à ces courts récits, la profession de vérité ne s'accompagne pas, au plan de l'écriture, d'un discours réaliste. Autrement dit, l'effet d'irréalité l'emporte sur l'effet de réel.

a) D'abord les titres qui sont de brefs résumés des récits mettent en évidence une parfaite adéquation entre le réel et le désir. Ces titres s'opposent à ceux que l'on trouve ici ou là, dans le récit premier (le reportage où sont intercalés les contes). Ils diffèrent surtout des titres donnés aux récits de la 5e, 6e ou 7e Nuit. Par exemple, *L'amante du mérite, La Seconde Elise, Franchonnette et Victoire* font davantage penser à des portraits de femmes qu'à des développements narratifs.

b) Les personnages principaux des contes ont des noms de convention qui se réfèrent à la tradition galante (celle par exemple des contes et nouvelles publiés par *Le Mercure Galant*). Les hommes s'appellent Dorival, Dorange, Maribert (notons que ce dernier nom est celui de l'ascendant mythique que se donne Rétif dans *La vie de mon père*). Les femmes s'appellent : Amasie, Amable, Adélaïde ... Dans le conte *Les Deux n'en font qu'une* où Rétif réécrit manifestement la fin de *la Nouvelle Héloïse*, les deux soeurs s'appellent tout simplement Julie et Sophie.

Il faut remarquer toutefois que les personnages secondaires s'appellent très bourgeoisement M. et Mme Pin, M. et Mme Micron. Il n'empêche que, dans l'ensemble, l'onomastique des contes n'est pas celle des promenades parisiennes où Rétif rencontre des personnes (réelles) qui portent les noms bien solides de Binet, Berthet, Desgosiers ou Fouquet.

c) Les portraits physiques ne donnent pas à voir : parfaitement abstraits, ils ne dépassent guère l'usage rhétorique de l'époque " ... L'aînée était la plus belle personne qu'on pût voir. La cadette était une jolie enfant ... son rire était celui des grâces et de la naïveté" (p. 22). Dans *Les Trois n'en font qu'une* " ... Amasie, l'aînée était ... belle à la grecque ; Amable, la seconde ... avait une figure française ar-

rondie ; Aimée, la troisième était jolie, vive, folâtre quoique la figure fût anglaise ...”
(p. 40, 41). La Grèce, la France, l’Angleterre : le stéréotype culturel pourrait difficilement être plus net. Le parti-pris anti-descriptif est, au reste, pleinement assumé :
“Jamais, il ne fut de beauté plus touchante ... Mais nous sommes historiens, et ce
n’est pas ici le cas d’être peintre” (p. 45).

La place du père

Le schéma narratif est d’une relative simplicité et ne varie guère d’un conte à
l’autre. Projet amoureux, résistance, entreprise de séduction, union. Mais un tel
découpage ne rend pas compte des opérations complexes que recouvre chaque
étape. Dans le premier conte (de loin le plus élaboré) *Les Deux n’en font qu’une*, la
rubrique “projet amoureux” recouvre, en fait un projet apparent et un projet réel.
Maribert “un jeune homme de province, mal marié” rencontre deux soeurs : Julie
(15 ans) et Sophie (10 ans). Dix-huit ans plus tard, il revoit Sophie, lui propose son
amitié et sa protection : voilà pour le projet apparent. Mais au moment où Sophie
répond à son amour, Maribert lui révèle qu’il fut, dix-huit ans plus tôt, l’amant de sa
soeur mais qu’à la même époque il était également amoureux d’elle, de Sophie.
Voilà pour le projet réel. (Notons, au passage, que le texte de Rétif exhibe le non-
dit, l’impensé de *La Nouvelle Héloïse*). Sous la rubrique “résistance” on notera qu’il
n’y a jamais d’obstruction, d’obstacle réel : Maribert est marié mais sa “méchante
épouse” est trop loin ; son existence ne fait jamais problème, elle disparaîtra, d’ailleurs en temps opportun ; quant à Sophie, elle est si pauvre et Maribert si riche et si
discret qu’elle ne peut opposer de résistance prolongée. La difficulté vient de ce que
le projet n’a de sens que par la capitulation simultanée et **spontanée** de Sophie et
de Julie. Or, Julie est mariée : il faut donc faire entrer le mari dans le cercle, qu’il
fasse chorus. De la banale séduction, on passe imperceptiblement à la fondation
d’une micro-société dont les membres convergeraient dans l’amour du père (souli-
gnons, pour clore le parallélisme avec *La Nouvelle Héloïse* que Rétif oppose au
matriarcat finalement invivable de Rousseau, la plénitude de la famille patriarcale).

La partie essentielle du conte : l’entreprise de séduction est, d’abord, une
construction linguistique. Le projet de société qui habite le discours amoureux
prend forme dans un pacte initial qui, d’amendement en amendement, de conquête
en reconquête, assure l’avancée triomphale de la paternité.

La première déclaration de Maribert pose implicitement les termes du contrat
“Ce n’est pas de l’amour que vous m’inspirez ; c’est un attachement de frère ...”
(p. 23). Attachement peut-être lu comme une modalisation signifiante d’amour :
le séducteur commence à tisser les premiers liens. Mais un peu plus loin, les dessous
du pacte sont exhibés par la propriétaire de Sophie. A Maribert qui veut la rassu-
rer “ – Mais c’est en soeur que je l’aime” celle-ci répond “Ha ! Ha ! Ha ! elle l’est
peut-être ... que sait-on ? Les femmes quelquefois ont des allures. Les hommes ...
Dame ! à Paris on ne peut répondre de rien ! ...” (p. 25). La réticence souligne le
non-dit, l’envers scabreux du pacte. Mais tout se passe dans le conte de manière à

ce que cette lecture malveillante tombe d'elle-même devant la perfection (morale) de l'harmonie réalisée autour de Maribert.

Les rapports frère-soeur — chasteté et politesse exquise — durent huit mois puis "le soir, son ami (car elle commençait à lui donner ce nom) parut plus tôt qu'à l'ordinaire" (p. 28). Le glissement lexical (frère → ami) s'accompagne d'une métamorphose : Sophie, jusque-là négligée, commence à s'habiller, à se faire belle : de soeur, elle devient femme " ... elle l'aimait, sans être pressée, naïvement, naturellement" (p. 26). Non pas la tyrannie de la passion (qui est d'ordre accidentel, contingent) mais la naturalité d'un consentement nécessaire : l'opposition est importante pour la suite de mon propos.

Avec l'aveu de Sophie, s'achève le premier volet de l'entreprise. Le second consiste à mettre Julie, l'aînée, dans le circuit "J'adorais la belle Julie, je vous aimais comme jolie et comme sa soeur : vous entendiez mes pensées, je vous parlais ... Je fus un dieu, pendant quelques minutes" (p. 27). Maribert révèle ainsi le motif réel de sa quête : retrouver le temps perdu, l'âge d'or où la transparence ("vous entendiez ma pensée") faisait du moi une divinité. Frère, ami, Dieu : la progression est significative et, à l'intérieur d'une telle structure, Julie ne peut intervenir comme la rivale de Sophie mais comme le prolongement de son être "LES DEUX N'EN FONT QU'UNE, pensais-je" (p. 27). Le titre revient au coeur du conte pour rappeler qu'il ne s'agit pas d'addition ou de succession mais d'unification. Maribert n'est pas Don Juan. Reste, clef de voûte de l'édifice captatif, à superposer l'image du père à celle de Dieu. Suprême raffinement de la narration rétivienne, c'est Sophie qui apporte cette dernière touche, Maribert lui dit : " ... Mais moi, je ne vous tutoierai pas". Elle réplique : "J'en serai bien fâchée ! ... Une fille chérie tutoie son père ..." (p. 28).

La fin de l'histoire est, comme on dit au jeu d'échecs, affaire de technique. Maribert épouse Sophie " ... Je vais lui tenir lieu de père, de mère, de frère et ... s'il est possible de soeur ... Je serai Julie pour elle" (p. 33). Il fait de Julie sa souveraine et pour finir "le mari de Julie embrassa l'amant de Sophie en l'appelant son frère" (p. 35). L'amour indivis du père enchevêtre les identités et confond, dans l'unité retrouvée, les strates de l'inceste. Tout se résout dans l'interdépendance des coeurs et des corps. Mais les noces rétiviennes ne vont pas sans l'exclusion des commentateurs malveillants. Les retrouvailles avec Julie se passent devant un choeur féminin qui fait circuler des bruits infâmants sur le compte de Sophie. Maribert confond ces contempteurs et Rétif en profite pour démontrer les mécanismes de la lecture retorse "Oui ... La calomnie s'engendre ainsi. La première femme conjecture ; la seconde assure ; la troisième certifie et donne pour témoins les trois autres" (p. 35). Le conte contient entre ses lignes un mode d'emploi et une défense : la morale est sauve tant que les désirs gravitent dans l'orbite du père.

Quelques mots sur les trois autres contes. *Les Trois n'en font qu'une* révèle une amplification du premier projet amoureux. Bernardin est attiré par une charmante créature, il réussit à s'installer dans la famille et découvre que les deux soeurs de sa bien-aimée n'ont rien à lui envier. L'amoureux ne jette pas le trouble ni la discorde dans le gynécée : chaque femme vient à lui en son temps. Chacune son tour, heureuse du partage, ne revendiquant pas l'exclusivité. Les parents se prêtent au jeu : on tire quasiment au sort l'une des filles que Bernardin épousera, mais le conte s'achève par l'union trigame, prospère et heureuse "Les deux soeurs n'ont pas voulu se marier : Bernardin a aujourd'hui beaucoup d'enfants, qui tous passent pour être de sa femme. Si quelqu'un trouvait ce grand nombre d'enfants extraordinaire, il leur répondrait (nous a dit une personne sûre) que *les trois n'en font qu'une"* (p. 47). L'institution oblige au déchirement de la monogamie : Rétif oppose l'utopie de l'ordre polygame. L'époux est un car il faut un père ; la pluralité des femmes comme celle des enfants ne peut qu'augmenter le bonheur. A cette condition, la prospérité se reconstitue par le repeuplement (natalité-prospérité : une quasi synonymie qui se prolonge).

Les huit soeurs et les huit amis, troisième conte, augmente la population du sérail. La progression arithmétique devient géométrique "Mais décemment, [Rétif] ne peut donner [les huit soeurs] à un seul homme" (notes pp. 395-396) commente malicieusement Béatrice Didier. Le même fantasme du mâle unificateur et reproducteur se poursuit et s'accroît.

Le père procréateur et dénominateur commun des désirs : telle est la figure qui organise les trois premiers contes. Mais le père est également un éducateur. C'est là le sujet du quatrième conte : *Les gradations*. (Le titre pourrait d'ailleurs résumer ce mouvement narratif qui s'élargit de la micro-société du premier conte au sérail du troisième et chemine symboliquement vers l'ensemble du périmètre social). On peut hésiter pour ce dernier récit entre conte et histoire exemplaire mais il complète les trois autres et je n'ai pas voulu l'en dissocier. Dorange (15 ans) est amoureux d'Adélaïde (dont l'âge se situe entre cinq et dix ans) : il veut l'épouser mais à la condition de se charger complètement de son éducation " ... je veux m'attacher le coeur de ma femme par une longue habitude avant de l'épouser" (p. 66). Le projet réussit mais avant d'arriver au mariage, l'adolescent aura joué tous les rôles : précepteur, frère, père, ami et amant. Au crépuscule de la vie, le couple refera le chemin en sens inverse " ... elle redeviendra sa soeur. Ils seront deux amis ..." (p. 72).

On voit donc que dans les trois premiers contes, le cercle incestueux est essentiellement une figure spatiale : il brise les barrières entre les êtres par la mise en question du principe d'identité et par la permanente réactivation de l'oedipe. Dans le quatrième conte, le cercle est une figure temporelle : la vie du couple est une boucle où vieillesse et enfance se rejoignent. L'égalité, où s'efface la différence des sexes, vient au terme du périple "Deux vieillards de sexe différents doivent être égaux" (p. 73). Le père est donc un rôle que l'on joue jusqu'au moment où les enfants grandissent : il faut alors leur transmettre le pouvoir et s'effacer.

La structure des contes s'identifie donc au raisonnement qui déploie dans un discours la situation incestueuse. Le dénouement réalise l'utopie par l'actualisation de la construction linguistique.

En guise de conclusion : la place du roi

Chklovski dans son classement des procédés narratifs accorde une place importante au retardement. Il parle d'un "système de RALENTISSEMENT qui se retrouve dans l'architecture de cycles de contes intérieurs aux *Mille et Une Nuits*, à savoir les contes précédant une exécution" (3). A ce système appartiennent les contes de Rétif. Le titre général *Les Nuits de Paris* comme les titres des différentes parties – *La Semaine Nocturne* ou *Vingt nuits de Paris* se réfèrent explicitement aux *Mille et Une nuits* adaptées au début du siècle par Galland et qui ont connu le succès que l'on sait. Ici, Shéhérazade retarde son exécution par des contes là, Rétif surseoit au vertige révolutionnaire en donnant corps de récit au mythe de la fin de l'histoire.

En effet, les quatre récits ne peuvent se lire que dans le contrepoint du discours narratif qui les encadre. La révolution a surpris Rétif qui paraît au long de la *Semaine Nocturne* tiraillé entre deux fidélités : la fidélité au peuple (défini comme le peuple utile : travailleur et *pacifique*) et l'attachement au roi. Rétif pressent la contradiction et son texte s'efforce de l'occulter. Le peuple et son roi, on l'a vu, sont pris dans la tenaille de l'aristocratie et de ses sbires plébéiens. L'effervescence révolutionnaire – la formulation de Rétif résume le malaise idéologique : "A la véri-té, c'était une fièvre salutaire ... mais ce n'était pas moins la fièvre" (p. 17) – risque à tout jamais d'émietter la nation en séparant le peuple du père – Louis XVI, garant de la "confraternité". Dans les contes, l'avancée triomphale du père vers le centre aimanté d'où son désir organise le chaos c'est le rêve (dans le contexte précis des journées qui ont suivi la prise de la Bastille) d'une entrée triomphale de Louis XVI dans un Paris réconcilié en la personne de son monarque. Utopie bourgeoise du contrat social (qui est aussi un pacte érotique) se réalisant de l'élimination des classes dangereuses : l'aristocratie et la tourbe ingouvernable des sans-travail.

Béchir Garbouj

CHAPITRE V

LES TROIS CONTES :
UN CARREFOUR DANS L'OEUVRE DE FLAUBERT

A leur parution, les *Trois Contes* sont présentés comme l'aboutissement de l'oeuvre romanesque de Flaubert. Procédant d'une esthétique du resserrement, ils en constituent la synthèse. Le conte est perçu comme un art du raccourci en même temps qu'un raccourci de l'art flaubertien. Roman en miniature, il est, de ce fait, un joyau d'une facture insurpassable. Grâce au conte, l'oeuvre romanesque trouve son achèvement, dont la signification est ambiguë. Banville souligne la perfection de l'oeuvre et constate avec enthousiasme que Flaubert a su donner au conte, un genre mineur, ses lettres de noblesse (1). Brunetière, en revanche, est sévère : "Il y a quelque surprise dont on se défend mal à voir un écrivain finir par où les autres commencent, ayant commencé par où les autres finissent". Le verdict tombe aussitôt, impitoyable : "ceci, c'est la marque d'une invention qui tarit" (2).

Ce type de jugement est repris au XXe siècle (3). Mais est-il possible de considérer les *Trois Contes* comme une fin dans l'activité de l'écrivain, comme le résumé de son oeuvre romanesque antérieure ? Le véritable testament littéraire de Flaubert n'est-il point *Bouvard et Pécuchet* ? Dès lors les *Trois Contes* ne doivent-ils pas mettre en lumière les relations qu'ils entretiennent, non seulement avec les romans déjà parus, non seulement avec *Bouvard et Pécuchet*, mais aussi avec la *Tentation de Saint-Antoine* et les pièces de théâtre qui les précèdent immédiatement ?

Pour composer et publier ses contes, Flaubert interrompt la rédaction de *Bouvard et Pécuchet* au milieu du second chapitre (4):les affres du style ont eu momentanément raison de l'écrivain. Ce genre de crise n'a rien d'exceptionnel. Dans le passé, Flaubert y a cherché remède par des voyages. Son grand périple en Orient, après le premier abandon de *La Tentation*, n'a d'effet bénéfique qu'à long terme (5). Son séjour en Tunisie, après une infructueuse rédaction du début de *Salammbô*, lui permet en revanche de reprendre et de mener son oeuvre à bien. L'intermède des *Trois Contes* joue un rôle analogue à ces voyages, il constitue l'indispensable détour qui permet à l'auteur de mûrir son roman et d'en prendre toute la mesure esthétique : "*Bouvard et Pécuchet* étaient trop difficiles. En attendant je vais me mettre à écrire la *Légende de Saint-Julien*, uniquement pour m'occuper de quelque chose, pour voir si je peux encore faire une phrase ...” (6). Le problème à résoudre est un problème d'écriture, et plus précisément d'écriture romanesque, dont il semble bien avoir perdu le sens.

Pendant plusieurs années, en effet, il s'est laissé prendre aux charmes d'un style très différent. En revenant à *La Tentation*, il s'est donné tout entier à une oeuvre qui est, selon Michel Foucault, “le rêve de son écriture : ce qu'il aurait voulu qu'elle fût, mais aussi ce qu'elle devait cesser d'être pour recevoir sa forme terminable” (7). Le retour à *La Tentation* signifie que Flaubert cède à la séduction d'une écriture travaillée par le démon du lyrisme. Flaubert prend l'habitude d'écrire au style direct, de vivre ses personnages de l'intérieur, au présent de leur parole. L'anachorète Saint-Antoine se nourrit des obsessions de l'ermite de Croisset, qui s'incarne aussi et s'exprime en chacun des tentateurs : une telle démultiplication des points de vue explique la réussite de l'écrivain ; il évite les dangers de la confession romantique et crée une oeuvre lyrique inclassable, unique en son genre qui rompt absolument avec le roman et que l'on pourrait nommer un oratorio littéraire.

L'oratorio est déjà un genre dramatique. Comment s'étonner du goût renouvelé que manifeste Flaubert pour la scène après *Saint-Antoine* ? Barbey d'Aurevilly n'a-t-il pas rapproché cette oeuvre du second *Faust* de Goethe (8) ? Thibaudet n'a-t-il pas finement remarqué qu'elle donne “les seules pages de Flaubert qui soient écrites dans un beau style dramatique” (9) ? L'écrivain a appris à découper des scènes, à faire parler ses héros dans un style plein, dense, éblouissant de beauté. Après avoir produit cette grande dramaturgie sacrée, Flaubert s'estime capable de renouveler la comédie de moeurs. Coup sur coup, il rédige *Le Sexe faible,* compose *Le Candidat*, et se fourvoie dans l'aventure théâtrale. *Le Sexe faible* n'est guère plus qu'un vaudeville bien écrit. Dans *Le Candidat*, le théâtre se nie lui-même : le dialogue trouve sa négation dans la désespérante inanité de la parole. Les personnages se réduisent à une parole creuse, deviennent des pantins sans épaisseur, dérisoires. Flaubert comprend alors l'impasse dans laquelle il s'est engagé.

La peinture de la bêtise, telle qu'il la conçoit, relève en effet du récit narratif. Pour “tenter le comique d'idées” (10), le choix qui s'impose est celui de la forme romanesque et non du genre théâtral. Faire ressortir l'aspect caricatural d'une pensée qui se sclérose en idées reçues, exige une concentration, un tri, une distance ironique que la scène n'offre pas à l'écrivain. Le dialogue, sans disparaître complètement, a besoin d'apparaître comme le temps fort, comme l'illustration d'un récit. La nature du génie propre à Flaubert se dévoile par exemple dans le chapitre VI de *Bouvard et Pécuchet* La comparaison entre *Le Candidat* et les deux pages où l'écrivain se donne le plaisir de peindre à nouveau “le vertige de la députation” est éclairante (II, 849-850). Avec une précision scientifique, Flaubert démonte le mécanisme par lequel chacune des candidatures s'annule, laissant le champ libre au républicain officiel ; il se livre à une démonstration où le recours au style direct est limité à un bref échange de répliques qui prouve la nullité politique de Bouvard et de Pécuchet, et à une courte prière par laquelle le curé révèle l'ampleur de son rêve et de sa passion politiques : “Faites ô mon Dieu ! que je sois député !”. Une telle exclamation, cri du coeur aussi ridicule que pathétique, en dit plus qu'une scène entière. L'écrivain, dans ce roman-somme, est parvenu à un maximum de concentration, qui contraste non seulement avec les cinq actes du *Candidat*, mais aussi avec les pages nourries de *L'Education Sentimentale* sur la candidature ratée de Frédéric Moreau (II, 327 *sqq.*).

C'est le conte qui a permis à Flaubert de mettre au point cette esthétique dépouillée. Il a eu très tôt le pressentiment des possibilités qu'elle offre pour suggérer l'inanité du temps qui fuit : dès *Rêve d'enfer*, une oeuvre de jeunesse, un "conte fantastique" précisément (11). Il a commencé à en tirer parti avec bonheur dans les quelques lignes de *L'Education Sentimentale* par lesquelles il survole les quinze années qui séparent le Coup d'Etat des retrouvailles de Frédéric et de Mme Arnoux (II, 448-449). Il en recueille le plus grand bénéfice artistique dans *La Légende de Saint-Julien l'Hospitalier* (12) et dans *Un Coeur Simple* (II, 610). Pierre Danger souligne justement comment cette tendance de l'art flaubertien s'affirme aussi dans le domaine de la description :

"Miniature ou esquisse, cette concision de la description est l'aboutissement d'un art pour lequel la perception sensorielle du monde extérieur devait être à la fois sensorielle et réduite pourtant à quelques images fragmentaires et fuyantes ! La technique de Flaubert, tout au long de son oeuvre, évolue dans ce sens et si ce n'est que sur la fin de sa vie qu'il écrit des nouvelles, on peut considérer que ce genre était celui qui devait le plus exactement correspondre à sa vision du monde".

Toutefois, loin de voir dans les *Trois Contes* un terme ultime de l'art flaubertien, P. Danger met en évidence le dépassement qu'ils rendent possible : "c'est dans son dernier roman que l'art de Flaubert est poussé à ses plus extrêmes conséquences [...] il n'y a plus aucune de ces longues descriptions que nous trouvions dans les autres romans, elles sont réduites à rien. On pourrait penser, tant la différence est grande, qu'il y a dans *Bouvard et Pécuchet* un changement de technique, une mutation de Flaubert, alors que nous y trouvons, croyons-nous, l'aboutissement de toute l'oeuvre" (13).

Ces réflexions ont une portée générale. Le conte flaubertien, par réaction à *La Tentation*, par réaction à l'aventure théâtrale, est un retour à l'art du roman que l'écrivain se réapproprie en en tirant la plus exceptionnelle des quintessences : une telle alchimie est grosse de conséquences, elle permet un renouvellement de l'esthétique romanesque elle-même.

Toutefois la réappropriation romanesque par le conte prend toujours en compte l'expérience dramaturgique récente. Si le dialogue est banni, ou presque, du conte flaubertien, l'influence de la forme dramatique est encore sensible. *Un Coeur simple* rappelle une pièce classique par sa structure en cinq chapitres. *La Légende de Saint-Julien*, qui présente des traits communs avec le mythe d'Oedipe (l'oracle, l'éloignement pour éviter le crime, le meurtre des parents, la vie errante du meurtrier) est composée de trois chapitres comme si le drame de la destinée avait besoin de retrouver l'antique forme de la trilogie. Plus généralement, les *Trois Contes* ne sont-ils pas une trilogie de la sainteté ? L'influence du genre dramatique se fait enfin sentir jusque dans *Bouvard et Pécuchet*. De temps en temps se découpe une scène enlevée, au dialogue vif (14). Par ailleurs comment oublier l'ouverture du roman, avec son décor évoqué dans le style des indications scéniques qui se multiplient tant au XIXe siècle (15) ? Comment ne pas remarquer que l'entrée en scène des deux héros — leur raideur rappelle celle des marionnettes — annonce par ses procédés fondés sur un mélange de symétries et de contrastes, les sketches comiques des débuts du cinéma (16) ? Ainsi l'écriture romanesque reste marquée, par-delà même le conte, de toute l'expérience de Flaubert, y compris celle du théâtre.

L'effort de resserrement propre au conte a permis à Flaubert de préciser en même temps une nouvelle forme de composition romanesque, où la répétition joue un rôle primordial. Elle apparaît déjà dans *Madame Bovary* : l'ouverture avec Léon prolonge et renouvelle la liaison avec Rodolphe, des scènes se répondent les unes aux autres. *La Tentation* l'annonce d'une autre manière : elle est construite selon un principe de succession linéaire grâce auquel tentations et visions se substituent les unes aux autres sans toutefois se répéter (17). Dans la composition des *Trois Contes*, la répétition joue un rôle important. Paradoxalement, c'est *Hérodias*, le dernier d'entre eux, qui en est le moins marqué (18). Les deux premiers chapitres de la *Légende*, en revanche, sont construits selon un rigoureux parallélisme : la vie au château ou au palais, le goût ou l'invitation pour la chasse, la chasse, le meurtre manqué ou réussi ; et le troisième chapitre reprend après l'évocation des errances de Julien la même structure : la description de la cabane, l'appel, la traversée, la mort du héros. *Un Coeur Simple* offre un exemple plus caractéristique encore. Comme le souligne Flaubert lui-même, Félicité "aime successivement un homme, les enfants de sa maîtresse, un neveu, un vieillard qu'elle soigne, puis son perroquet" (19). Chacun de ses amours est déçu par la mort (sauf le premier, par la trahison). Ainsi, dans le conte est mis au point un principe de composition auquel *Bouvard et Pécuchet* va obéir avec beaucoup de rigueur : les deux bonshommes s'enthousiasment successivement pour chacune des parties du savoir et de la culture ; chaque fois, ils sont gagnés par le scepticisme et cherchent à surmonter leur dégoût par une nouvelle passion. Cette quête du savoir constamment déçue, mais toujours reprise et continuée, implique une structure répétitive du récit, que Flaubert a empruntée au conte philosophique de Voltaire, à *Candide* particulièrement. En même temps qu'il se présente comme un dépassement du conte flaubertien, *Bouvard et Pécuchet* s'apparente plus que jamais au conte voltairien. Complexes, donc, sont les rapports qui existent chez Flaubert entre conte et roman.

Le conte, en permettant à l'écrivain de se réapproprier l'art du roman tout en se frayant des chemins nouveaux pour une création originale, a joué, on le voit, le rôle d'une puissante thérapeutique littéraire. En s'adonnant à ce genre court, Flaubert ne révèle point, comme l'avance Brunetière, un tarissement de son invention, il lutte, au contraire, avec succès contre un tarissement de la veine romanesque. Mais le conte n'est pas seulement un exercice de grand art, il est aussi un exorcisme.

Au moment où Flaubert entreprend de composer une encyclopédie de la bêtise, une autre encyclopédie l'obsède (20) : le stupéfiant dictionnaire des tentations et des hérésies que constitue *La Tentation de Saint-Antoine*. C'est que le personnage du saint ne cesse de l' "occuper" (21), comme il l'indique avec humour dans une lettre où il annonce son projet d'écrire l'histoire de Saint Jean-Baptiste. Il ajoute quelques semaines plus tard : "après Saint Antoine, Saint Julien, et ensuite Saint Jean-Baptiste ; je ne sors pas des saints" (22).

L'une des raisons de l'interruption de *Bouvard et Pécuchet* se trouve donc dans l'obsession littéraire de l'amour mystique. Jamais d'ailleurs elle ne s'est limitée à Saint Antoine. Ainsi, en 1850, Flaubert songe à trois oeuvres possibles : une *Nuit de Don Juan, Anubis* et surtout son "roman flamand de la jeune fille qui meurt vierge et mystique entre son père et sa mère, dans une petite province, au fond d'un jardin planté de choux et de quenouilles, au bord d'une rivière grande comme l'Eau de Robec". Il montre la parenté des trois sujets :

"Dans le premier, l'amour inassouvissable sous les formes terrestres de l'amour et de l'amour mystique. Dans le second, même histoire ; mais on se donne, et l'amour terrestre est moins élevé en ce qu'il est plus précis. Dans le troisième, ils sont réunis dans une même personne et l'un mène à l'autre ; seulement mon héroïne crève d'exaltation religieuse après avoir connu l'exaltation des sens" (23).

Ce troisième sujet est à l'origine tout à la fois de *Madame Bovary* et d'*Un Coeur simple*. Dans l'héroïne qui crève d'exaltation religieuse, se devine déjà le personnage ultérieur de Félicité. Mais une lettre de 1857 prouve qu'elle est aussi à l'origine de Madame Bovary :

"L'idée première que j'avais eue était d'en faire une vierge, vivant au milieu de la province, vieillissant dans le chagrin, et arrivant ainsi aux derniers états du mysticisme et de la passion **rêvée**. J'ai gardé de ce premier plan tout l'entourage (paysages et personnages assez noirs), la couleur enfin. Seulement pour rendre l'histoire plus compréhensible et plus amusante, au bon sens du mot, j'ai inventé une héroïne plus humaine, une femme comme on en voit davantage" (24).

Ainsi est-il nettement établi qu'Emma et Félicité sont deux avatars d'un même archétype. Le roman et le conte ont une commune origine. Seulement le roman trouve sa raison d'être dans la peinture d'une humanité ordinaire et non d'êtres d'exception sinon exceptionnels. Le roman se fonde sur le vraisemblable, le normal, sur la clarté, l'intelligibilité ; il ne s'accorde guère avec le mystère ou l'extraordinaire. L'une des rares faiblesses de *Salammbô* n'est-elle pas la mort subite, inattendue, singulière, en un mot, de l'héroïne ? L'intrusion du surnaturel au dénouement sent l'artifice. Au contraire, le conte, dans son raccourci s'accommode du mystère. C'est un genre où l'explication ne s'impose pas. Le surnaturel et le merveilleux n'y sont point incongrus.

Flaubert le sait depuis ses années d'apprentissage. A cette époque, presque toutes les oeuvres qu'il appelle explicitement des contes traitent du mystère de la destinée. La courte préface de son premier conte, *Un parfum à sentir*, donne un sens métaphysique à une histoire de saltimbanques : "Je leur demanderai à ces hommes savants, écrit-il, s'ils ont lu mon conte, quel remède ils apporteraient aux maux que je leur ai montrés. Rien, n'est-ce pas ? Et s'ils trouvaient le mot ; ils diraient ανάγκη. La faute, c'est à cette divinité sombre, mystérieuse ..." (25). Même allusion au destin dans l'exergue de *La Main de fer, conte philosophique*, et, pour l'essentiel, les contes du jeune Flaubert se caractérisent par le mystère, le fantastique, le surnaturel — l'exemple le plus frappant est peut-être *Rêve d'enfer*. A la fin de sa vie, l'écrivain ne semble pas avoir changé d'opinion. Selon lui, sans faillir à un idéal de vérité et de beauté, l'artiste trouve dans le conte un genre où l'extraordinaire a sa place. Avec le conte, l'histoire peut se transformer en légende. C'est le cadre littéraire le plus approprié pour exprimer l'obsession de la sainteté, cette vertu qui tient du miracle.

Le conte, par conséquent, est aux yeux de Flaubert à la fois un genre spécifique et un genre apparenté au roman, auquel il prépare, et dont il diffère autant (sinon plus) par le sujet que par la longueur. En 1875-1876, comme genre spécifique, il satisfait l'inspiration "sacrée" de l'écrivain ; comme genre narratif apparenté au roman, il lui permet de la tarir et de créer les conditions psychologiques et esthétiques d'un retour au roman de grande ampleur, comme le confirme le cheminement de Flaubert dans les *Trois Contes* (26).

La Légende de Saint-Julien l'Hospitalier montre combien la tentation diabolique obsède Flaubert et s'est accentuée depuis *La Tentation de Saint-Antoine*. Le goût du carnage, l'instinct du meurtre, prennent dans le conte une dimension d'autant plus tragique que Julien y cède non point en hallucinations mais en actes. Une grande concentration (aux sept tableaux de la *Tentation* se substituent trois chapitres) en fait une tragédie du destin. Le recours à un merveilleux puisé dans l'hagiographie médiévale permet toutefois de distinguer nettement le conte de la tragédie. Il n'est pas de Tirésias pour annoncer la destinée du héros. L'angoisse n'en est que plus forte. L'oracle antique dès l'origine, présente un caractère de certitude, d'inéluctable nécessité qui n'existe point dans la *Légende*. Ici, ce sont des ombres évanescentes — "songe ou réalité" — qui murmurent des prophéties apparemment contradictoires de gloire ou de sainteté à la manière dont les fées, dans les contes, gratifient les nouveau-nés qu'elles protègent. La malédiction du grand cerf noir et monstrueux, qui sème le doute sur les prédictions, révèle une indiscutable intrusion du surnaturel. Par ce retour au merveilleux, Flaubert révèle sa propre vision de la sainteté : humilité dans la malédiction, résignation absolue dans le malheur. Au fond, le saint n'est-il pas une figure de l'artiste ? Il fallait recourir au conte pour évoquer ce miracle chrétien qu'est la grâce d'un maudit et qui, en même temps, symbolise le miracle vivant de l'artiste, que ses dons conduisent au milieu des sarcasmes, à la ruine physique et matérielle. La force de l'obsession religieuse de Flaubert se comprend mieux, elle est à la mesure de sa profession de foi artistique.

Jamais Flaubert n'est allé aussi loin. Il lui est arrivé de peindre des expériences religieuses, celles d'Emma Bovary ou de Saint Antoine. Mais elles apparaissent comme le fruit d'une imagination romanesque ou d'hallucinations maladives ou morbides. Elles peuvent être interprétées comme des faits scientifiquement constatables : l'extase finale de Saint Antoine n'implique pas nécessairement la véracité divine. Au contraire, dans *La Légende*, le surnaturel est le seul principe d'élucidation possible. L'élévation de Julien "face à face avec Notre-Seigneur Jésus-Christ" est présentée comme une **réalité** merveilleuse : le possessif implique la conviction du narrateur-écrivain, sollicite l'approbation du lecteur. Le conte donne corps au mystère chrétien, il est seul capable de faire concevoir comme réel le divin mystère de la Grâce et de la Rédemption. Flaubert peut ainsi aller jusqu'au bout de son obsession, et, s'y étant totalement abandonné, opérer in extremis une distanciation : dénonçant le conte comme tel, il lui confère un simple statut d' "histoire" : "et voilà l'histoire de Saint-Julien l'Hospitalier, telle à peu près qu'on la trouve sur un vitrail d'église dans mon pays". Le retour à un récit romanesque est possible. *Un Coeur simple* montre une nette évolution en ce sens.

Le merveilleux disparaît, si la foi populaire, la foi des saints et des simples, subsiste. Flaubert y jette un regard encore émouvant mais déjà ironique. Nulle caricature sans doute : Félicité mérite bien son nom — elle est une bienheureuse à laquelle l'écrivain s'identifie en un sens : n'appelle-t-elle pas son perroquet Loulou, du même nom affectueux que l'artiste prodigue dans ses lettres à sa nièce chérie ? Or, ce perroquet contribue à libérer Flaubert de son obsession religieuse. Empaillé et bientôt dépenaillé, rongé par la vermine, objet d'idolâtrie, il figure le Saint-Esprit en une image touchante mais dérisoire qui fait contrepoint aux ultimes visions de Saint-Antoine ou de Saint-Julien. La sainteté de la vieille servante est singulièrement décapante.

Avec *Hérodias*, le dernier des *Trois Contes*, Flaubert s'engage plus encore dans la voie romanesque. L'Histoire est réintégrée dans le conte aux dépens de la légende alors que les deux oeuvres précédentes l'en excluent ou peu s'en faut. Thibaudet l'a bien vu : "*Un Coeur simple* et *Saint-Julien* sont placés aux deux extrémités où il n'y a pas encore et où il n'y a plus d'histoire, et où pourtant la figure de l'histoire rôde, ici comme un pressentiment et là comme un souvenir" (27). *Hérodias*, qui réconcilie l'histoire et le récit à la manière de *Salammbô*, met à l'écart le drame sacré. Celui-ci est sciemment dévalué. La prophétie de Jean-Baptiste ("qu'importe ? Pour qu'il grandisse, il faut que je diminue !") est présentée au début du conte comme une parole d'homme agité, et son interprétation incombe uniquement à Phanuel l'Essénien, à la fin de l'oeuvre. Les disputes religieuses entre juifs, entre juifs et disciples de Jésus, sont considérées par les Romains comme d'insupportables querelles de sectes et présentées par Flaubert avec la même ironie que les âpres discussions opposant Bouvard et Pécuchet, l'instituteur Petit, l'abbé Jeuffroy et les notables bien-pensants de Chavignolles. Les imprécations de Jaokanann, tout empreintes de biblisme, portées par un style oratoire et dramatique auquel Flaubert n'a refusé ni la grandeur ni la beauté, apparaissent comme une expression de fanatisme. Il est frappant que Jaokanann, isolé du monde, enfoui dans sa fosse, en sorte décapité, et que Jésus soit expulsé du conte. Enfin l'ultime scène, fort ambiguë, n'évoque pas la face du Christ comme dans *La Tentation* ou *La Légende*, ni celle du Saint-Esprit sous les espèces du perroquet comme dans *Un Coeur simple*. C'est une vision de tête coupée : symbolique, elle révèle sans doute l'importance spirituelle du Baptiste et la fécondité de sa mort ; réaliste, elle clôt le conte sur une impression de malaise : cette tête "très lourde" est un objet embarrassant qu'il importe de conserver mais dont il est nécessaire de se défaire au plus vite.

C'est peut-être cette scène qui permet de conclure. En effet la prophétie de Jaokanann ne serait-elle pas essentiellement d'ordre littéraire ? Ne concerne-t-elle pas fondamentalement le conte flaubertien ? Avec *Hérodias* l'obsession du sacré se dissipe et le conte présente l'allure d'un bref roman à "l'histoire plus compréhensible et plus amusante" (28). Le drame religieux intéresse moins Flaubert, dans cette histoire, que "la vacherie d'Hérode pour Hérodias" (29). Rien de vraiment religieux, comme le confirme l'écrivain le 19 juin 1876 : "Je m'arrangerai de façon à ne pas "édifier". L'histoire d'Hérodias telle que je la comprends n'a aucun rapport avec la religion. Ce qui me séduit là-dedans, c'est la mine officielle d'Hérode (qui est un vrai préfet) et la figure farouche d'Hérodias, une sorte de Cléopâtre et de Maintenon".

Le thème biblique n'est plus qu'un prétexte. Le conte lui-même n'existe peut-être que par prétexte. Il offre surtout à Flaubert l'occasion d'expliquer par un symbole saisissant pour quelles raisons il s'est adonné à un genre mineur. *Pour qu'il croisse, il faut que je diminue* : ne faut-il pas que l'écrivain rompe le cou à la grandiloquence dramatique, à l'emphase et à l'obsession religieuse, pour qu'un nouveau roman, *Bouvard et Pécuchet* en l'occurrence, puisse enfin progresser ? Jean-Baptiste le Précurseur, Jean-Baptiste le raccourci permet de comprendre le rôle du conte dans la carrière littéraire de Flaubert. Genre court, dépouillé, il est fondamentalement un entraînement esthétique au roman. Grâce à lui, Flaubert, en retrouvant la pleine possession de ses moyens peut mener à son terme une oeuvre de grande ampleur. Il ouvre un nouveau champ romanesque comme Jaokanann a ouvert la voie au christianisme. La réussite dans le conte est une victoire obtenue sur ce qu'il ressent à un moment donné comme une déviation de son art et de son inspiration. Ainsi s'explique que les *Trois Contes* soient considérés parfois comme le triomphe d'une esthétique classique ; ils représentent un moment d'équilibre entre une période où le style de Flaubert ne se comprend pas sans le goût du lyrisme, de la dramaturgie, sans la fascination du sacré, et une période où l'écrivain renouvelle l'art du roman et lui donne, en héritier de Voltaire, un sens philosophique.

François Marotin

LE CONTE DES ECRIVAINS
LE DOMAINE ETRANGER

CHAPITRE I

LA "LANGUE" ET LA "PAROLE"

CONTRIBUTION A UNE ANALYSE DES MODELES IDEOLOGIQUES
DANS LES NOUVELLES DE BOCCACE

Qu'est-ce que le *Décaméron* ? Malgré les difficultés posées par les multiples approches de recherche (sociologique, formelle, rhétorique, typologique ...) que permet de développer l'oeuvre de Boccace, il est néanmoins possible de formuler une réponse, qui d'ailleurs ne saurait être aussi rapide et concise que la question. En effet, à qui veut comprendre la structure du *Décaméron* et son importance théorique, on pourrait conseiller de procéder par voie de négation. Certes, il est possible de trouver dans le *Décaméron* une *ars narrandi* (tous les éléments d'une véritable théorie de la nouvelle), à côté d'une *ars vivendi*, sous le "reggimento" (gouvernement) de Pampinea ou de Panfilo ; certes, il se découvre dans les cent nouvelles de Boccace le terrain de fondation nouvelle de toute narratologie ; cependant, s'il s'opère dans le livre un dosage attentivement mesuré et sélectionné des catégories de la nouvelle, on y trouve aussi, avec la même importance, l'immense répertoire de tout ce qui n'est pas nouvelle et qui ne peut l'être. Il est des genres narratifs qui restent au-delà des parois de l'édifice de Boccace, au dehors, pour risquer l'expression, de ses cloisons étanches, dans un "ailleurs" bien séparé. Peut-on repérer les genres narratifs qui restent exclus ? Peut-on d'autre part inventorier les genres qui sont acceptés dans le classement ? Hans-Robert Jauss, après avoir rappelé que "la forme d'un genre nouveau peut ... sortir des modifications structurelles qui font qu'un groupe de genres simples déjà existants s'insère dans un principe d'organisation supérieur" dont "l'exemple classique est la *novella* toscane créée par Boccace", énumère une variété "étonnante" de genres narratifs ou didactiques : "des formes médiévales telles qu'exemplum, fabliau, légende, miracle, lai, vida, nova, casuistique amoureuse, des récits orientaux, Apulée et l'histoire d'amour milésienne, des histoires et anecdotes florentines" (1). Si l'on continue de procéder par voie d'exclusion, on peut dire que la chronique, l'histoire, le mythe, la fable n'entrent pas dans l'édifice ; y entre-t-il d'autres genres ou sous-genres, d'autres noyaux de narrations tels que les *vitae patruum* ? Oui, mais "filtrés" par une veine parodique très nette. Ce procédé de la parodie est essentiel pour l'ample et précise stratégie boccacienne de "vidage" des conceptions médiévales. Les conventions de la parodie dans le *Décaméron* constitueraient une intéressante étude.

Continuons de chercher une réponse à la question posée au début : peut-on la trouver dans un des nombreux graphiques — très travaillés et très tourmentés — contre lesquels nous butons si souvent et qui essaient coûte que coûte de "classer" le *Décaméron* dans des schémas sempiternels ? Certes, on peut reconnaître que Todorov, par exemple, a fourni un grand travail ; mais la "grammaire" du *Décaméron* n'est pas dans les pages de Todorov, mais, plus simplement, dans celles de Boccace même, dans la "cornice" (le cadre) qu'il a inventée pour sa structure narrative. Devons-nous penser à Boccace qui écrit son livre (en avance de six siècles sur les théories formelles) avec sous les yeux la *Morphologie du conte* de V. Propp ? Sans vouloir trop demander, cette question paradoxale rappelle que le *Décaméron* est d'abord un ensemble de cent nouvelles distribuées dans dix journées et que cet ensemble est par un très heureux hasard un chef-d'oeuvre d'écriture et d'inspiration : la technique de la nouvelle existe parce que tout d'abord existent les cent nouvelles. Or, les cent nouvelles sont cent *quaestiones* : il faut les lire comme cent cas problématiques, chaque nouvelle étant un moment problématique spécifique. Les nouvelles sont à considérer comme une *summa* du vécu et du racontable ; c'est cet ensemble problématique qui constitue le seul ensemble réellement racontable. Encore une fois, Jauss aide à résumer ces considérations typologiques un peu éparpillées : mentionnant la thèse de H.-J. Neuschäfer, il écrit que "Boccace a transposé la diversité thématique et formelle ainsi trouvée dans la structure incontrovertible d'un genre nouveau au moyen d'une transformation repérable, dont les règles peuvent être déterminées, comme la temporalisation des schémas de l'action, du point de vue de la forme, et comme la problématisation des normes morales, du point de vue du contenu" (2).

Pour résumer le résumé, voilà donc une formule qui définit la nouvelle du *Décaméron* : un *exemplum* courtois retraduit dans une *quaestio* bourgeoise (3). Nous aurons l'occasion d'examiner par la suite le contenu idéologique de cette définition. Mais d'abord il faut se pencher sur le genre (ou sous-genre) littéraire de l'*exemplum* : c'est la première étape de ce court voyage aux frontières (un peu floues) du conte.

Il est intéressant d'aborder, comme premier contact avec le sujet, le champ sémantique de l'*exemplum*, qui est très éloquent dans notre sens : l'*exemplum* médiéval est sémantiquement très fidèle à ses racines étymologiques, qui se rapportent au langage du commerce, de l'EX-EMERE : ce qui est enlevé pour être montré comme échantillon-*exemplum*. C'est le correspondant tout à fait symétrique du *paradeigma*, provenant de la même sphère démonstrative (deiknumi-monstrare, deigma-monstra, paradeigma-exemplum). En acquérant une valence avant tout éthique-esthétique, l'*exemplum-paradeigma* évolue et s'accomplit en tant que terme tenant d'une certaine classe ou type de représentation d'une chose passée, proposée dans un but didactique ou édifiant comme *documentum* (de DOCERE). La définition du grammairien Festus : "Exemplum est quod sequamur aut vitemus" rend compte de la polarisation signifiante qui est toujours intrinsèque à l'*exemplum* qui est montré, narré à l'auditeur (4), et permet donc de partir du fait que le modèle à suivre ou à éviter est toujours explicite dans les *exempla* médiévaux, où la narration est régulièrement suivie de la moralisation. La chaîne moralisation/narration est exprimée par la transformation du général en particulier, déterminée par le facteur *effet*. Ce facteur doit rendre un principe moral tangible, c'est-à-dire concret. La totalité d'un principe moral est ainsi transformée globalement en totalité d'une action. Ce qui caractérise l'*exemplum* et que l'*exemplum* indique, c'est donc le principe moral. *Exemplum* et fable se rassemblent en ce qu'ils constituent une totalité narrative qui renvoie à une totalité systématique. Certes, dans une telle similitude, la fable entre pour certains caractères qui sont parfaitement transposables dans le régime de la nouvelle : la traditionalité, l'anonymat, l'oralité. Mais ce vers quoi l'*exemplum* tend d'une façon immanente, c'est à l'*imitatio* : sa forme fait percevoir, vivre et connaître une réalité qui nous apparaît comme désirable à tous égards ; cette forme constitue un "modèle" (*imitabile*). P. Zumthor écrit que "l'*exemplum* et la *legenda* se distinguent mal l'un de l'autre" dans la terminologie médiévale (5) ; mais ce qui les rend comparables, c'est justement leur possibilité d'imitation.

D'autre part, la caractéristique de l'*exemplum* médiéval est dans l'univocité de sa signification, dans la "mise en valeur univoque d'*un seul* point de vue" : c'est l'opinion de H.-J. Neuschäfer dans son livre sur Boccace et les débuts de la nouvelle (6). Prenons l'analyse de la nouvelle (*Déc.* X 8) de Tito et Gisippo (provenant d'un *exemplum* de la *Disciplina clericalis*) : si Neuschäfer dépasse, à notre avis, les limites du rapport *exemplum*/nouvelle lorsqu'il va jusqu'à dire que "la nouvelle met ... en question le sens de l'exemple" de la parfaite amitié (*op. cit.* p. 47) à cause de la révolte de la fiancée de Gisippo (on se rapportera plutôt aux remarques de K. Stierle : "... le caractère exemplaire" de la nouvelle "ne disparaît pas totalement, il est seulement problématisé, il devient susceptible de réflexion" (7)), il permet par contre (là où il signale le "procédé curieux" par lequel Boccace "se met à un certain moment à freiner et intercepter la problématique de sa nouvelle" – *op. cit.* p. 48) de séparer aisément l'*exemplum* (caractérisé par l'imitation) et le *cas* (caractérisé par le jugement). Suivons d'abord la distinction *exemplum*/cas telle que la précise A. Jolles dans son livre sur les "formes simples" : selon Jolles, si l'*exemplum* est simplement l'illustration d'un cas particulier d'une règle pratique ou de la représentation théorique d'un concept, le cas est par contre une disposition mentale qui ne se borne pas à mesurer les actions selon des normes, mais va jusqu'à évaluer et juger les normes entre elles par ordre ascendant. Si l'on admet que le cas peut recevoir, pour exprimer sa forme, une sorte d'aide extérieure, on en arrive à la frontière entre la forme simple et la forme savante : "*Formes savantes*, cela veut dire pour nous des formes littéraires qui sont précisément conditionnées par les choix et par les interventions d'un individu, formes qui présupposent une ultime et définitive fixation dans le langage, formes qui ne sont plus le lieu où quelque chose se cristallise et se crée dans le langage, mais le lieu où la cohésion interne la plus haute est atteinte dans une activité artistique non répétable" (8). Il n'est pas inintéressant de remarquer que Boccace même utilise de préférence le terme de cas (p. ex. "infortunati casi d'amore" (IV Concl.), "vari casi della bella donna" (II 8)) pour caractériser ses nouvelles. Il faut aussi rappeler que de récentes expertises philologiques ont attribué au jeune Boccace la traduction des *Factorum et dictorum memorabilium* de Valère-Maxime (9) ; reste à vérifier l'importance certaine de cette attribution dans ses rapports et ses implications pour la préparation technique et littéraire du futur narrateur du *Décaméron*.

Dès lors, on peut se poser une question : le passage cas/nouvelle, qui vient d'être examiné est-il analogue au passage du conte à la nouvelle ? Certes, dans la formalisation que Jolles opère, la distinction entre la nouvelle et le conte est celle entre la forme savante et la forme simple : reprenant la terminologie de Jacob Grimm, Jolles dit de la première forme qu'elle est poésie d'Art, "préparation", et de la seconde qu'elle est poésie de Nature, "création spontanée" (*op. cit.*, p. 183).En accord avec Jolles, il est donc possible d'appliquer l'univers au conte, mais non pas le conte à l'univers. De là se déduit une définition du conte (un événement dont la totalité constitue la forme) qui lui conserve son caractère anhistorique. Mais ensuite Jolles parvient à faire bon marché de l'histoire économique et sociale lorsqu'il examine les caractères des formes simples "dans le peuple", avec la réduction opérée au travail du paysan, de l'artisan et du prêtre. L'idée que les formes primordiales du comportement verbal doivent forcément correspondre aux formes primordiales de l'activité de l'homme ne manque pas d'une certaine naïveté populiste ; à raison, K. Stierle fait observer que "le changement historique, qui implique un changement de la société et de ses formes de communication, ne cesse d'engendrer de nouveaux schémas d'actions verbales, et, en même temps, de nouvelles possibilités d'investissement de ceux-ci par différentes actualisations poétiques ; la pragmatique et la poétique des· textes ne sauraient les élucider une fois pour toutes, mais doivent les examiner par rapport à leur situation historique" (10). Cette phrase de Stierle a son importance : l'examen du cas particulier de la nouvelle toscane nous permettra d'examiner cette forme savante non seulement par rapport aux formes simples, mais aussi en liaison avec le cadre historique et l'idéologie de l'auteur.

Voici un premier élément : la nouvelle de Boccace, en tant qu'histoire, même si elle n'est plus réductible à un principe moral de base, conserve toujours sa structure exemplaire, dans la mesure où elle illustre une disposition narrative qui sous-tend une multiplicité d'histoires (11). Dans le *Décaméron*, en effet, les nouvelles se trouvent à l'intérieur d'un cadre narratif paradigmatique : il s'agit de la "cornice", selon le terme employé par la critique. Dans cette "cornice" se trouvent l'histoire de la ville de Florence accablée par la terrible peste de 1348 et le "prétexte" du *Décaméron* constitué par la rencontre de la brigade des dix jeunes qui quittent la ville pour la campagne, s'éloignant ainsi de l'épidémie et profitant de leur séjour pour rassembler la matière des cent nouvelles ; il ne faut pas perdre de vue.ce cadre narratif lorsqu'on considère l'histoire particulière.

Est-il possible de donner une définition de la "cornice" ? On peut procéder encore une fois par voie de négation : la "cornice" n'est pas un conte, celui-ci étant lié à une disposition anhistorique, celle-là, au contraire, solidement enracinée dans l'histoire. La "cornice" n'est pas non plus une nouvelle, celle-ci étant liée à l'unique, au problématique. Mais s'il est vrai que la nouvelle est le moment d'actualisation de l'histoire, la "cornice" en est le moment de virtualisation : elle représente l'extra-temporalité, le monde de la potentialité et de la première disposition évocatrice ; elle est prête à s'adapter à la variété du réel que les nouvelles représentent (12).

Le rapport entre la "cornice" et les nouvelles se réduit alors à une formule :
$$N = f(E)$$
La constante E est l'*exemplum*, c'est-à-dire l'état de "langue". La réalité exemplaire est celle de la "cornice", qui s'identifie avec E : la constante "cornice" rationalise la réalité événementielle de la nouvelle en lui donnant une valeur exemplaire. La variable N est naturellement la nouvelle, la circonstance spécifique ou l'état de "parole" : chaque *exemplum*, produit d'un modèle, est sujet à une variable qui s'appelle contexte historique : lieu et temps de réalisation. Donc, N, la nouvelle, est la représentation d'une réalité exemplaire E, au cas où celle-ci serait "plongée" dans une situation historique. En un mot, N est l'équivalent d'E par l'intermédiaire de la fonction f, qui est précisément cette situation historique.

La circonstance constitue l'histoire (l'événement, le personnage) et l'*exemplum* constitue le code (religieux, amoureux, mercantile, etc) ; selon les règles de ce code on juge et on décrit l'histoire, et à ce jugement et à cette description nous pouvons donner le nom de "nouvelle" (13).

Au-delà de cette interprétation "formelle", on peut envisager le rapport "cornice"/nouvelles aussi du point de vue idéologique. Le cadre narratif et sa segmentation se prêtent bien à une lecture fondée sur la "forme des contenus" ; mais ce n'est pas inutile de considérer aussi le "contenu des contenus" toujours à propos du même rapport. Ainsi pourra-t-on dire que le *Décaméron* propose à travers ses schémas une vision du monde idéologiquement bien définie : le rapport "cornice"/ nouvelles devient le rapport entre une unité organique (la brigade des dix jeunes, narrateurs et narratrices) et la variété du réel (les nouvelles). La brigade peut être le témoin des attitudes des personnages des nouvelles, mais souvent ces attitudes ne sont pas acceptées dans l'interprétation normative de la réalité ; ou bien, encore plus souvent, la brigade insère dans un système global idéologique ce que les nouvelles expriment de fragmentaire et contradictoire : la brigade constitue le philtre de compensation pour l' "extrémisme" et l'absence de préjugés (souvent aussi absence de scrupules) du message des nouvelles. En contradiction avec l'anarchie provoquée par la peste (une sorte de carnaval tragique et de contagieuse épidémie d'irrationalité), la "cornice" se propose comme un modèle : un contre-carnaval caractérisé par un code de conventions et par une réalité rationalisée (14).

Il est deux exemples significatifs de cette idéologie : la mesure et la dignité dans la consommation des repas et l'attentive répartition du temps. La quantité de la nourriture ne compte pas et l'intempérance et la voracité sont décidément mises au ban comme manifestations typiques du monde du carnavalesque (15). Cette attention très marquée pour la propreté du corps et pour celle de la morale (si les nouvelles sont souvent audacieuses. les moeurs de la brigade sont par contre très chastes) peut donner lieu à quelques observations de psychologie sociale : dans un article publié en 1932, Erich Fromm (16) décrit la différence qui existe entre l'âge féodal et le capitalisme dans l'apprentissage de la propreté, de l'esprit d'économie, de la ponctualité et du sens de l'ordre. Ces qualités, apprises relativement tard au Moyen Age, deviennent par contre très importantes dès le début du capitalisme.

Fromm pense que la culture féodale a autant été formée par cette éducation tolérante concernant ces valeurs qu'elle a à son tour façonné la forme de cette culture. C'était une culture fondée sur un mode de production doué d'une grande inertie, ne connaissant que des changements insignifiants. Mais lorsque cette "communauté économique des artisans, des marchands et des prêteurs", qui conduisit à la naissance du capitalisme, fait valoir ses prétentions à la puissance et de ce fait met en pièces le féodalisme sans autre forme de procès, ces qualités entrent en jeu avec une importance déterminante dans les moeurs et dans l'éducation des enfants.

Boccace, qui écrit son *Décaméron* dans la deuxième moitié du XIVe siècle, est sûrement sensible aux exigences d'un nouvel ordre qu'il voit surgir après la terrible épidémie et les crises économiques et sociales. Un discours analogue peut être fait pour la conception du temps à laquelle le *Décaméron* se conforme. Le temps est un "don de Dieu" pour tout le haut Moyen Age, et il le reste au moins jusqu'au treizième siècle. Mais à la période de Boccace, le temps devient un bien toujours plus précieux, dont on peut faire — littéralement — un **capital**. Cependant, une des limites principales de cette idée du temps reste sa dimension urbaine : le concept du temps est strictement retenu à l'intérieur des murs de la ville. Encore au début du XVIIe siècle, Bertoldino (qui est un peu le correspondant italien de Till Eulenspiegel ou de Pantagruel) peut poser une question, apparemment stupide, mais en réalité très révélatrice : "Ma, ditemi, è più lungo il giorno della città, o quello della villa ?" (Mais, dites-moi, est-il plus long le jour de la ville, ou celui de la campagne ?) (17). En effet, même pour Boccace, la ville reste un endroit de civilisation privilégiée ; pour les protagonistes du *Décaméron*, la campagne n'est qu'une parenthèse de deux semaines, lorsqu'il s'agit d'échapper aux dangers de la ville, proie de la peste.

Il est maintenant nécessaire de vérifier rapidement la "compatibilité" du double rapport "cornice"/nouvelles avec un des cent exemples de l'oeuvre narrative de Boccace : la deuxième nouvelle de la quatrième journée du *Décaméron* : "Frate Alberto dà a vedere ad una donna, che l'agnolo Gabriello è di lei innamorato, in forma del quale più volte si giace con lei : poi, per paura de' parenti di lei della casa gittatosi, in casa d'uno povero uomo ricovera, il quale in forma d'uomo salvatico il dì seguente nella piazza il mena, dove, riconosciuto, è da' suoi frati preso e incarcerato". Si l'on examine d'abord la nouvelle du point de vue sémiologique, il est clair que la partie centrale de l'aventure (la ruse perpétrée par Frère Alberto pour arriver à séduire Lisetta) est fondée sur le fait que le sujet-agent (Alberto) manipule le code pour y introduire des éléments nouveaux ; cela lui est possible parce qu'il suppose — à raison — la totale ignorance du code (et donc l'impossibilité d'une correcte décodification) de la part du destinataire (Lisetta). Dans la logique du récit, Frère Alberto effectue un procédé de persuasion : il maintient la situation dans une forme favorable à son propre profit. Erich Lausberg définit ce procédé "ironie d'action tactique", c'est-à-dire une forme qui "utilise la dissimulation et la simulation en tant qu'armes de la ruse" ; cette forme "veut, par conséquent, maintenir l'équivoque (jusqu'à une éventuelle mutation de la situation)" (18). Le dénouement de l'action consiste dans les phrases du dialogue entre Lisetta et la commère :
Allora la donna, che piccola levatura avea, disse : "Comare, egli non si vuol dire, ma

lo intendimento mio è l'agnolo Gabriello, il quale più che sé m'ama, sì come la più bella donna, per quello che egli mi dica, che sia nel mondo o in maremma."
La comare ... disse : "In fé di Dio, madonna, se l'agnolo Gabriello è vostro intendimento e dicevi questo, egli dee bene esser così ; ma io non credeva che gli agnoli facesson queste cose."
Disse la donna : "Comare, voi siete errata : per le plaghe di Dio, egli il fa meglio che mio marido, e dicemi che egli si fa anche colassù ; ma, per ciò che io gli paio più bella che niuna che ne sia in cielo, s'è egli innamorato di me e viensene a star meco bene spesso : mo vedi vu '" (19).

Dans les répliques de Lisetta, se reconnaît la typologie du mot d'esprit naïf (ou acte ingénu, selon la définition de S. Freud (20). Mais, étrangement, cette fois le mot d'esprit, qui dans beaucoup d'autres cas, permet une décharge de la tension des nouvelles, ne se résout pas dans un éclat de rire libératoire :
La comare ebbe allora voglia di ridere, ma pur si tenne per farla più avanti parlare ... (21).

Au contraire, la femme décide de déceler le secret de Lisetta, permettant ainsi à la nouvelle d'aboutir à sa conclusion tragique :
La comare partita da madonna Lisetta, le parve mille anni che essa fosse in parte ove ella potesse queste cose ridire ; e ragunatasi ad una festa con una gran brigata di donne, loro ordinatamente raccontò la novella. (22).

Ces passages permettent d'établir un premier rapport entre la nouvelle et la "cornice" : cette absence de rire libératoire se révèle comme un moment anti-carnavalesque, qui est en liaison avec l'intonation "contrôlée" du cadre narratif et le comportement "rationnel" de la brigade (on peut remarquer que la conclusion même de la nouvelle de Frère Alberto constitue un moment de liaison avec la "cornice" : l'étrange carnaval qui éclate dans les rues de Venise a une connotation tragique et sombre, en contraste avec bien d'autres carnavals au Moyen Age et en liaison par contre avec de nombreuses descriptions du "monde à l'envers" de la peste florentine). Cette conclusion "réactionnaire" de l'idéologie carnavalesque permet d'examiner un dernier point de la vision du monde boccacienne : la critique a souvent fait remarquer le caractère nettement misogyne de cette nouvelle, qui paraît constituer une exception dans un livre dédié "alle vaghe donne" (aux gracieuses femmes). Cependant, si l'on analyse le rôle et la fonction de la femme dans le *Décaméron*, on s'aperçoit que dans la brigade des jeunes la femme est dans une position subalterne à l'homme ; et cette position est reconnue et acceptée par les femmes mêmes qui, à plusieurs reprises, se proclament convaincues que la présence des hommes est indispensable dans la brigade et que la soumission à l'homme est un acte d'humilité nécessaire. Même dans le cas du motif misogyne (apparemment antithétique à son livre), Boccace en réalité ne fait pas de la "cornice" et des nouvelles des modèles distincts et en concurrence.

Ainsi, le choix d'une nouvelle tragique dans l'univers (souvent gai) du *Décaméron* permet de découvrir un aspect "caché" de la personnalité de l'intellectuel Boccace, qui vit avec inquiétude le moment de la grande crise du XIVe siècle (crise économique et culturelle à la fois). Cette crise se présente comme un moment de **dissociation** réelle (la naissance du capitalisme n'a pas le caractère d'un accouchement sans douleur) : elle se répand non seulement dans la réalité économique, mais aussi dans la conscience des hommes. Cette conscience, qui n'arrive pas encore à une rébellion lucide, exprime l'angoisse d'une existence dissociée qui se trouve face à l'essor d'une économie irrationnelle.

Ainsi peut-on conduire une exploration par zones de profondeur qui va du phénomène aux oeuvres, des oeuvres aux rapports sociaux, des rapports sociaux aux constituants psychiques élémentaires : ce n'est que la problématisation de quelques hypothèses qui mériteraient des approfondissements et des appuis ultérieurs. Mais il vaudrait la peine de jouer le jeu de ces suggestions, au moins comme hypothèse de travail et de discussion.

J. Vincenzo Molle

CHAPITRE II

UN CONTE SUSPENDU A UN FIL :

JANET LA TORSE (1887), de R.-L. STEVENSON

Janet la Torse est-il un conte (1) ? La question suppose résolu un problème qui ne l'est pas, celui de la définition rigoureuse de cette forme littéraire. Malgré tout, de certains travaux sur un corpus homogène (Propp et le conte russe notamment) émerge un espace où poser la pointe du pied : le conte est cerné et défini comme objet présentant certain fonctionnement régulier en une sorte de circuit étanche breveté, pour ainsi dire. Il y a — par ailleurs — une appréhension intuitive de ce qu'est le conte, rassemblant des éléments d'appréciation épars et divers, mais source d'intime conviction. Si l'on confronte *Janet* tour à tour à l'un et à l'autre de ces révélateurs, le texte apparaît sous les traits d'un conte.

En référence à l'indicateur intuitif, on notera :

— la sobriété de lignes reconnue au conte traditionnel ;

— que le héros est confronté à des épreuves, domine la scène, fait montre d'intrépidité, et manifeste sa durabilité ;

— la situation de l'action dans un temps non proche et en un lieu plutôt reculé ;

— la présence — diffuse au moins dans le récit — d'une moralité ;

— que ce récit baigne dans le merveilleux ;

— qu'il concerne le groupe social (le narrateur déclare : "On n'est pas près d'oublier à Balweary la nuit ...").

Au plan de la description plus scientifique, on retrouve dans *Janet la Torse* plusieurs traces des fonctions proppiennes :

● la "réception de l'auxiliaire" qu'est la nouvelle gouvernante ;

● avec l'obtention du serment trompeur, la fonction 7 ("la victime se laisse abuser", etc.) ;

● la quête, qui revêt ici une forme originale : la rédaction d'un livre ;

● le combat.

Toutefois ces traces se présentent dans le désordre, ce qui n'est pas une mince entorse au modèle établi. De plus, mainte dérogation à la conformité au type saute aux yeux. Soulis comme personnage a une "épaisseur" (il n'est pas seulement un jouet de forces le dépassant, qui en outre recourt aux gestes rituels préconisés :

sommation solennelle, exorcisme final ; mais il entoure ceux-ci d'improvisations relevant d'initiatives à valeur de rupture). D'autre part, on constate la prolongation, à l'issue du récit, de l'état de désordre et de malaise.

Une tout aussi nette divergence réside dans l'importance dévolue (en un point du parcours) au processus d'énonciation : l'existence du dispositif qui la réalise est rendue manifeste à la fois par l'anachronie (avec, de plus, filiation de narrateurs), par un parler dialectal très prononcé (masqué par la traduction ...) qui dénote une élocution saisie sur le vif, enfin par la nature circonstanciée de la délivrance de ce récit central (à savoir : amener les conteurs à boire avant qu'ils ne s'exécutent). Plus encore que cet accent mis sur l'énonciation, sorte de garantie d'authenticité dont les genres contigus au conte se soucient davantage que le conte lui-même, semble-t-il, il y a dans *Janet* cette remarque qui met en lumière la précarité de l'existence même d'un tel récit :

"Les quelques RARES étrangers que le hasard ou les affaires amenaient dans ce pays écarté et inconnu ..." (p. 2, col. 2), — et encore fallait-il que ces "happy few" sollicitent les éventuels conteurs ! Le titre choisi pour ce chapitre fait donc d'abord référence à cet aspect précaire, comme fragile et purement accidentel (caractérisant davantage la nouvelle que le conte). En outre, par l'effet d'un léger étirement, cette même formule signifiera que la définition provisoire de *Janet la Torse* comme *conte* ne tient peut-être elle-même qu'à un fil. Une réflexion sur le contenu événementiel permettra sans doute de se prononcer.

Au coeur de ce récit, deux personnages en situation d'*exclusion* vis-à-vis de la communauté villageoise de Balweary.

Janet a eu jadis un enfant d'un soldat de passage — élément allogène s'il en est. Son état de fille-mère dit assez sa marginalité. Va s'en suivre, avec quelque naturel pour nous lecteurs, l'accusation de sorcellerie, forme que prend ici la *revanche* sociale envers celle qui ne se conforme pas, sort du rang, dérange l'ordre des conventions. Et si les graves présomptions touchant ainsi cette femme ne peuvent plus, en 1712, mettre sa vie en danger, il importe que la coupable pâtisse de ses menées illicites puis impies d'une autre façon. Exigence que viennent largement satisfaire les événements du récit interne, événements déterminés par le couple réprobation + désir de mise au pas dégagé à l'instant.

Le Rév. Soulis, exclu de fait du village par l'isolement caractéristique de son presbytère, ne réussit pas, dans les premiers temps, son intégration à la micro-société villageoise. Autre de toute manière par son statut et ses fonctions, il est moins marginal que trop original, infidèle à l'image que les paroissiens se font du ministre-type : il trahit une propension à privilégier l'étude, une prédilection pour "les livres" (aux dépens du contact direct avec la réalité semble-t-il). Il dérange donc lui aussi un ordre donné jugé bon. Comme Janet (leurs chemins d'ailleurs vont se rejoindre) il se met, par l'usage qu'il fait de son libre-arbitre, en **contravention** à l'égard des codes en vigueur, des règles reçues. Règles contraignantes s'il en est et dévoreuses de liberté, comme tout ce récit le rappelle, qui met une telle énergie à dépeindre le châtiment que vaut leur non-respect et, disons-le, le fait d'être différents.

Janet et le Rév. Soulis ont donc l'un et l'autre une dette à payer envers le groupe. Différents l'espace et la modalité de leur transgression ; différent aussi le moyen de leur absolution : Janet est suppliciée par le Démon, qu'elle a dû renier ; Mr Soulis subit les affres d'une terreur surhumaine, qui se doublent pour lui (la punition sera jugée d'autant plus cuisante) du démenti donné par les faits à sa croyance militante en l'innocence de Janet ; l'**erreur** de cet homme qui vit dans les livres est mise à nu, le vécu anéantit le livresque.

Il fallait que le village obtînt raison de chacun d'eux. C'est fait. Mais tout le mérite en revient, non à la réalité, mais au seul récit (ou à ses producteurs, si l'on veut) dont l'artifice est l'unique artisan de la vengeance. Il est le produit, élaboré de veillée en palabre, de seuil en pub, de l'activité normative du subconscient collectif de Balweary. Ainsi, la violence des phénomènes surnaturels et l'effroi comme le vertige qu'ils suscitent jouent un double rôle : édifiant — en ce qu'ils donnent la mesure du juste tourment qui attendait les deux délinquants ; et d'alibi servant en même temps à assouvir l'ardeur avec laquelle les accusateurs poursuivent par l'imaginaire, en une répression fantasmée, déléguée à la rêverie, réparation à l'encontre des perturbateurs. La justice poétique n'est que le travesti d'une justice expéditive illégale mais persévérante dans ses oeuvres.

Ce pouvoir du groupe social qu'illustre *Janet la Torse*, non seulement de mettre à part l'individu, mais aussi ensuite de lui faire payer son écart, occupe une place importante dans toute une constellation. De la lecture de ce récit plutôt bref émerge en dominante un *répertoriage* des pouvoirs. Pouvoir civil, en la personne (lointaine, il faut le dire) du notable local. Pouvoir multiforme des éléments naturels. Pouvoir intérieur de la volonté (le pasteur surmonte sa frayeur mortelle !). Pouvoir démoniaque, illustré entre autres de manière extraordinaire par cette pendaison avec un fil de laine ; et qui se fait complice des forces de contrainte, de normalisation sociales auxquelles il fournit l'instrument de leur sanction. Pouvoir de la parole communautaire, avec son catéchisme de préjugés et d'idées reçues (au sujet par exemple de la mauvaise influence des livres), parole opérant au niveau même du déroulement narratif : Satan par exemple ne supporte pas de côtoyer ni même d'apercevoir un prêtre. Pouvoir, en particulier, au sein de ce discours fossile, du discours superstitieux (les corbeaux-présage, etc.). Pouvoir enfin de la parole tout court, qu'il s'agisse de celle de Soulis médiateur entre Janet et la vindicte populaire ou encore commandant à la foudre ; ou qu'il s'agisse de celle du narrataire, dont la demande amène, de façon d'ailleurs "fréquentative", les conteurs du cru à livrer l'histoire qu'ils ont en dépôt (le pouvoir persuasif de l'alcool renforce l'efficacité de cette demande).

Symétriquement à ces axes conducteurs d'autorité ou d'effets contraignants : des axes d'**évasion**, à des niveaux divers, et souvent même pure tentative avortée puisque :

— les réticences des conteurs sont bientôt vaincues ;

— la contestation murmurée de l'action du laird ne change rien : Janet est engagée ;

— la défaite finale du Malin n'est, on le sait, qu'apparente ;

— l'emprise du souvenir obsédant qui après cette nuit habitera Soulis demeure solidement assise : l'effort du Révérend pour se délivrer de sa hantise à travers ses sermons n'aboutira jamais ;

— la parole elle-même par conséquent n'a pas à tout coup d'effet émancipateur ; cette parole, qui est autant coercition que moyen d'y échapper, va le plus souvent enserrer le personnage dans le filet des déterminismes.

Plusieurs fois, en effet, la parole proférée par Soulis, pour ne considérer qu'elle, se révèle **ambivalente**. Lors de sa rencontre inopinée avec l'Homme Noir, elle **rate** comme premier terme d'un échange : l'autre décampe — ce qui montre qu'elle est, sur un autre plan, **efficace**. Efficace aussi lorsqu'elle provoquera les frissons de ses auditeurs tout en ratant, homéopathie défaillante, son effet de cure sur lui-même. Lors de la scène où il somme Janet de "renoncer à Satan", la parole de Soulis est à nouveau fourchue : elle place à la portée de Janet une situation honorable, et en même temps la voue prématurément et affreusement à la géhenne. Et d'une façon symétrique, si elle procure à Soulis l'aide ménagère indispensable pour qu'il mène à bien la rédaction de son livre, elle aura, en enclenchant le processus catastrophique qui est relaté, le triste privilège de perturber toute son existence. La question se pose à propos des événements de ce récit : où est le bon usage de la parole (presque toujours, dans ce texte, parole agissante) ? Où, le mauvais ? Existe-t-il même un bon usage de la parole ?

Ainsi, les axes d'évasion ne semblent s'offrir que pour mieux souligner l'emprise des pouvoirs. Et l'attention s'éveille à un thème, fondamental, de l'**échec** — échec manifeste dans le cas de la réprouvée tout comme dans celui de Soulis.

L'explosion de minuit, le foudroiement, qui semblerait inaugurer un renouvellement, connoter le changement radical, n'ouvre pour le ministre que l'ère du radotage racé de ses homélies, d'un maniement perverti du verbe, qui ne font que traduire sa souffrance tout en privant les autres de liberté. Mais ce qui souligne cruellement chez lui l'échec est que sa punition n'est pas seulement brutale, elle sera pédagogique. Réinsérons le fautif ! La mésaventure imaginée pour Soulis, premièrement le met dans le cas d'éprouver très exactement la fausseté de l'opinion que professent peut-être aussi les livres qu'il affectionne, à savoir : la superstition est une erreur. Secondement, est de nature à lui fournir professionnellement à perte de vue l'occasion de prêcher ce qui précisément le laissait naguère sceptique. Contre un projet pour les personnages qu'on pourrait appeler : Liberté et Accomplissement de soi, le sort de Soulis vient s'inscrire puissamment en faux.

Janet, quant à elle, dans un mouvement qui se veut de délivrance, vient se réfugier auprès du Révérend. En pleine rue. Elle tente sa dernière chance, celle de devenir femme respectable, d'exclue et de maudite qu'on l'a faite. Le jeune desservant ne lui sera-t-il pas l'enfant qu'elle a perdu (rappelons que la sorcière est le personnage maternel inversé) ? Or le Destin ne l'entend pas ainsi. Le pacte avec Satan (entendez : l'ostracisme des sentinelles de l'orthodoxie) est irrévocable. Marie-Madeleine - Janet ne sera pas rachetée. Nulle issue pour elle. Son sort est la pendaison, moyen de mettre à mort le plus ignominieux car le plus irrespectueux de la personne : l'apparence de vie est là, celle du pantin ; et la moquerie macabre est à son comble lorsque le fil est presqu'invisible. Ce filament de laine, bien plus qu'une fantaisie démoniaque visant à épouvanter l'homme de Dieu, est l'instrument le plus accompli de la mascarade punitive.

Le calvaire de Janet est jalonné d'instants qui, mis en perspective, témoignent de la perte graduelle de sa faculté de langage. Evoluant à l'inverse, le Rév.

Soulis passe par étapes de la consommation d'un langage muet (ces livres qu'il fréquente trop) à l'énonciation déchaînée, à la fureur locutive. Installé dans un presbytère dont la curieuse localisation entre deux fluidités (la route, la rivière, plus celle des souffles d'air) est significative, Soulis accomplit son noviciat préalablement à une intronisation comme maître d'éloquence. N'est-ce pas une sorte d'adoubement après une dure veillée d'armes que ce foudroiement final à deux doigts de son visage, à peine intelligible autrement sinon (et dans l'optique où nous nous placions) comme un excès de zèle des moralistes locaux à l'endroit de Janet ? Ainsi doté, Soulis va pouvoir transporter avec lui le récit sur un autre plan, temporellement distant, génériquement distinct : celui où est formulé son contexte, c'est-à-dire où se dévoilent les coordonnées de son existence. Passage essentiel, métamorphose qu'active la présence nouvelle en Soulis de la Parole.

A ce stade, on peut croire que la dynamique des libérations l'emporte sur la coalition des sujétions et des contraintes. On pourrait même lire ce texte comme suit. La faculté du langage articulé, merveille et don insurpassable à l'espèce, se voit portée chez Soulis à un haut degré. Ses talents étonnants invitent, de son vivant même, à la constitution d'un **mythe**. Mythe à usage local, si l'on peut dire, renouvelant celui de l'octroi (ou de l'appropriation) de la Parole. Histoire fabuleuse de l'émergence d'une parole inspirée dans cette bourgade à l'écart des universités comme de la logomachie politique, *Janet la Torse* rendrait compte de l'accession de Soulis et de ses pairs à la maîtrise libératrice du verbe. Notons simplement l'économie d'une cheville traditionnelle (en langue mythologique) : le "Et c'est ainsi que depuis lors ..." est frappé d'élision. Trois brèves remarques pour valider cette interprétation. Des cendres de la pauvre revenante naît, nouveau Phénix, la prédication puissante du Révérend, et se nourrit dès lors la vigueur de ses périodes. La sorcellerie inactive (car l'histoire n'en donne aucun témoignage) de la pécheresse a cédé la place à un autre savoir-faire, celui de Soulis, qui la réactualise. L'échange du principe vital va même plus profond : éteint dans l'enfant de sa chair qui n'a pas vécu, il resurgit comme verbe chez l'homme Soulis.

Mais cette échappée (notoire) hors du règne des coercitions s'avère illusoire, puisque le détenteur de ce pouvoir neuf a chu en réalité dans une servitude extrême, où la vitalité de l'éloquence ne sert qu'à l'expression redondante d'une idée fixe.

Incapacité du mythe à s'instaurer lui-même dans ce récit. Incapacité aussi dudit récit à promouvoir une souveraineté du surnaturel. Porteur de l'histoire terrible d'une Janet pendue, étranglée, à un fil de laine, le texte est certes tout entier aimanté par ce pôle obsédant, soudé à ce fait qui s'impose au lecteur par son absurdité fantastique. Pourtant, le pouvoir d'engendrer la créance fait ici défaut à la narration. Il défaille ; l'échec ne l'épargne pas non plus. Pas plus que n'y échappe le pouvoir disciplinaire du groupe social : il n'a pas raison jusqu'au bout des deux réfractaires puisque Janet a pu simplement mourir terrassée par une seconde attaque cérébrale, et que Soulis n'a peut-être dès l'origine fait que suivre la voie qu'il s'était choisie : l'approfondissement, dans la paix des lieux, des mystères de l'Enfer, dont en bon presbytérien écossais (selon les dires de R.-L. Stevenson lui-même) il brossera habilement les tableaux que l'on sait pour le bénéfice de ses ouailles.

Le récit quoi qu'il en soit balance entre deux pôles : user de son pouvoir illusionniste ; y renoncer, au risque d'encourager le doute. Et nombreuses sont les fentes et lézardes du texte à laisser, avec les interrogations, s'infiltrer le scepticisme. Il sera fait grâce de leur énumération ; en voici un nombre minimum :

— Les indices, dans l'avant-dernière séquence, d'une stylisation caractéristique de l'imaginaire : cette séquence évoque en clair une arrivée aux bords du Styx (car on voit bien mal pourquoi Soulis se fût laissé acculer à la rivière).

— Difficulté quant à la manière dont, pratiquement, l'histoire insolite s'est trouvée communiquée aux tout premiers conteurs.

— L'acharnement du Démon sur sa victime, par son outrance et sa gratuité, décale un tel récit vers la fantasmagorie.

— On note aussi la perturbante circulation à double sens de la causalité. Prenons la nuit. Selon une convention habituelle au folklore, elle est le milieu propice par excellence aux sortilèges, maléfices et autres enchantements (ce qui, au sein d'un code reçu, n'atteste que mieux la recevabilité des faits rapportés). Mais elle est aussi la nuit de la raison, l'espace métaphorique du dérèglement mental, de la divagation des sens (ceci chez notre héros, Soulis, qui délire). Auquel cas le fictif, reconnu comme tel, vient supplanter le crédible.

— Enfin, la pendaison de Janet n'est-elle pas décidée à l'avance par LE NOM de la colline proche du théâtre de ces prodiges : "Hanging Shaw", "la Femme Pendue" ? Les dés sont pipés !

Pourquoi cette pendaison à tout prix, cette exhibition de la vieille femme au bout du fil dérisoire ? La question revient obstinément, on l'a constaté. D'hermétique, cette suspension au brin de laine est à la longue apparue (sans jeu de mots) porteuse de sens. Premier sens : quand bien même la croyance (du lecteur) n'aurait pas plus d'épaisseur qu'un fil, elle suffirait, assure-t-on, à assumer tout le poids de cette histoire. Second sens : l'inanité de la condamnation qui accable Janet, et à un degré moindre Mr Soulis, n'a nullement empêché que le martyre la rejoigne ; sa faute — écart social — n'est rien mais lui est fatale ; pour futile que soit l'exigence d'ordre et de soumission, mortel est l'acte de s'y soustraire. Un autre sens est proposé : Janet pendue à l'armoire des livres par un fil de laine, c'est la précarité de notre rattachement d'un récit à la science de son contenu. Ou celle, à l'inverse, de la suspension au récit, par le lien ténu du discours narratif, de tout le poids mort des sens prêtés, tels bien sûr les lectures suggérées au cours de cette analyse — simples fardeaux, mais qui peut-être, comme le fantôme de Janet dépendu dans la chambre lorsque Soulis et nous-mêmes avons le dos tourné, sont vouées à une agitation étrange et violente dont on jugera si elle est folie ou vitalité ...

Pour ce qui est de la question, plus actuelle ici, posée au début de ce chapitre, le moment est venu de tenter d'y répondre. Si l'incertitude de tout à l'heure n'est pas vraiment dissipée, il est possible, au moins, de la convertir en une proposition.

Thrawn Janet possède certains des attributs communément accordé au **conte**. Il s'y ajoute trois éléments neufs repérés en chemin.

D'abord, une démarche nettement apparentée à la démarche mythique, avec les restrictions dont cependant il a fallu assortir cette proposition. Ensuite : les nombreuses traces d'une parole collective (exemples : Du risque effroyable qu'il y a de se commettre avec Satan ; ou encore : Que la femme et le prêtre lui sont deux proies de choix) ; il court à travers ce récit comme une rumeur, un bruissement sans lequel il ne serait rien. "Le conte présuppose une circulation préalable", a-t-on pu dire.

Enfin, l'enjeu de *Janet la Torse* est, presque de façon exemplaire, l'annulation, moins de la pluralité que de la dualité, au profit de l'Un (2). Unité (dont conte et fable semblent plus spécialement friands que d'autres formes de récit) à laquelle on tend ici par une réduction, forcenée bien que graduelle, de Janet Soulis à Soulis seul. Comme si d'ailleurs l'horreur du pluriel se trouvait soulignée par la progressivité de l'élimination de la pseudo-sorcière dans la dernière longue scène du récit !

Si ce sont bien là de nouvelles raisons de voir en *Janet* un conte — ceci toujours selon une norme intuitivement admise — il faudra admettre, au vu de ce texte particulier :

1° Que le conte n'est pas un énoncé hiératiquement figé, mais un épisode ouvert évocateur de prolongements et de recommencements.

2° Que, qui dit conte ne dit pas forcément célébration passive de pouvoirs (par exemple la ruse, l'esprit d'innovation) qui linéairement, univoquement, architecturent le récit pour le conduire avec simplicité à un terme que nul ne conteste. Dans le conte, les pouvoirs — bénéfiques et maléfiques confondus — non seulement sont parfois contrariés, mais tendent à se dissoudre. On pourrait donc avancer que le conte n'est pas réactionnaire par essence. N'échappe pas plus que les autres à ce mouvement dissolvant le pouvoir du discours spécialisé sur lequel pourtant se fonde le sensationnel de notre récit, le discours diabolique. Ce discours vacille et tend à se défaire (on le montrerait aisément) ; et le pouvoir démoniaque donne du même coup des signes d'essoufflement. A preuve l'excès grandguignolesque (noté plus haut) dans la punition, marque des régimes qui ont peur et recourent aux chambres de torture. Cet excès témoigne d'une perte d'assurance inaccoutumée chez le Prince des Ténèbres ! Percevrait-il le déclin qui d'une certaine façon le menace en ce début du dix-huitième siècle ? Sa fuite devant Soulis, au cimetière, paraît symboliser ce désarroi.

3° Que le conte, enfin, a une "richesse" plus grande, un ondoiement de sens plus réel qu'on n'en convient d'habitude. La lecture qui discerne dans notre récit à la fois l'échec des libérations ET la défaite des pouvoirs les plus solides, si elle est une lecture louvoyante, reçoit du moins du texte, nous souhaitons l'avoir montré, son autorisation.

Janet la Torse, qui pourtant n'est qu'un conte, se caractérise donc par des traits non associés traditionnellement à la forme en question. Faut-il lui assigner alors une place dans une catégorie voisine créée pour la circonstance ? Ou plutôt n'importe-t-il pas de récuser certains a-priori concernant le conte, et d'envisager une définition qui cesse d'insister en somme sur ses **déficiences** par rapport à la nouvelle, donc de bannir toute formule limitative, pour faire voir comment, à l'intérieur de ses limites, il peut s'évaser en lui-même, s'ouvrir sur des perspectives internes qui, elles, ne se heurtent à aucune frontière ?

Alain Theil

CHAPITRE III

UN EXEMPLE DE REALISME MAGIQUE :
BLACAMAN LE BON, MARCHAND DE MIRACLES

Quand il s'agit de définir les frontières du conte, une incursion dans la culture hispanique est paradoxale, car le terme espagnol est plus vague que son homologue français (1). Cependant, l'importance du conte dans les traditions et l'actualité latino-américaines invitent au voyage.

Le conte écrit est un genre littéraire très pratiqué en Amérique Latine, pour des raisons qui tiennent d'abord aux conditions de l'édition. La compartimentation entre des pays plus intéressés par les modes européennes, puis nord-américaines, que par les réalisations de voisins méconnus souvent, sinon méprisés, le petit nombre d'acheteurs possibles de livres dans des terres qui souffrent de pauvreté et d'anal-phabétisme, les conditions du marché du livre en un mot, ont conduit les écrivains à tenter leur chance dans la presse, qu'ils soient novices ou auteurs confirmés. La relation entre ce type de publication et le conte est si évidente qu'on pourrait pro-poser la définition : est conte toute fiction contenant dans les colonnes de journal que son auteur a réussi à se faire attribuer.

Garcia Marquez s'inscrit dans cette tradition : nombreux sont ses contes publiés dans la presse, qu'ils aient ou non fait ensuite l'objet d'une publication en recueil, autorisée par l'auteur ou "pirate" (2). Le conte *Blacaman le Bon, mar-chand de miracles* ne fait pas exception, si l'on en croit l'entrevue accordée en 1970 au journaliste E. Gonzalez Bermejo pour la revue espagnole *Triunfo* (3). Garcia Marquez y évoque les avatars de ses publications, les rapports du conte et du roman, du réel et de l'écriture, la transposition de la réalité, ce que, faute de mieux, on ap-pelle "réalisme magique".

Il n'est pas question de se lancer ici dans une illustration et encore moins dans une défense du terme "réalisme magique". Bien qu'il ne soit pas très utilisé en France, et qu'il soit controversé en Amérique Latine, en particulier chez les critiques du Rio de la Plata, son emploi se justifie parce qu'il s'applique à une part impor-tante de la littérature de cette région du monde, surtout à partir des années 50 (4). Le terme semble être une invention de critiques allemands qui manifestaient leur réaction contre l'expressionnisme, entre 1920 et 1930. Il fait fortune en Amérique

Latine au moment où l'on rejette pour son simplisme la littérature explicitement sociale et engagée des années 30 à 50. Les plus connus parmi les promoteurs de la nouvelle tendance, Carpentier et Asturias, ont vécu en Europe le surréalisme. Il n'est sans doute pas indifférent de les savoir l'un et l'autre plus ou moins liés aux milieux où la polémique sur le "réalisme socialiste" est vécue avec le plus de violence. Tout écrivain se rattachant au réalisme magique en donne sa version si bien que le courant se définit plus par ce qu'il rejette que d'une façon positive. Cependant, si la pertinence du concept peut être mise en doute, l'insertion de Garcia Marquez dans cette tendance ne semble pas faire problème, d'autant qu'il accepte cette caractérisation (5).

Pourquoi *Blacaman le Bon, marchand de miracles* ?

Pourquoi un texte de Garcia Marquez ? Parce que ce grand évricain est moins connu et moins accepté en France que d'autres Américains, par exemple les Argentins Borges et Cortazar, peut-être précisément parce qu'il relève plus du fabuleux, ou du merveilleux, que du fantastique (7). C'est à cette caractéristique qu'il attribue lui-même son demi-échec dans un pays où les enfants de Descartes ont supplanté les petits-enfants de Rabelais (8).

Le conte est daté de 1968. Bien qu'il ne réponde guère à ce qu'on attend d'un "conte pour enfant", il ferait partie de cet ensemble d'exercices libératoires et investigateurs dont Garcia Marquez s'est servi pour passer du style de *Cent ans de solitude* à l'écriture de *L'automne du patriarche* (9). L'étude attentive du texte confirme cette place dans l'oeuvre du romancier, mais on ne retiendra pas ici ce point de vue. Quel que soit le critère retenu pour définir le conte, dimension, unité de tension dramatique, équivalence des personnages et de leurs fonctions, *Blacaman* ... paraît entrer sans problème dans la catégorie : c'est un conte, non une nouvelle ou un récit. D'autre part, les glissements de l'instance narrative, ou du sujet de l'énonciation, et corrélativement du destinataire ou du narrataire, les chevauchements des différents niveaux du réel auxquels renvoie le texte, la nature et la fonction du "merveilleux" paraissent poser le problème du conte moderne dans sa trajectoire écrit - oral, et ceci est un problème lié aux "frontières du conte".

Il n'est pas facile de résumer les textes de Garcia Marquez, complexes, truculents, et dont le premier charme vient de l'écriture, "un nouveau type de phrase, longue, enveloppante, pleine de ramifications et de doutes sur les points de vue spatial, temporel et de niveau de réalité, une expérimentation à la recherche d'un nouveau langage", pour reprendre les expressions de Vargas Llosa.

Le titre, *Blacaman le bon, marchand de miracles*, évoque un folklore moyenâgeux, avec la bonne dose d'humour qu'implique la contradiction entre les termes "marchand" et "miracles", annonce d'un merveilleux banalisé – ou miné. Les protagonistes du conte sont des marchands forains qui opèrent sur la côte de la mer des Caraïbes, les rivages atlantiques du Panama et de la Colombie.

Le narrateur évoque une scène de foire dont il a été le témoin et dont, apparemment, le personnage désigné par le titre a été le protagoniste. Pour vendre un contrepoison de son invention, le camelot se fait mordre par un serpent venimeux, mais grâce à son antidote, après une agonie spectaculaire, il triomphe de la mort : la clientèle est conquise. Le soir venu, il range son éventaire avec l'aide du narrateur qui cumule les trois statuts d'enfant ingénu, orphelin et bâtard. Acheté à son père, le jeune nigaud est engagé comme auxiliaire et futur devin. Le lecteur peut alors identifier les deux personnages : le maître est Blacaman, mais le mauvais, tandis que Blacaman le bon est le narrateur. Les premiers doutes sur la durée et le temps de l'histoire prennent consistance au moment où basculent les identités.

Après un retour en arrière sur les activités passées de Blacaman le mauvais, le narrateur rapporte les difficultés rencontrées par les vendeurs ambulants dans leur commerce de produits plus ou moins magiques et les échecs du devin novice — "car jamais je ne réussis à deviner même quel jour on était". Une découverte fortuite évite le retour vers le père : l'électricité produite par la souffrance ayant des applications pratiques, une machine à coudre permet la récupération des capacités de l'apprenti.

Un accident, conséquence de la vente du faux contrepoison de la première scène, oblige les personnages à fuir dans le désert de la Guajira, où Blacaman le mauvais fera expier à son compagnon le crime de lui avoir porté malheur. Au cours de ces épreuves, la victime découvre à la fois les limites de sa patience et son "pouvoir" : furieux de recevoir un cadavre pourri de lapin, il le rejette et le ressuscite ; il apprend ainsi qu'il peut ressusciter les morts. Alors commencent pour lui le triomphe et la vengeance : triomphe du marchand de miracles transformé en vedette idolâtrée des foules, vengeance contre le maître mort, transformé en vivant à l'intérieur de son tombeau (10).

L'action se centre sur la transformation des deux personnages, à la fois symétriques et antithétiques. Comme dans un conte folklorique, on trouve le naïf, sa quête, ses épreuves, son triomphe, et le faux héros, méchant puni. Le quotidien — scènes de foire, badauds, "marines" nord-américains — se mêle au merveilleux — métamorphoses, manipulation du temps — sans que le mélange altère l'un ou l'autre des ingrédients. Le thème de la solitude est essentiel, lié à celui du pouvoir, et l'on retrouve l'obsession du double et celle du mort vivant (11).

Sous cette apparente conformité à l'égard des traditions du conte merveilleux, nous pouvons distinguer différentes mises en question :

I — **Qui parle, et à qui le sujet parlant s'adresse-t-il ?** En d'autres termes, quel est le sujet de l'énonciation, quel en est le destinataire ?

Contrairement aux habitudes du conte folklorique, mais conformément à la tradition picaresque, qui a si bien pratiqué l'intégration du folklore, le narrateur n'est pas extérieur à l'histoire. Dans le temps indéterminé du récit, le narrateur évoque des souvenirs de scènes qu'il authentifie par son témoignage, puis il passe du statut de témoin à celui d'acteur, et lorsqu'il occupe seul la place essentielle, il déplore l'absence de "son" témoin, soulignant ainsi humoristiquement les invraisemblances de son récit. Le long monologue de Blacaman est coupé par de nombreuses interruptions, irruption dans le souvenir des voix évoquées, celle de Blacaman le mauvais, ou la propre voix du narrateur à une autre époque. Ces interpolations transforment le lecteur en témoin, puisque ce n'est plus le discours du narrateur qu'il est censé lire, mais ce que le narrateur a entendu, ou dit, antérieurement.

Les dialogues, savoureux mélange de style direct et indirect, sont insérés sans préavis ni signes de ponctuation ; les mouvements de foule sont sous-entendus dans les indications données par celui qui les harangue.

Apparemment, le sujet de l'énonciation est simple, c'est Blacaman le Bon qui dit "je". En réalité, il est fluctuant, puisque les voix des deux Blacaman se mêlent, et sont liées d'une part aux réactions des foules, d'autre part à un commentaire anonyme, non marqué, mais dans lequel le narrateur omniscient, extérieur à l'histoire, affleure (les motivations des dévotes, des Nord-américains). De même, le destinataire est bien toujours le lecteur, mais c'est aussi parfois tel personnage à l'intérieur du récit, de sorte que la distance du lecteur au texte n'est pas toujours égale, et qu'elle n'est jamais assurée.

Ces caractéristiques correspondent à une série de variations sur des techniques de retour à l'oral, une tentative de donner au texte littéraire, de façon très subtile, une dimension orale : le lecteur du conte, c'est celui qui entend ces voix mêlées venant de différents passés.

II — Le traitement du temps

Nous avons vu que les glissements du souvenir à l'évocation directe, qui rendent fluctuants le sujet et le destinataire de l'énonciation, correspondent à des superpositions de temps. Les lecteurs de Garcia Marquez sont habitués aux mélanges du déterminé et de l'indéterminé, du successif et du simultané : le déterminé, comme "le dimanche des Rameaux", en même temps que l'indéterminé à l'extrême : de quelle année ? de quel siècle ? peut se demander le lecteur. Pour ce qui est du simultané et du successif, "l'ordre chronologique n'a aucune importance pour moi" (12).

La désinvolture à l'égard de la chronologie se marque d'abord dans l'économie du récit : à la scène de mort fictive du début correspond la mort réelle de Blacaman le mauvais à la fin, la reprise du motif étant soulignée par l'identité du scénario et du lieu de l'action, par des correspondances — venin mortel, poison mortel (13) — , par la reprise de phrases. Or la dernière séquence du récit précède chronologiquement la scène de Blacaman le Bon transformé en vedette, juxtaposée aux épreuves. La distorsion histoire - récit, cette structure où les entorses à la chronologie se justifient par l'effet cherché, contraste ou écho, bouclage du conte sur lui-même, n'a rien de très original en soi. Des distorsions temporelles d'un autre ordre sont plus typiques de Garcia Marquez, plus révélatrices du sens de cette temporalité manipulée.

La première scène, par certains détails, comme la présence du cuirassé nord-américain, et surtout les appareils photographiques en couleurs à téléobjectifs entre les mains des "marines" paraît se situer dans notre actualité. Le premier ébranlement temporel arrive au détour d'une phrase : "ce fut comme le regard du destin, pas seulement du mien, mais aussi du sien, car il y a de cela plus d'un siècle et je m'en souviens comme si ça s'était passé dimanche dernier."A partir de ce moment, les personnages traversent le temps, et c'est toute l'histoire de l'Amérique Latine qu'ils portent en eux, dont ils sont acteurs et témoins. Si Blacaman fut embaumeur de vice-rois, le lecteur averti retrouve Lazarillo dans le petit compagnon souffre-douleur. Entre l'incursion des "marines" cherchant à venger la mort de leur naïf amiral, et la présence de ces mêmes "marines" réglant les ballets de l'humanité

souffrante, ou achetant à prix d'or les reliques bien commercialisées du thaumaturge, quel temps a passé ? Le temps d'un changement relatif de politique, ou le
temps de la résurrection d'un lapin ?

Que signifie ce traitement du temps ? Est-ce une technique permettant d'amuser le lecteur, par des rapprochements surprenants, des anachronismes ? Peut-être
pouvons-nous y voir un effet de la réalité américaine — le réel merveilleux de Carpentier — , cette Amérique où coexistent les différents âges de l'humanité. Quelques expressions donnent une valeur réelle à cette hypothèse ; en voici un exemple. Lorsque Blacaman le Bon justifie son choix pour sa vie de vedette, il déclare :
" ... je ne veux qu'une chose, être vivant pour continuer ma route sur la fine fleur
des baudets, avec ce char à banc décapotable six cylindres que j'ai acheté au consul
des "marines". Il est certain que le raccourci met en évidence l'existence simultanée de symboles d'époques différentes, âne, carriole, auto.

Mais les distorsions temporelles dépassent le pittoresque des rapides muta-
tions américaines. L'histoire, sortant du temps linéaire de la chronologie, dans cette
segmentation et cette superposition, devient mythe. La mise en tutelle de l'Amérique Latine est l'un des thèmes majeurs des écrivains latino-américains de notre
temps. Dans l'univers de fiction de Garcia Marquez, ce thème est essentiel, quel
qu'en soit le déguisement. La présence des Américains structure le récit, crainte de
la contagion, engouement, crédulité, représailles, aide aux puissants. Lorsque le
narrateur fait allusion aux érudits qui enseignent le pouvoir de métamorphose des
gens des Caraïbes — prétexte commode pour tout exterminer —, ne retrouvons-nous
pas en même temps que les premiers chroniqueurs des Indes, l'utilisation des
sciences humaines dans le néo-colonialisme ? Le nom du lieu de l'action est très
significatif : Santa Maria del Darién, mot si euphonique et si conforme à la tradition
qu'il semble tout à fait innocent. Pourtant, si ce n'est pas un port de la côte atlan-
tique, ce n'est pas non plus une invention vraisemblable de l'auteur. Santa Maria del
Darién, à neuf lieues de la mer du Sud (le Pacifique), fondée en 1509, fut la première ville espagnole sur le continent. Ce n'est pas l'invasion des fourmis légion-
naires, la marabunta, qui l'a détruite, elle est depuis longtemps tombée en telle
décadence qu'on ne la trouve plus sur les atlas. Ce port n'est donc pas port dans
l'espace, mais port dans le temps, et signifie le début de la dépendance sud-amé-
ricaine. C'est un bon exemple de cette surcharge de sens, sous une apparence de
truculence gratuite, qui caractérise l'écriture de Garcia Marquez.

D'une certaine manière, Blacaman pourrait donc être lu comme une allégorie
de la permanence de la subordination. Blacaman a échoué dans l'ordre du savoir — il
ne sera pas devin —, il a réussi dans l'ordre du pouvoir. Cette victime transformée en
dominateur par la crédulité des foules qu'il exploite, qu'il "endort avec des techniques de député" prend simplement, à une autre échelle, le rôle de son maître ; le
changement d'épithète est significatif, Blacaman le Mauvais devient Blacaman le
Mort, Blacaman le Bon devient Blacaman le Vivant. Le Bon, le Vif, est marchand de
miracles sous l'oeil complaisant des forces du maintien de l'ordre, la vingtième
flotte américaine. De quel au-delà ce thaumaturge est-il le messager ? Ses vêtements
en témoignent et particulièrement sa chemise de "gusano" : ici, le double sens du
mot espagnol est difficile à rendre ; le "gusano", c'est le ver, et entre autres vers, le

ver à soie ; mais c'est aussi le terme par lequel les Cubains désignent les ennemis du régime castriste, parasites, émigrés de l'intérieur ou de l'extérieur, les destructeurs, les "chenilles". La chemise est-elle en soie ? est-ce la chemise d'un salaud ? N'est-elle pas à la fois l'un et l'autre ? L'expression est de toutes façons aussi inattendue en espagnol que la traduction proposée (14). Mais l'une des acquisitions les plus certaines du réalisme magique, c'est de destabiliser, de défossiliser le langage, de faire éclater les sens des expressions banales pour leur rendre toutes leurs virtualités. C'est aussi, d'après Todorov, l'un des procédés essentiels du fantastique. Quoi qu'il en soit, laissant de côté cette parenthèse de traduction, revenons au traitement du temps chez Garcia Marquez : il semble avoir une fonction bien précise : dire d'une façon allusive, qu'un lecteur non averti des réalités américaines, ou féru de littérature pure, prendra pour un procédé formel, sa vision de l'histoire américaine.

III – Quotidien et surnaturel

Quelques remarques suffiront sur les différents miracles dont la fonction dans le récit est parfaitement définie par cette phrase de Todorov : "L'élément merveilleux se trouve être le matériel narratif qui remplit au mieux cette fonction précise : apporter une modification à la situation précédente, et rompre l'équilibre (ou le déséquilibre) établis (15).

Tous les miracles appartiennent à l'ensemble souffrance - maladie / mort - vie. Dans le conte, on relève successivement :

1 – la morsure de serpent suivie de mort apparente et résurrection fictive, miracle du contre-poison

2 – le fonctionnement de la machine à coudre alimentée par l'électricité de la souffrance

3 – la résurrection du lapin (point d'inversion des situations)

4 – la massification du miracle : les guérisons

5 – la résurrection de Blacaman le Mauvais dans son tombeau.

On peut remarquer que seul le premier miracle est présenté comme tel à grand fracas, alors qu'il s'avère miracle fictif, spectacle mimé. Pour les autres, l'événement surnaturel est présenté comme allant de soi : nous retrouvons ici théorie et pratique du merveilleux. Todorov constate que le merveilleux se donne comme tel, sans explication ni préparation du lecteur, contrairement au fantastique qui fonctionne grâce à l'ambiguïté de plusieurs possiblités d'interprétation. Voilà pour la théorie. En ce qui concerne la pratique, c'est, dit Garcia Marquez, de sa grand-mère qu'il tient la technique de l'utilisation du merveilleux : ton imperturbable, richesse de détails (16).

Quels sont les instruments des miracles ? D'abord, et l'on retrouve ici le "réel merveilleux" de Carpentier, des objets concrets liés au pays, aux pratiques, aux mentalités, animaux, plantes, objets. Le serpent fer-de-lance est très venimeux (première mort de Blacaman le Mauvais) ; les Indiens des Caraïbes utilisent pour pêcher les racines de diverses plantes qui répandent une substance asphyxiante pour les poissons, très vénéneuses (seconde mort de Blacaman le Mauvais) (17). Quant à la machine à coudre, elle a longtemps été — est-elle encore ? dans la réalité et dans la littérature latino-américaines l'objet signe du merveilleux technique (18). Chez Garcia Marquez, l'amertume affleure sous l'invention plaisante : l'énergie électrique a ici pour source la souffrance. Inépuisable ...

La résurrection du lapin qui fait basculer les destins, constituant ainsi le noeud du conte, mérite un examen plus détaillé. Cette résurrection permet à l'apprenti devin disqualifié, après avoir été utilisé comme source d'énergie, puis comme victime expiatoire-propitiatoire, d'aller de succès en succès dans le domaine du pouvoir, de passer de l'état de victime à celui de vedette toute puissante, de l'état de dominé à celui de dominant. Ici, l'intrusion du merveilleux dans un quotidien hyperbolisé— le quotidien de la souffrance acceptée avec résignation — permet la rupture rapide de l'équilibre antérieur. C'est par une figure de style que le merveilleux fait irruption, et les limites de la traduction apparaissent encore une fois. Voici la citation en français, avec un mot espagnol en observation : " ... et ma patience s'arrêta là, et il ne me resta que la rancoeur, de sorte que j'attrapai le lapin par les oreilles et que je le lançai contre le mur avec "la ilusión" que c'était lui [Blacaman le mauvais] et pas le lapin qui allait s'écraser ..." En espagnol, "la ilusión" recouvre un ensemble de significations bien différent du français "illusion". Certes, c'est l'image formée dans l'esprit d'une chose inexistante prise comme réelle, mais c'est en même temps la joie de la possession anticipée, de la contemplation et de l'espoir, c'est l'enthousiasme qui pousse à l'action, c'est l'image projection du désir, anticipation du réel et non leurre. Dans le contexte — conte et auteur (19) —, semble-t-il, le terme implique la représentation imaginaire qui permet de réaliser le désir opposé à la résignation, préliminaire de l'action enfin opposée à la passivité. Ce sens de "la ilusión" fait partie des locutions les plus courantes en espagnol, à peu près comme la formule française "comme si", dont l'emploi permettrait une traduction atténuée, mais pas fausse, contrairement au mot français "illusion" (20). Le contexte de cette résurrection, signe du pouvoir, c'est aussi "comme dans un rêve", qui montre et dérobe à la fois le surnaturel : ... "et c'est alors qu'il arriva, comme dans un rêve, que le lapin non seulement ressuscita avec un glapissement d'épouvante, mais retourna dans mes mains par la voie des airs". Le narrateur souligne plus les circonstances que le fait lui-même ; l'essentiel, le pouvoir contre la mort, est minimisé par l'importance accordée aux détails, "cette richesse d'images destinée à faire passer l'inacceptable" comme dans les contes de la grand-mère de Gabriel Garcia Marquez.

Le miracle axe du conte semble donc exposé et sapé par le texte : du point de vue du récit, il permet l'inversion des situations des fonctions ; du point de vue de la technique de l'écriture, il correspond à une prise à la lettre d'une expression courante exprimant le désir anticipateur d'action ; du point de vue du contexte, son authenticité est à la fois soulignée et niée par "comme dans un rêve" ; du point de vue du sens, sa valeur de signe est marquée par les circonstances antérieures : le miracle du lapin, c'est l'expression humoristique du pouvoir que la révolte donne aux victimes, quand elles savent dépasser les limites de la patience. Le surnaturel permet l'économie du pathétique : à la non-soumission correspond immédiatement la possibilité du pouvoir, de la prise de pouvoir.

Le miracle du lapin commande toute la série suivante, des guérisons massives à la résurrection renouvelée de Blacaman le Mauvais dans son tombeau. Mais en quoi consiste réellement le pouvoir du marchand de miracles ? Est-ce le pouvoir contre la mort et le temps ou est-ce le pouvoir de la parole ? Le discours du triomphe, évoquant les foules magnétisées par l'espoir, est semé de mises en garde, ou de mises en doute, depuis le "je les endors avec des techniques de député" adressé au destinataire du conte jusqu'au "je ne réponds de rien si vos maladies se confondent et si vous vous trouvez guéris d'un mal que vous n'aviez pas" adressé aux candidats au miracle, ou bien jusqu'à la réaction des reines de beauté, ces partenaires "que je laisse comme hallucinées avec ma rhétorique de dictionnaire." Le pouvoir de Blacaman, c'est le pouvoir du grand rhétoriqueur de la publicité, de l'imprésario-vedette. Et nous revenons au titre : marchand de miracles. Blacaman vend les miracles ; mais ces miracles existent-ils ? Au-delà du conte, c'est la problématique du pouvoir telle que la ressent et que l'exprime Gabriel Garcia Marquez.

Le cinquième miracle — résurrection retardée jusqu'au moment où le maître-initiateur-bourreau, le double aussi, se trouve enfermé dans son sépulcre — pourrait être étudié dans une double perspective : celle des traditions de la littérature fantastique, celle également des obsessions de Garcia Marquez, et de la différence de traitement dont ces obsessions sont l'objet (21). Son caractère fonctionnel du point de vue du récit est évident : c'est le miracle qui scelle l'identité des Blacaman, qui les fait sortir de la durée pour entrer dans l'éternité du mythe. L'humour a exorcisé l'angoisse métaphysique que les mêmes thèmes révélaient dans les premiers contes. Mais est-ce l'humour ou l'insertion dans une réalité historique qui transforme ?

Pour conclure, il conviendrait de souligner, dans un texte saturé de significations, ce qui n'est pas étonnant s'il s'agit bien d'un "exercice", d'une expérimentation :

1 — le souci, paradoxal peut-être dans un texte littéraire, du passage de l'écrit à l'oral, le retour du conte vers l'oral.

2 — l'éclatement des formes traditionnelles par surcharge de sens, utilisation et mise en question simultanées des procédés du conte.

3 — l'utilisation du merveilleux pour souligner, hyperboliser le réel, tout en laissant le lecteur maître de rester dans le texte ou d'en sortir, de s'amuser du conte ou de le déchiffrer.

Selon Garcia Marquez, tout roman — toute fiction sans doute — est "une représentation chiffrée de la réalité ... une devinette proposée sur le monde" (22).

Qui pourrait être sûr de trouver la réponse à l'énigme, puisque nul sphinx ne risque de punir nos erreurs ?

Jacqueline Tauzin

CHAPITRE IV

GÜNTER GRASS ET LE CINQUIEME EVANGELISTE

Il était une fois un empereur romain, Domitien, qui aux dires de Juvénal (Satire IV), fit délibérer par le Sénat de Rome sur la façon d'accommoder le turbot. " ... Daignez délibérer / Sur la sauce à laquelle on doit le préparer /. Le Sénat mit aux voix cette affaire importante / Et le turbot fut mis à la sauce piquante" (Traduction de Berchoux).

Hérésie monumentale d'après Brillat-Savarin que de masquer la saveur de la chair par une sauce relevée de ce roi de la mer, couronné "Roi du Carême" par Grimod de La Reynière. Il est vrai cependant qu'il existe mille façons de préparer ce poisson que Günter Grass ne manque de rappeler dans la sauce satirique de son dernier roman, *Le Turbot* (1977), commencé immédiatement après les élections de 1972 en RFA, gagnées par les sociaux-démocrates, et qui répond au désir de l'auteur de se mesurer à un grand projet épique. "Continuellement confronté avec ce langage de seconde main qui est celui de la politique, je voulais faire quelque chose qui serait pour moi une Terre promise, qui m'obligerait à sortir de moi et à me dépasser. J'ai alors esquissé le projet d'un livre de cuisine narratif". A l'unidimensionnalité du politique, Grass veut opposer une grande fresque de l'existence humaine qui serait l'épopée de la nourriture, de l'âge de pierre à nos jours, du "Glumse" (mélange de caillé de lait d'élan avec des oeufs de morue) au coquelet aux hormones en sauce curry. L'histoire de la cuisine devant permettre à la fois de tracer l'histoire de la participation anonyme des femmes à l'Histoire et de rétablir dans leur vérité certains événements que l'écriture masculine a (in)volontairement omis. Le nouveau personnage de cette comédie humaine est la Cuisinière ou plutôt les cuisinières (et amantes du narrateur, car le lien entre nourriture et sexe est d'emblée une évidence pour Grass), depuis Ava aux triples mamelles, Dorothée de Montau la mystique, Margarete Rusch (la très rabelaisienne Gret-la-grosse) jusqu'à Ilsebill et la femme moderne qui ne fait plus elle-même la cuisine, les travaux domestiques ayant été confiés aux hommes, pendant que les féministes partent à la quête de leur propre virilité.

"Je tiens la question de la nourriture pour la question centrale de l'existence humaine", a déclaré Grass dans un entretien. L'histoire de la cuisine, qui est celle du manque, de la faim (celle qui sévit à Calcutta) et du désir, est envahie par la figure du Turbot, qui tout comme dans le fameux conte du *Pêcheur et sa femme* sort de la mer et intervient dans l'histoire des humains. "Au début, je n'avais songé qu'à écrire une espèce d'histoire de l'alimentation sur neuf ou onze cuisinières : de la manne de Pologne (glyceria fluitans) au millet et à la pomme de terre. Mais le poids du turbot l'avait emporté" (p. 145).

Le Turbot est un conte, un récit en dehors du temps présent (c'est-à-dire de tous les temps, et donc du nôtre également) : il permet le recul. Il est le moyen d'échapper à l'actualité politique immédiate. Mais c'est aussi une bête : "Notre culture n'est pas nettement limitée à l'existence humaine", dit Grass qui évoque les quatre évangélistes, tout en en suggérant un cinquième : le turbot. Comme dans de nombreux contes, l'animal occupe une place centrale : il sert d' "intermédiaire", de révélateur, parce que l'animalité est un miroir magique : "une grande part de la psychologie humaine est transposée chez les bêtes, elle en devient plus claire, plus caricaturale, plus frappante, méchante et pleine d'humour". Ce procédé avait déjà été utilisé dans le *Journal d'un escargot*. "L'escargot est une incarnation du progrès. Le progrès est toujours représenté par l'idéologie de gauche comme quelque chose de bondissant ; j'ai donc choisi comme une contre-image l'escargot, qui se trouve toujours en mouvement, mais, malgré toute sa continuité, va lentement. Le Turbot est l'incarnation d'une instance plus haute, d'une instance omnisciente, une ambivalence ironique de l' "esprit du monde" hegelien". Le turbot est donc le sens de la distance dont Grass dit encore qu'elle "est pour moi quelque chose qui me tient en mouvement ... C'est seulement à partir d'une certaine distance que les rapports deviennent évidents". Le turbot révèle le manque, et d'abord celui du troisième sein, dont le narrateur affirme l'absence douloureuse ("Et il est vrai qu'aujourd'hui souvent le troisième manque. Je veux dire qu'il manque je ne sais quoi"). Poisson-torpille socratique, le Turbot fait sortir Edeck de la torpeur béate des trois tétées paléolithiques et l'amène à se poser des questions : "savoir si on peut compter plus avant qu'il ne nous est permis" et surtout "savoir si ce que nous faisons et qui est toujours pareil pourrait être encore autre chose en dehors de ce qu'il est" (p. 29).

Grass choisit la forme du conte comme point de départ et de trame à son épopée gastronomique, parce que celle-ci assure une permanence au sein de la temporalité fugace. Cette caractéristique n'est pas nouvelle chez l'auteur : dans le *Tambour* déjà, le schème du roman picaresque offrait une trame qui favorisait le jeu des répétitions et des variations. De plus le *Tambour* voulait exprimer une vérité humaine en faisant appel au conte du petit Poucet : le conte est en effet le lieu atopique dans lequel l'homme peut exaucer des voeux et exprimer ses désirs les plus fondamentaux : ne pas grandir, briser du verre en chantant, etc., désirs de toute-puissance du narrateur qui se saisit comme conscience infantile et qui est réalisé dans l'écriture du *Turbot* par la possibilité que s'octroie le narrateur de vivre à des époques différentes et de participer à l'Esprit du monde hégélien, dont le turbot est une caricature. Le conte ainsi perçu est l'espace d'une phénoménologie de l'Esprit dans laquelle le narrateur, à la fois Napoléon et figure du philosophe, peut se dire entièrement, lui-même et son manque.

Le turbot est capturé à l'âge de pierre, époque où règne le matriarcat. Il promet de soutenir la cause des hommes et de les conseiller. L'histoire de l'humanité commence alors, effet du "funeste hasard" d'une pêche trop miraculeuse. Au commencement des années 1970, le turbot est de nouveau capturé (toujours volontairement) par trois féministes qui, bien qu'il offre de défendre la cause des femmes, ne le libèrent pas, mais l'emmènent à terre et réunissent contre lui un tribunal féministe pour le juger. Le conte du *Pêcheur et sa femme*, qui raconte l'histoire de la pêche du turbot qui exauce les désirs de plus en plus énormes de la femme du pêcheur, jusqu'au moment où le désir se retournant contre lui-même, la femme voulant devenir Dieu dans sa toute-Puissance, retrouve la situation misérable du point de départ, sert de paradigme au roman. Grass avait d'ailleurs eu l'intention de donner à son roman un sous-titre, pour le qualifier dans son aspect générique : Märchen, mais il ne l'a point fait par concession aux critiques littéraires, à l'éditeur et au public, "qui ne sont pas en état de classer un livre de cette importance en dehors des catégories courantes". Grass ajoute dans cet entretien accordé au journal *Die Zeit*, que le "terme de conte est chez nous tellement encombré de gentillesse, d'intimité, de préjugés, que je n'ai pu utiliser la désignation de cette forme, ne serait-ce que parce que l'on aurait glosé tant et plus sur la désinence générique, que sur le livre lui-même".

Le *Turbot* est un ver de terre. Si on le coupe, ses morceaux peuvent vivre séparément. Les parties sont aussi vivantes que le tout : c'est ce que le maître de Grass, Alfred Döblin, exigeait de toute oeuvre épique. On peut le couper dans le sens de la longueur, suivant la perspective temporelle, ce qui nous donne des tranches historiques, ou suivant la perspective spatiale : le récit est situé à la fois près de Hambourg à Wilster March (moutons aux haricots et grossesse d'Ilsebill), à Berlin-Ouest où siège le tribunal féminin et à Danzig (lieu paradigmatique de l'histoire de l'humanité). Dans la pâte feuilletée de ce roman culinaire sont insérés en outre des poèmes qui font contrepoint au roman, procédé qui n'est pas sans rappeler la conception romantique de l'oeuvre littéraire comme totalité. Chaque fragment est à la fois autonome et partie d'un organisme vivant : le roman en gestation. L'unité de cette oeuvre de 540 pages (dans la traduction française) est garantie par le narrateur et Ilsebill. Le premier chapitre commence comme chez Sterne (et dans le *Tambour*) par un accouplement et une fécondation. Le dernier relate la naissance d'une fille. Le roman contemporain dure donc neuf mois. L'autre roman, plus de quatre mille ans, du néolithique à l'époque contemporaine. Le narrateur et sa femme auront vécu douze vies exemplaires depuis l'époque où elle s'appelait Ava jusqu'à sa réincarnation comme Maria, distribuant la soupe populaire au chantier naval Lénine. Le mélange d'identités intemporelles qui traversent l'histoire et de figures historiquement déterminées crée un espace de variations, de jeu entre le même et l'autre, l'identique et l'historique, la monotonie fondamentale et la diversité contingente. La répétition des mêmes situations à travers des existences diverses contribue à l'intensification et à l'approfondissement du roman. L'invariant, le conte, est projeté en perspective sur la toile de l'histoire, ce qui transforme le conte en roman, métamorphosant son unidimensionnalité, sa platitude et son abstraction (caractères fondamentaux du conte relevés par Max Lüthi) en pluriperspective, relief et réalité concrète. Le conte n'est pas pour autant effacé : il sert d'invariant, il est ce qui perdure à travers les vicissitudes de l'histoire. La confrontation entre la vérité atemporelle du conte et l'expérience de l'histoire n'a pas pour but une mythologisation du monde, comme dans les romans de Michel Tournier. Le conte n'est pas un mythe ; c'est une structure neutre, profane, un enchaînement de signifiés sans transcendance. Il reste soumis aux interprétations de l'histoire. Sans cesse dialectisé, trituré, malaxé avec ironie jusqu'à son épuisement improbable, le conte ne répond pas pour le narrateur à la visée d'une totalité qu'il sait utopique et trompeuse. Il cherche à épuiser par la répétition dialectisant la fable, et par la transposition des divers possibles contenus dans le conte lui-même, à dépasser ce dernier. Mais une fois le conte fini, le roman fermé, la fiction éteinte, il reste le monde des hommes. Le vent se lève et le pêcheur doit tenter de vivre.

C'est le peintre romantique allemand Philipp Otto Runge (1777-1810) qui recueillit en bas-allemand le conte du *Pêcheur et sa femme*, encouragé par l'appel lancé par Achim d'Arnim qui écrivait dans la Postface du premier volume de son recueil de chants populaires *Des Knaben Wunderhorn* : "En recevant cette poésie populaire, nous sommes conviés à en rechercher encore les échos vivants". "Nous voulons rendre à tous tout ce qui conserve la dureté du diamant à travers les âges ... Ce qui vit ici, et qui devient, et auquel la vie est attachée, n'est ni d'aujourd'hui ni d'hier ; cela était, cela devient, et cela sera. Cela ne peut jamais se perdre, car cela est."

Runge envoya ses deux contes ("comme les bonnes femmes les racontent") le 24 janvier 1806 à Johann Georg Zimmer, libraire à Heidelberg et ami de Perthes, avec une lettre dans laquelle il explique le choix de la version dialectale ("recopier, tel que nous l'entendons"), parce que les contes sont faits pour être racontés et non lus. Goethe n'écrivait-il pas dans *Dichtung und Wahrheit* : "Chaque province aime son dialecte, car il est proprement l'élément dans lequel l'âme puise son souffle".

Des deux contes envoyés (*Von dem Fischer un syner Fru* et *Von dem Machandelboom*) seul le dernier fut édité par Brentano dans le *Zeitung für Einsiedler* (1808). Arnim confia en 1809 aux frères Jacob et Wilhelm Grimm les deux contes de Ruge, que ceux-ci recopièrent et éditèrent alors avec grand scrupule (à quelques variantes près qu'introduisit l'éditeur berlinois Georg Reimer), en 1812, dans les *Kinder und Hausmärchen* (n° 19 et 47). (1). La version originale du conte fut publiée en 1840 dans les *Hinterlassene Schriften* de Runge, édités par son frère Daniel.

Le conte du pêcheur et de sa femme est semble-t-il marqué par la personnalité artistique de son rapporteur et l'on a pu noter avec raison l'attachement porté aux couleurs et aux contrastes (sang rouge du poisson, couleurs de la mer, beautés du paysage), assez inhabituel dans un conte. D'autres traits (âme de la nature, caractère ironique, penchant au catholicisme) donnent une couleur romantique au récit auquel on hésite parfois à attribuer le terme de conte (ainsi Arnim dans une lettre à Grimm en 1813). Runge semble l'avoir pressenti, lorsqu'il écrit à Zimmer : "Le premier est en fait sublime et pathétique. Il est très relevé par la pauvreté et l'indifférence du pêcheur". La conception chrétienne du péché de concupiscence suivi d'un châtiment semble le rapprocher davantage de la légende. D'autres éléments peuvent sembler inhabituels pour un conte, en particulier les éléments comiques tels la description de la pauvreté de la maison appelée "Pisspott" (2) et l'attitude du pêcheur face à son acariâtre épouse. Hamann jugea fort bien Runge lorsqu'il écrivait : "Sans surcharger le contenu par des éléments subjectifs, il a su, par l'approfondissement et l'intensification des motifs, la description détaillée, l'observation exacte du rythme de la prose parlée, rendre le récit exemplaire à tous les écrivains de conte postérieurs". Il s'agit bien d'un conte authentique, en dépit de ces quelques nuances, d'un conte exprimant le désir de toute puissance d'une femme qui n'en a jamais assez et qui tarabuste son pauvre mari jusqu'à la catastrophe finale. Conte universel dont il existe de fort nombreuses variantes, car sans parler d'Eve ni de Lady Macbeth, ni de tous les contes où un poisson, un oiseau, un arbre ou une tige de haricots viennent offrir leurs bons offices aux hommes, on trouve trace de son exact modèle dans des versions caucasienne, indonésienne, aussi bien qu'islandaise et japonaise. Celle que rapporte M. Edélestand Pontus du Méril dans ses *Etudes sur quelques points d'archéologie et d'histoire littéraire* (Paris, Leipzig, 1862) est une version française particulièrement digne d'intérêt. Une autre version souabe a été recueillie par Karl Philipp Conz (1762-1827), professeur de philologie classique à Tübingen et collaborateur à l'*Almanach des Muses* de Schiller. La version présentée par Conz dans l'*Almanach poétique pour l'année 1812* sous le titre *Hans Entendee, Kindermährchen*, rédigée en octosyllabes, nous intéresse tout spécialement, car il s'agit cette fois d'un pauvre paysan, représentant les classes laborieuses et misérables, démangé par ce que le poisson d'or appelle le "Hochmutskitzel", la démangeaison de l'orgueil. C'est là en quelque sorte la fameuse version perdue, l'autre face du conte, imaginée par Grass, suivant laquelle l'ambition est un moteur aussi bien masculin que féminin. Seule la misogynie des écrivains peut expliquer la disparition de cette autre version, absence autour de laquelle tourne le *Turbot*.

Le conte de Runge a servi de modèle à plusieurs oeuvres avant celle de Grass. Arnim l'utilise en premier dans sa *Päpstin Johanna*. Klara Ernst (Klara Bülow), F. Junius, mais aussi des musiciens comme Friedrich Klose, qui composa un opéra néowagnérien intitulé *Ilsebill* (1903 ; texte de Hugo Hoffmann) et Othmar Schoeck (1930). L'une des particularités du conte réside dans le fait qu'il se prête particulièrement bien à une interprétation d'actualité. Les exemples d'ambition et de carrière extraordinaire qui se terminent mal ne manquent jamais aux yeux des contemporains. Bien avant Grass, d'autres y avaient songé et d'abord Goerg Reimer, qui écrivait : "Le premier et de loin le plus remarquable des deux contes pourrait trouver une application admirable aux événements de l'époque, et donner une vive inquiétude à ceux qui n'ont pas assez de force et de courage pour admettre que les efforts humains, dans la mesure où le but dernier n'est pas en Dieu, sont vains, et que plus ils brillent d'abord d'un éclat terrestre, plus ils tombent profondément dans les abîmes de la perdition." Aussi n'est-il pas étonnant de voir paraître anonymement en 1814 le conte, sans date ni nom d'éditeur, comme une biographie de Napoléon. Savigny le signale à Grimm le 29 avril 1814 : "Quelqu'un a fait imprimer ici le conte du pêcheur et de sa femme en exemplaire séparé, ce qui s'est beaucoup vendu et lu comme biographie de Bonaparte".

Les raisons qui ont amenées Grass à choisir ce conte sont multiples et il convient d'en dégager quelques-unes. A l'éternelle actualité du thème de l'ambition humaine, que rapporte le conte et sur laquelle Grass joue constamment, vient se surimposer son origine historique : le *pêcheur et sa femme* est un conte romantique. Romantique en ce sens pour Grass que c'est d'abord avec le romantisme qu'a commencé le besoin de "réfléchir enfin sur soi-même, sur ses propres origines, sa propre substance". Le *Turbot* apparaît comme l'incarnation de la conscience de soi, de la réflexivité de la conscience qui prenant conscience d'elle-même appréhende par là même son propre manque, ce que Hegel appelle la conscience malheureuse, et qui engendre le désir. Le poisson en apportant la parole émancipatrice, libère l'homme de l'état de nature, qui, perdant son être originel et fictif, entre dans le cheminement de la conquête et de l'appropriation dominatrice : l'avoir remplace l'être. Et le turbot de citer d'un ton professoral et docte, mais non sans une ironie très romantique de la part de Grass qui dénonce ces "proverbes d'almanach", le philosophe Ernst Bloch : "Je suis. Mais je ne m'ai pas. C'est pourquoi nous commençons par devenir". Devenir qui est l'histoire de l'humanité, depuis l'invention du couteau de cuisine jusqu'à la dernière machine à laver Miele, depuis les premières révoltes des corporations au Moyen Age jusqu'à la grève de Gdansk, réprimées dans des bains de sang. Capitalisme, socialisme, sont pour le turbot des alternatives impossibles : le féminisme serait peut-être une nouvelle manière possible d'être.

Mais le turbot fait erreur, car dès le départ, reproche est fait au "collectif Ilsebill" d'avoir pour objectif "un Etat-ruche à la merde avec reine, ouvrières et faux bourdons mâles", tandis que le groupe "du pain et des roses" s'attaque aux "Grenouilles confédérées", accusées de "romantisme social", et que le groupe maoïste "Pot de chambre rouge", issu par scission de la "Ligue socialiste des Femmes", est suspecté d'être un sous-marin de la CIA. Aussi le turbot est-il forcé de constater "le manque de volonté et d'articulation politique des femmes mêmes dans les domaines où elles auraient pu être efficaces". Lysistrata n'est pas qu'une pièce de théâtre, c'est un conte de fées. Le tribunal féministe érigeant le procès comme spectacle ne fait que copier le comportement masculin. "A Turbot ! ton conte finit mal !" Et l'on connaît la fin de la tragique journée de la Fête des Pères, pendant laquelle quatre lesbiennes berlinoises jouent la virilité au Grunewaldsee. On comprend que la technique de la désillusion soit totale : nous assistons sous des formes diverses au retour du même, ce que Grass souligne par de très nombreux parallèles historiques, qu'il résume ainsi : "Depuis 1378 Danzig ou Gdansk s'est beaucoup transformé, les patriciens portent de nos jours un autre nom". 1378, 1970. "Quelles sont les contradictions idéologiques qui procurent à qui (au sens de Marxengels) un divertissement dialectique lorsque dans un pays communiste l'Etat fait tirer sur des ouvriers qui tout à l'heure au nombre de trente mille chantaient l'Internationale devant le bâtiment du Parti pour cause de protestation prolétarienne ?" (p. 115).

Le conte questionne le progrès, qui n'est que la face illusoire d'un désir sans frein, vide et absurde : le rêve d'une machine à laver la vaisselle cent pour cent automatique, et qui pourtant ne pourra résoudre le drame conjugal qui fait que ta vaisselle et ma vaisselle ne peuvent arriver à devenir notre vaisselle. Illusion du progrès, le lave-vaisselle n'est pas si silencieux que cela, et puis surtout reste le problème fondamental du couple : qui mettra la vaisselle dans la machine ? Nous retrouvons encore les scènes de ménage du *Siebenkäs* de Jean Paul (dont Grass est un fervent lecteur) :

le ménage a craqué, parce que de Lenette et de Siebenkäs aucune ne savait s'il devait et à quel moment écrêter la mèche de la chandelle.

"Voici ta machine à laver la vaisselle, inventée par nous autres, les hommes, que tu as voulue, que tu voulais (mordicus) avoir, conçue plutôt comme progrès payable à tempérament avec temps de garantie : elle pourrait nous émanciper. De quoi ? Des virgules de moutarde sur les bords d'assiette ? Du suif de mouton qui s'écaille ? Du reste durci en séchant ? Du dégoût en général ?" (p. 137-138).

L'aspect romantique du conte est plusieurs fois mis en évidence, en particulier avec les élans mystiques de Dorothée de Montau, qui tout comme un personnage des *Lebesläufe nach aufsteigender Linie* de Hippel (un compatriote de Grass du XVIIIe), la mère du narrateur, glisse dans ses phrases des couplets pieux (du genre : "quand il racle mon épinette,/Doux Jésus en transports me jette" (p. 132). Toujours est-il que Dorothée de Montau, canonisée d'ailleurs après la parution du roman de Grass (et bien malgré lui) ne cesse de s'élever mystiquement au point de léviter devant ses examinateurs en sainteté. Le mari, devant l'irrésistible ascension de Dorothée agenouillée sur des pois chiches, est "déclaré mort et enterré dans un cercueil vide au cimetière Sainte-Catherine, enchanté d'être tenu quitte de ses dettes et de pouvoir enfin rejeter sa croix conjugale". C'est une solution du même type que Siebenkäs choisit à la fin du XVIIIe pour quitter sa femme : il fait semblant de mourir. Toutes ces allusions si nombreuses de Grass, dans un roman de tradition et de culture germanique, servent à la parodie et à l'autoironie, qui atteint un sommet lorsque le narrateur, arrivé à l'époque romantique, retrace sous les yeux du lecteur, la genèse de la publication du pêcheur et sa femme. Tout en rappelant que la littérature romantique puise ses sources dans l'engagement national et populaire, que le conte est un produit collectif du peuple, transmis de bouche à oreille, en cela un modèle pour le roman dans son ensemble qui se conçoit comme une vaste mémoire collective — chaque histoire reposant sur une transmission orale et un souvenir partagé par le peuple (Mestwina parle d'Ava, et ainsi de suite, jusqu'au livre de cuisine prolétarien de Lena Stobbe, jamais imprimé, mais dont toutes les recettes sont transmises de génération en génération dans le peuple, et enfin jusqu'au nombre des victimes de la grève de Gdansk) —, Grass montre qu'à l'oralité féminine porteuse de grandes vérités, les mâles substituèrent l'écriture et son mensonge. Et par un retournement ironique révèle que le conte misogyne comportait en fait deux versions, dont l'une a été volontairement détruite par les écrivains réunis en automne 1807 dans une maison forestière en pleine saison des champignons.

"L'année précédente, von Arnim et Brentano avaient édité un recueil plein de morceaux précieux, le *Cor enchanté de l'enfant* ; et parce que la misère générale provoquée par la guerre accroissait le besoin de belles paroles, et que l'angoisse cherchait refuge dans les contes de fées, on voulait, à l'écart de l'agitation de la ville et loin des querelles politiques quotidiennes, puiser dans la masse encore désordonnée de trésors étranges la matière d'un second et d'un troisième volumes afin que le peuple, après tant de lumières froides et de rigueur classique, trouvât un réconfort : ne serait-ce que par la grâce de l'oubli" (p. 340). Mais voilà que le peintre Runge, présenté comme un inspiré hésitant et obscur, travaillant sur un tableau dont il n'arrive à venir à bout ("le Matin"), jette sur la table un cahier de brouillons comportant deux versions du Pêcheur. L'une que nous connaissons et l'autre :

"La seconde des deux vérités dictées par la vieille femme au peintre Runge montre une Ilsebill modeste et le pêcheur sans mesure dans ses désirs : être invincible à la guerre. Il veut construire des ponts par-dessus le cours d'eau le plus large, des maisons et des tours qui touchent les nuages, des voitures rapides qui ne sont tirées ni par des chevaux ni par des boeufs, des vaisseaux allant sous l'eau, y entrer, y habiter, les piloter. Il veut dominer le monde, vaincre la nature et s'élever au-dessus de la terre : "Maintenant je veux aussi pouvoir voler ...", ainsi était-il dit dans le deuxième conte. Et comme à la fin le mari, bien que sa femme Ilsebill ne cesse de lui conseiller la satisfaction (...) voudrait partir là-haut dans les étoiles – "Je veux aussi voler dans le ciel" – tout, les tours, les ponts et les engins volants, toute cette splendeur s'écroule, les dignes se rompent, vient la sécheresse, des tempêtes de sable ravagent tout, les montagnes crachent du feu, la vieille terre tremble pour rejeter la domination du mari, après quoi un grand froid annonce le nouvel âge glaciaire qui nivelle tout. "Ils sont encore sous la glace jusqu'au jour d'aujourd'hui" achevait le *Conte du flet* qui accomplissait chaque désir de l'homme qui en voulait encore et toujours davantage, sauf le tout dernier : voler dans le ciel jusqu'au-delà des étoiles." (p. 343).

Le départ d'une fusée dans l'absurde espace ("sinnlose Weltraum") est bien pour Grass le comble du non-sens et le symbole de la stérilité du fameux progrès, exprimant la fuite de l'homme devant les véritables problèmes (cf. critique du programme Apollo dans le *Journal de l'escargot*). En fait, la vieille avait bien dit que les deux contes étaient bons "tout ensemble" ; ceci n'empêche pas Bettina et son frère de se disputer, chacun préférant sa version (cf. p. 344). Brentano finit par avoir le dernier mot en proclamant "femme en soi la querelleuse, avide Ilsebill ..., citant à l'appui des exemples orduriers tirés de son mariage récemment contracté et pourtant déjà raté avec une certaine Auguste Busmann",Runge est d'accord pour mettre l'autre version sous le coude à cause de son atmosphère de fin de monde. "Sans doute faut-il", dit le peintre avec quelque amertume, "que nous autres mortels ne voulions jamais souffrir qu'une vérité sans l'autre" (p. 347).

Aussi le *Turbot* est-il l'histoire de l'un et de l'autre, de la faim et de la grande bouffe, des misères de la vie conjugale et des folles parties de ce que Grass appelle pudiquement le calfatage, c'est-à-dire de tout ce qui se répète. "Tout s'est inventé sans nous / seul le conte est réel" (p. 349). Ilsebill est une garce querelleuse, "toujours mal contente qui a des désirs toujours nouveaux. L'hydre de la consommation "qui veut le manteau de fourrure, le couteau de cuisine à manche, le lave-vaisselle insonore et le voyage organisé aux îles", elle est la grande croqueuse, au figuré comme au propre (Gret la Grosse n'hésite pas à trancher "d'un coup de dents la couille gauche du ministre de Dieu" (p. 291), et elle demande au turbot le capitaine de pompier en uniforme, le PDG, le Président de la Banque Fédérale, le Belmondo du syndicat, le chef d'orchestre symphonique avec sa baguette et van Beethoven, ce vieux Loulou, pour "jouer du turlututu" (p. 474) ; le turbot la remet alors à sa place par un "Ne touchez pas à nos classiques". Et pourtant, le roman se termine par "Je la suivis" (Ich lief ihr nach), reconnaissance non seulement d'un attachement, mais confession que la vie n'est pas autre chose que la recherche douloureuse du troisième terme, expérience malheureuse que l'on espère toujours surmonter par de nouveaux espoirs, par un voeu magique et tout-puissant.

Il est difficile de proposer une conclusion à ce qui ne peut en avoir. Sauf dans le conte où ils se marièrent, furent heureux et eurent beaucoup d'enfants. Mais aux jours d'aujourd'hui, le pêcheur ne trouve plus que du mazout sur les plages, Ilsebill prend la pilule, et ils sont beaucoup trop angoissés pour songer au bonheur.

Il reste cependant que le "il était une fois" de la fiction laisse d'agréables souvenirs. Il est toujours sécurisant d'apprendre que le futur s'écrit à l'imparfait. Mais, et Grass sait le montrer avec son roman, l'imparfait est le temps de ce qui demeure, la parole du vrai et du réel, en une certaine mesure. "Je pense que le conte est une forme concise qui permet de saisir souvent beaucoup plus de réalité que par exemple le roman psychologique soi-disant si pénétrant". Ce type de narration est sans conteste une des formes fondamentales de la littérature germanique, et sans doute un (sinon le premier) élément déterminant de toute fiction.

Alain Montandon

INTERPRETATION
DES CONTES ET CONTES
DE L'INTERPRETATION

L'étude du conte, écrit Paul Delarue, "est une science véritable qui a son objet propre, ses méthodes, ses objectifs, ses chercheurs spécialisés" (1). Une des branches de cette "Märchenforschung" est l'interprétation, qui a vigoureusement proliféré depuis deux décennies. Ses résultats se heurtent souvent à une critique grincheuse : jugés ridicules ou invraisemblables, ils blessent le sens commun. A de telles objections les herméneutes répliquent, à juste titre, que ce bon sens qu'on leur oppose est lui-même pétri de théorie implicite, inaperçue, honteuse (2). Il est donc nécessaire d'envisager le statut logique des interprétations, leur "scientificité" (fût-ce au sens restreint de "sciences humaines") : sciences, non-sciences, pseudo-sciences ?

Dans ce bref épilogue — simple canevas pour une réflexion plus détaillée —, l'*interprétation* sera prise comme une espèce du genre *explication* ; c'est une façon de dissiper l'ambiguïté sur laquelle joue l'interprète qui se veut voyant et observateur, poète et savant. On n'essaiera pas de "sortir du cercle enchanté de la problématique du sujet et de l'objet" (3) : ce serait se situer d'emblée dans la non-science. On tentera, non pas de critiquer telle ou telle interprétation, mais d'établir la nécessité logique de leur pluralité et de leur rivalité. On n'examinera pas les conditions de validité d'*une* théorie, mais les conditions d'existence du foisonnement théorique. Il apparaîtra ainsi qu'à l'innombrable et énigmatique prolifération des contes doit nécessairement répondre la multiplication des interprétations, ces "contes des contes" (pour parodier le titre du recueil de Basile, *Lo Cunto de li cunti*).

1 — De l'explication à l'interprétation : la succession des théories

La Märchenforschung est un laboratoire où les théories s'éprouvent : son objet même la prive du verrouillage "homme-oeuvre" qui fournit, constitués et organisés, l'*explicans* et l'*explicandum*. Pour elle, la fameuse "mort du sujet" est une donnée de base ; l'explicandum se meut sur le grand espace et le long temps incommensurable à l'échelle individuelle ; l'explicans, libéré, est livré à une évolution dialectique où se révèlent sa nature et sa dynamique.

Sans doute le positivisme, pour assurer la stabilité de l'explication, la réduit à la description, "copie" de l'objet qui en démonte le "comment", le fonctionnement, au lieu d'en rechercher le "pourquoi" : elle va du pur donné factuel à un système de concepts organisés en "modèles" qui "représentent" le réel par des règles de composition et de transformation. Cette représentation théorique doit sans cesse être confrontée à la réalité pour que soient assurés son adéquation, son isomorphisme avec elle. Mais l'explication proprement dite consiste à intégrer ce système à un système plus vaste. Selon Littré, "expliquer, c'est rendre intelligible ce qui est obscur" : en conjecturant un degré d'universalité supérieur qui englobe le modèle tiré de la réalité. Comme l'écrit un logicien à propos de l'explication en physique, on peut se contenter d'une explication "homogène", proche de la description : les changements que manifestent les phénomènes sont attribués à des lois internes au modèle ; on peut rechercher une explication "hétérogène" dans l'action de facteurs extérieurs au système ; on peut enfin, par une explication "bathygène", renvoyer à un niveau plus profond, à des structures sous-jacentes communes au système et aux facteurs extérieurs qui le modifient (4). A partir du monisme de l'homogénéité, en passant par le dualisme de l'hétérogénéité, on aboutit au monisme approfondi de la bathygénéité, et ainsi de suite. Car toute explication peut et doit à son tour s'expliquer : c'est la fameuse "regressio ad infinitum", force vive du progrès de la connaissance.

La succession des théories sur l'origine et la structure des contes semble, à première vue, illustrer cette dialectique : Benfey (*Pantschatantra*, 1859), qui fait remonter tous les contes à des récits bouddhiques, inaugure, audacieusement, l'école monogénétique, et se situe dans le cadre d'une théorie homogène (le récit et ses transformations au cours des siècles). La découverte de contes égyptiens anciens oblige à un repli sur des objectifs plus limités (Bolte-Polivka, *Notes aux contes des frères Grimm*, 1913-1932, avec recherche du pays d'origine de chaque conte), et provoque ensuite une réfection qui tienne compte des observations nouvelles (C. W. von Sydow, qui remonte jusqu'au mégalithique). Enfin, avec l'école finlandaise – Krohn, Aarne, Thompson – s'opère une retraite sur la description, le classement des motifs, la recherche des types et des "formes primordiales" ; découvrir la genèse devient un but de plus en plus lointain – presque idéal – au terme d'un inventaire méthodique. D'une homogénéité diachronique (engendrement des récits à partir d'un ou de quelques récits primordiaux), on est passé à une homogénéité synchronique (au moins méthodologiquement) : exploration précise des structures du conte, description de plus en plus affinée, en vue d'une hypothétique recherche génétique.

Ce relatif échec entraîne l'essor des explications génétiques hétérogènes ; elles rattachent le conte à un ordre de phénomènes qui le "causent" : théories naturalistes, ritualistes ... qui donnent comme origine des réalités géologiques, météorologiques, religieuses, mythologiques ... Un tel foisonnement favorise une cassure de la monogenèse en polygenèse (les mêmes causes universellement agissantes produisent partout les mêmes effets). Avec *Formes simples* d'A. Jolles, comme avec le Propp de la *Morphologie du conte*, retour décidé à un type d'explication homogène, cantonné dans l'organisation propre du discours en général, ou du conte en particulier. C'est là esquisser le passage à l'explication bathygène qu'épanouiront la psychanalyse et le structuralisme en essayant de dégager les structures cachées (mentales ou logico-textuelles) que manifeste, entre autres, le récit.

Mais, subrepticement, derrière cette dialectique ordinaire de l'explication, une mutation capitale s'est produite ; à l'empirisme, au moins théorique, du positivisme, succède un apriorisme de moins en moins déguisé : véritable "révolution copernicienne". En effet, indianistes, ritualistes, naturalistes se réclament de la méthode inductive : observation, constatation des régularités qui suggèrent l'existence de rapports ou de lois hypothétiques, mais vérifiées par de nouvelles observations, processus cumulatif de généralisation des lois. Pour les chercheurs positivistes, le réel existe : le texte en est un témoignage qui explique et s'explique, par des liaisons de plus en plus fines entre le particulier et le général ; le conte naît, vit, se transforme : et le discours critique conceptualise ces phénomènes de genèse, de biologie et de spécification. Pour les herméneutes qui succèdent aux anciens exégètes, les structures et les significations intratextuelles remplacent les racines diachroniques ; borne sur la voie vertigineuse de la "regressio ad infinitum", le texte devient prétexte à approches, "lectures", interprétations ; il manifeste les constantes anthropologiques immanentes à la nature et à l'histoire. Le plus souvent, le système du conte s'intègre à des systèmes plus vastes (psychanalyses, marxismes), totalement explicatifs : miraculeusement, le conte s'interprète comme traduction et manifestation symbolique du dogme ; il est une des paroles de cette langue, un des messages de ce code. Mais on est ainsi passé de l'empirisme à l'intellectualisme, du réalisme au nominalisme (primauté du concept par rapport au réel), de l'induction à la déduction : changement total de paradigme, pour reprendre le vocabulaire de Thomas Kuhn (*La Structure des révolutions scientifiques*) ; un "essentialisme textuel" proclamé s'accompagne, dans la pratique, d'une réduction de l'explication à l'interprétation : rechercher, dans un texte, la traduction symbolique d'un système conceptuel totalitaire.

Cet aboutissement — sans doute provisoire — fait apparaître la succession des théories sous un jour plus complexe : à la manière des sciences physiques, elle ressemblait d'abord à une concurrence, "struggle for life", avec enrichissement progressif par reprise des acquis antérieurs. Ce processus cumulatif devient problématique : les contradictions, les discontinuités l'emportent sur la progression ; chaque théorie apparaît, d'un point de vue instrumentaliste, comme un "éclairage" plus ou moins lumineux de quelque aspect du conte ; et surtout comment admettre que la dialectique de théories "scientifiques" aboutisse à l'inverse même de la science ?

2 — Le subjectivisme dévoilé

Avec la psychanalyse et le marxisme — comme avec toute autre théorie plus personnelle, surgie pour les besoins d'une interprétation cohérente — on entre, comme l'écrit Karl Popper, dans le "non falsifiable" (5) : domaine des constructions idéologiques, dogmatismes panexplicatifs qui ne reposent pas sur des confrontations critiques de la théorie avec les énoncés d'observation, et qui n'autorisent aucune prévisibilité ni déductibilité certaines ; invulnérables, indéfiniment vérifiables, elles s'excluent, par là même, de la science sans cesse soumise à l'épreuve des faits : elles prévoient et expliquent tout, c'est-à-dire rien.

L'extraordinaire succès des herméneutiques — surtout dans l'aire culturelle française peu soucieuse de problèmes épistémologiques, restée étrangère au positivisme logique – provient sans doute de ce qu'elles répondent aux exigences du "Zeitgeist" : les idéologies dominantes se caractérisent par un antirationalisme originel et fondamental, posant comme base le conditionnement inconscient des pensées et comportements conscients (l'infrastructure, le "es" freudien ...) ; et par un hyperrationalisme, presque une scolastique, dans la chaîne des déductions à partir des axiomes de base irrationnels : rigoureux systématisme de façade qu'indique une parole volontiers terroriste.

La structure et le fonctionnement de telles doctrines permettent à l'interprète de déployer librement – dans une subjectivité à peu près absolue (6) – ses talents de lecteur-décrypteur selon les associations que noue sa psyché sous la syntaxe du texte. Le conte n'est libéré des déterminations objectives (les problèmes de genèse et de transformation) que pour être entièrement soumis à l'arbitraire de l'herméneute ; l'absolu-maître des frères Grimm – objet d'une muette adoration – devient ici l'absolu-esclave, miroir de nos phantasmes. Mais cet irrationnel du conte, par le jeu d'un adroit décodage, se ramène aux catégories fort simples d'un système ; roi, prince, chasseur, château, montagne sont les figures du père ; reine, marâtre, chaumière, soeur, celles de la mère ... L'herméneute qui se réclame des grandes machines idéologiques modernes peut ainsi allier liberté et sécurité, ingéniosité capricieuse dans ses déchiffrements, rigidité dogmatique dans la mécanique conceptuelle qui dit, finalement, la raison d'être du texte.

Détaché du continuum historique, privé de son conditionnement externe, le conte devient accessible par la "découverte" de ses déterminations internes, de ses codes immanents ; on aboutit – une fois les utopies dominantes passées de mode, défonctionnalisées (car elles ne sauraient être réfutées) – à une indéfinie plurialisation du sens ; comme l'écrit Roland Barthes : "Je ne considère pas le possible du sens comme une sorte de préalable indulgent et libéral à un sens certain ; pour moi, le sens, ce n'est pas une possibilité, ce n'est pas *un* possible, c'est l'*être même du possible*, c'est l'être du pluriel" (7). Chaque démarche est individuelle, le découpage du texte devient "entièrement arbitraire" (8).

Extrémisme provocateur, antihistoricisme absolu : ils donnent, cependant, les libertés de l'interprétation pour la vérité des explications, et font apparaître la mutation post-positiviste (le passage des revendications d'objectivité aux "lectures" systématiques) comme la reconnaissance des conditions épistémologiques de la Märchenforschung.

En effet le conte se livre comme énigme, surgi d'un temps incertain, clos sur lui-même, mais éclos universellement ; à la différence de l'épopée, il n'est pas éclairé par la détermination temporelle et spatiale d'une proto-histoire (aux exploits d'Achille, roi des Myrmidons, en Troade, au temps des héros, s'oppose le "il était *une* fois *un* roi") ; à la différence du mythe, il ne se prolonge ni par un culte et ses rites, ses monuments, ses légendes locales, ni par une mythologie, corpus rendu cohérent par des spécialistes. Mais son extrême pauvreté en informations concrètes sur un milieu précis, en "realia" qui témoigneraient d'un temps, d'un espace, d'une civilisation, se couple à deux caractéristiques compensatrices : la présence de concepts archétypiques, non déterminés (donc non limités, ou aliénés dans l'épaisseur du réel), non abstraits, mais "concepts concrets" et presque concrets universels : le père, la mère, les frères, le départ, le combat, le géant, le dragon ... ; l'organisation de ces concepts en schèmes simples, analogiques d'un conte à l'autre, qui se ramènent pour la plupart à cette séquence : famille initiale dont le héros se sépare ; affrontement du héros au monde, épreuves diverses et révélatrices qui se terminent par la conquête d'une femme et l'établissement d'une nouvelle famille.

Cette hyperschématisation est exactement l'inverse du déluge confus d'informations sur le concret immédiat qui nous submerge à tout moment ; l'historien des époques modernes, professionnellement aux prises avec cette surabondance, voit s'ouvrir la possibilité d'innombrables séries (ou intrigues) pour relier et doter de sens certaines actions qu'il élève au rang d'événements (histoires politique, économique, sociale, technique, climatique, religieuse, vestimentaire, gastronomique ...). Les faits sont en nombre infini (car l'infraliminaire, le microsigne, jusque là négligés, peuvent être élevés à la "dignité" de signes intégrables à une série, comme le prouve l'essor récent de l'histoire rurale ou de l'histoire des mentalités) ; ils appellent une infinité de schèmes organisateurs, variables selon les cultures (9). Les récits constitués (référentiels, comme la narration historique ; fictifs, comme le roman) sélectionnent les indices et préforment une signification, réalisant (du moins au XIXe siècle) l'optimum d'adaptation entre les informations et l'organisation schématique. Les sens possibles se limitent à cause de la raréfaction des signes (l'historien sélectionne le "typique"), de leur groupement en structures ou en intrigues, et de la fourniture implicite ou explicite de concepts pour saisir, découper le réel, et subsumer (ou résumer) ses processus les plus fréquents.

Le conte, lui, avec ses quelques schèmes très pauvrement chargés d'informations concrètes, est à la recherche du réel (alors que les faits bruts sont à la recherche du schème) : il appelle des liaisons causales, homologiques, symboliques avec le continuum dans lequel il se situe ; le schème du conte est, virtuellement, intégrateur de l'infinité des événements connexes (en l'absence d'indices pour favoriser telle ou telle liaison) : d'où la multitude des explications positivistes, qui privilégient d'hypothétiques relations causales, génétiques, en amont du lecteur, et des interprétations-lectures modernes qui retrouvent des structures immanentes et présentes au texte et au lecteur, renvoyant, peut-être, à un tiers commun lointain, "cause" (honteuse) du conte. La pénurie d'indices internes ou externes ne bloque aucune explication certaine : l'éventail des théories possibles, avec le sérieux appliqué du positivisme, avec la fantaisie ou le morne réductionnisme des herméneutiques modernes, est ouvert à l'infini.

3 — Vers le conte des contes

Cette vertigineuse abondance invite à considérer d'un peu plus près le fonctionnement de l'activité interprétative, la dialectique entre Poros et Penia (pour reprendre le mythe du *Banquet*), entre la pléthore de sens et la rareté des signes, et les procédés principaux de l'explication.

Devant un récit, la première réaction du lecteur ou de l'auditeur est de "comprendre" (saisir intuitivement, et sans appareil scientifique, la raison d'être d'un pacte, insérer un événement dans un réseau vraisemblable de causes et d'effets, sans remonter à des principes généraux formalisés, "se mettre à la place de", par une espèce de sympathie). Le laconisme psychologique du conte oblige le lecteur à une "rétrodiction", conjecture des raisons qui motivent les diverses actions ; rétro-diction incertaine : trop peu d'indices spatio-temporels pour poser le cadre, d'éclai-rages sur les intentionnalités pour permettre une réelle communion ; et surtout le mélange de deux classes d'événements : merveilleux et surnaturel, d'une part, quo-tidien et familier, d'autre part, irréalise et dénature (au sens propre) l'univers du conte. "Inquiétante étrangeté", selon l'expression de Freud (10) : retour, en mau-vaise compagnie, du "heimliche-heimisch" (l'intime habituel et domestique). Cette alliance contre nature, brutalement imposée par le conteur, le mépris des banalités réalistes (ici le petit triomphe ; le nain l'emporte sur le géant ...) renvoient le lecteur vers l'explication.

Il y est d'ailleurs entraîné par les grandes identités permanentes du conte (au-delà des diversités et des variantes), les schèmes constants, ces facteurs essentiels d'artialisation du donné naturel (pour reprendre l'expression de Charles Lalo dans *L'Art et la vie sociale*). On croit pressentir le "dur du mou", comme dirait Witt-genstein, les règles logiques et psychologiques fondamentales, à la base de toute conduite, déjà à demi extraites de la confusion ambiguë du vécu : invitation à la théorisation, à la recherche de rapports stables et abstraits qui doivent finir par s'énoncer en lois. Du "comprendre" à l' "expliquer" (selon la célèbre distinction de Dilthey), on passe de la sympathie subjective à la constatation objective, vérifiable, de régularités ; on s'élève de l'idiographie à la nomographie. Mais le laconisme même du conte et l'incertitude de son contexte infinitisent les significations, les donnant pour arbitraires et subjectives. D'où le renvoi à la simple "compréhension", voire au mutisme contemplatif que réclament les frères Grimm, ce refus radical de toute explication, stade nécessairement provisoire (11) : mouvement perpétuel.

L'invitation à la théorisation qu'est le monde raréfié du conte, avec ses opéra-tions logiques simples, est donc un leurre : le folkloriste peut en rester à la collecte et au classement selon des critères plus ou moins arbitraires, comme dans l'ancienne botanique descriptive, simple propédeutique à l'explication ; mais, s'il veut "expli-quer", il appauvrit jusqu'à l'indigence le schématisme du conte, ou il intègre à sa belle simplicité des facteurs trop nombreux et trop hypothétiques pour permettre l'espérance d'une certitude. Le passage à la science ne s'opère qu'au prix d'une renonciation à la complexité de l'explicandum (dans le cas des explications homo-gènes ou bathygènes), ou à la rigueur de l'explicans, avec les explications hétéro-gènes. Comme dans beaucoup de sciences humaines, on fait du "à la manière de" : à la manière des sciences non formalisées (comme la géologie ou la biologie), une classe de faits cachés explique des faits apparents, et constants, sans qu'on puisse définir de lois rigoureuses à cause des trop nombreuses interférences avec des chaî-nes causales imprévues (et de l'impossibilité de simplifier le champ de l'expérience et du phénomène). Le naturalisme donne le climatique, le météorologique comme cause du psychologique ; le marxisme donne l'infrastructure comme déterminante, et le conte comme déterminé ; la psychanalyse explique personnages, intrigues, circonstances et images par les divers "romans" ou scénarios de la petite enfance, par la formation ou la prise de conscience du moi : projection symétriquement inverse de l'introjection supposée par les exégètes naturalistes. A la manière des sciences hypothético-déductives, Propp dégage les lois cachées de l'organisation du récit, et Lévi-Strauss la matrice logico-linguistique qui met en oeuvre des oppositions d'ordre grammatical (entre les actions-fonctions des personnages), de l'ordre du vocabulaire (entre les déterminations non fonctionnelles des personnages, dont l'ethnographie ou l'histoire donneraient la signification), réduites par le dynamisme du conte.

Mais, quel que soit son habillage, toute interprétation utilise des procédures à peu près identiques : il s'agit de substituer à l'efflorescence bigarrée du conte un scénario-récit qui en soit la cause (dans les explications positivistes), ou le sens immanent (dans les herméneutiques modernes) ; ainsi s'accomplissent et se "rentabilisent" les promesses des régularités structurales visibles. Cela implique, dès l'abord, ce que J.-F. Revel appelle un "raisonnement de dévotion" (12), partant des conséquences à tirer et s'aveuglant à tout ce qui ne tire pas à conséquence : une induction fragile, sélective, qui délimite dans la classe "conte" une catégorie qui réponde à la théorie (ce qu'en logique on nommerait artifice de dénomination ou de définition) ; à l'intérieur même de cette catégorie, le refus — comme impurs — des traits qui ne servent pas la théorie (secondaires, surajoutés, sans pertinence). A ces facilités correspond le caractère vague et large du scénario explicatif : impression des premiers hommes à la vue des cycles ou des cataclysmes naturels, rite initiatique, drame oedipien (opposition entre principe de plaisir et principe de réalité), antagonisme de la nature et de la culture ... Le récit premier, fondateur, prend successivement comme théâtre la nature, le moi (avec la psychanalyse), une logique qui enveloppe, traverse le moi et le non-moi (avec le structuralisme). La psychanalyse classique ajoute à cette double adaptation (préformation de l'explicandum ; simplicité maniable de l'explicans) la sécurité supplémentaire de l'irrationalité du moi profond ; le "es" n'obéit pas aux lois logiques de la pensée : d'où cette belle "loi d'ambivalence" — coincidentia oppositorum — qui est l'organon d'une "mathesis universalis" extrapolée de la "science des rêves" (Traumdeutung).

Ici encore les doctrines modernes révèlent ce qui reste latent dans les explications positivistes : la nécessité d'un système de transformation qui assure, diachroniquement, la plurialisation des contes à partir du scénario unique ; et, pour l'exégète ou l'herméneute, la lecture de la constance fondatrice à travers les diversités. Code symbolique qu'Erich Fromm définit ainsi : "Une logique dans laquelle les catégories fondamentales ne sont pas l'Espace et le Temps, mais l'intensité et l'association". La langue symbolique possède "sa grammaire et sa syntaxe propres ; et il faut la comprendre si l'on doit comprendre le sens des mythes, des contes de fées et des rêves" (13). Mais c'est là un langage qui, grâce à quelques opérateurs fort simples, permet d'assurer l'infaillible liaison entre l'un et le multiple, la transformation universelle : processus métonymiques et métaphoriques qui "organisent" la projection, dans la symbolique du conte, des impressions sensorielles, des désirs refoulés, ou des catégories de l'esprit, par substitution, déplacement, condensation, surcompensation (formation réactionnelle), rationalisation (tri dans la surdétermination) ...

Ainsi, grâce à l'association d'un modèle structurel et de règles (fort lâches) de transformation, à une multitude de récits se substitue un *récit unique* — le conte des contes — qui se donne pour le vrai du faux et le clair de l'obscur ; récit d'une très grande pauvreté, et d'une simplicité toute verbale, qui n'est autre que le scénario fondamental d'une idéologie, un mythe qui se veut rationnel (l'histoire dramatisée de l'Esprit, du moi, ou la vision eschatologique et millénariste des rapports de l'homme avec la nature). A la sophistication scolastique et à la multiplication des systèmes concurrents de compenser ce que cette réduction comporte de sommaire : mais cette efflorescence qui cache l'indigence est le contraire même de la science et de sa simplicité performante.

La production de sens illimités en amont (par les historiens exégètes) comme en aval (par les herméneutes idéologues, analystes du récit) peut donc être assignée à l'indépendance du conte par rapport à un contexte spatio-temporel déterminé, en même temps qu'à son caractère schématique. Il ne saurait exister, dans ces conditions, de science de l'interprétation, ni de critères pour arbitrer le conflit des interprétations. Le cas limite du conte exemplarise le problème de l'explication des oeuvres littéraires dont il annonce et analyse la crise. Ce n'est pas une raison pour renvoyer, comme Wittgenstein, les interprétations dans le domaine des énoncés dépourvus de signification (puisque ni déductifs-tautologiques, ni inductifs). Mieux vaut, comme Karl Popper, admirer leur ingéniosité, leur vitalité, et leur accorder une valeur heuristique.

Daniel Madelenat

NOTES

LE CONTE DES CONTEURS

Chapitre I

LE CONTE ET LE MYTHE : HISTOIRE DES ENFANTS-CYGNES

1 — Texte latin : Johannis de Alta Silva, *Dolopathos*, éd. A. Hilka, Heidelberg, 1913 (Samml. mittellatein. Texte 5). Texte français : *Li romans de Dolopathos*, éd. Ch. Brunet et A. de Montaiglon, Paris, 1856 (Bibl. elzévirienne). Sur les relations de ce texte avec le *Roman des Sept Sages*, voir l'introduction de l'édition de G. Paris, *Deux rédactions du Roman des Sept Sages de Rome*, Paris 1876 (SATF) et de J. Misrahi, *Le roman des Sept Sages*, Paris, 1933 (réimp. Slatkine, 1975). Dans une optique différente, et à propos d'un des contes du recueil, voir la belle étude de J. C. Schmitt, *Le Saint Lévrier*, Paris 1979 (Flammarion, Bibl. d'ethnologie historique).

2 — S. Thompson, *The folktale*, New York, 1951, p. 121.

3 — Pour Straparole, la version utilisée est la traduction française de Jean Louveau et Pierre de Larivey, Paris 1585, texte reproduit par P. Jannet, Bibl. elzévirienne, Paris, 1858. Le conte concerné est intitulé : *Lancelot, roy de Provins, espousa la fille d'un boulanger, de laquelle il eut trois enfans masles, qui estans persecutez par la mere du roy, finalement par le moyen d'une eau, d'une pomme et d'un oiseau, ils vindrent en la cognoissance du pere.* Les enfants sont en réalité deux garçons et une fille. Le conte de Madame d'Aulnoye est cité d'après la version donnée dans *Le cabinet des fées*, t. IV, Genève 1785, pp. 191-284. E. Le Noble, *Le gage touché. Histoires galantes et comiques*, Rouen, 1722, pp. 254-269. *Les Mille et une Nuits*, éd. Galland, Paris, Garnier-Flammarion, 1965, t. III, p. 387 ss.

4 — Cité dans : P. Delarue et M. L. Tenèze, *Le conte populaire français*, t. II. Paris, Maisonneuve et Larose, 1964, pp. 647-648.

5 — Cf. J. Lods, "L'utilisation des thèmes mythiques dans trois versions écrites de la légende des enfants-cygnes", dans *Mélanges offerts à René Crozet*, Poitiers 1966, t. II, pp. 809-820.

6 — Cet exposé s'inspire très largement, sinon toujours judicieusement, des travaux de C. Lévi-Strauss.

7 — L'opposition héros-victime - héros quêteur est empruntée à V. Propp.

8 — J. Dournes, *Forêt, femme, folie, une traversée de l'imaginaire joraï*, Paris, 1978, Aubier.

9 — *Op. cit.*, p. 59.

10 — G. Bachelard, *L'eau et les rêves*, Paris 1942, José Corti, p. 49.

11 – Tobin, Prudence May O'Hara, *Les lais anonymes des XIIe et XIIIe siècles*, Genève, 1976, Droz (Pub. romanes et françaises, XCLIII).

12 – Est ici cité le résumé donné par G. Bachelard, *op. cit.*, pp. 56-57. En fait, il s'agit du conte *Pipi Menou et les femmes volantes*, rapporté par F. M. Luzel, *Contes populaires de Basse Bretagne*, t. II, pp. 349-354, Paris, 1887 (Maisonneuve et Leclerc, Litt. pop. de toutes les nations, XXV).

13 – J. P. Roux, *Faune et flore sacrées dans les sociétés altaïques*, Paris 1966, Maisonneuve. Pour de nombreuses autres attestations de ce même récit, voir P. Delarue et M. L. Tenèze, *op. cit.* conte T 400, forme C.

14 – On notera que la fillette qui conserve la maîtrise de sa double identité, est en quelque sorte provisoirement mise entre parenthèses. C'est qu'elle constitue, finalement, un substitut de la chaîne volée, en opérant une jonction entre les deux mondes que les manoeuvres de l'Agresseur ont à ce moment dissociés.

15 – Cet étrange châtiment est mentionné dans un conte indonésien. La mère qui a accouché de 99 fils et d'une fille (de la taille d'un lézard) est accusée d'avoir donné le jour à des clous et à des objets sans valeur. Elle est enterrée jusqu'au cou au fond d'un bois et maintenue en vie par des esprits bienfaisants ... "Coïncidence curieuse, mais certainement fortuite avec *Le Chevalier au Cygne*" estime G. Huet ("Le conte des soeurs jalouses" II, *Revue d'ethnographie et de sociologie* II, 1911, p. 197, n. 3).

16 – *L'arbre qui chante, l'oiseau de vérité et l'eau jaune*, dans Ariane de Felice, *Contes de Haute Bretagne*, Paris, Erasme, 1954.

17 – *Les Mabinogion, contes bardiques gallois*, trad. J. Loth, 1913, reprise par Les Presses d'Aujourd'hui, L'arbre double, Paris 1979, p. 10 et pp. 17-18.

18 – L'accusation de cannibalisme apparaît dans de nombreux contes (cf. Dickson, *Valentine and Orson. A study in Late Medieval Romance*, New-York, 1929).

19 – Cf. par exemple Jean Markale, *L'épopée celtique en Bretagne*, Paris 1971, Petite bibliothèque Payot, p. 34. Voir également l'étude d'ensemble de Georges Charrière, "La femme et l'équidé", *Revue de l'histoire des religions*, t. CLXXXVIII (2), oct. 1975, pp. 129-188, ainsi que le judicieux article de Laurence Harf-Lanener, "Une Mélusine galloise : la dame du lac de Breckwork", *Mélanges J. Lods*, t. I, pp. 323-338, collect. ENS de Jeunes Filles, Paris, 1978.

20 – G. Bachelard, *op. cit.*, p. 175.

Chapitre II

LA TRADITION FANTASTIQUE OU LE HEROS CONTEUR : LE LAI DE GUINGAMOR

1 – Paris B. N. nouv. acq. fr. 1104.

2 – Nous citons le texte d'après Prudence Mary O'Hara Tobin, *Les Lais anonymes des XIIe et XIIIe siècles*, Genève, 1976, p. 137-153. On lira la traduction de Danielle Régnier-Bohler dans *Le Coeur mangé, récits érotiques et courtois des XIIe et XIIIe siècles*, Paris, 1979, p. 47-62.

3 – Voir Marie de France, *Les Lais*, éd. J. Rychner, Paris, 1966, p. XII-XIX.

4 – Marie de France, *Les Lais*, éd. A. Ewert, Oxford 1976.

5 – Sept jeunes gens s'endorment dans une caverne pendant le règne de l'empereur païen Décius et se réveillent deux siècles plus tard sous le règne du chrétien Théodose II. Le récit est repris dans le *Coran*, sourate 18.

6 – Paraît à Londres dans le *Sketch Book* en 1842. On peut lire la traduction de R. Benayoun dans Washington Irving, *L'Île fantôme*, Paris, 1969, p. 51-80.

7 – Paraît dans *Le Rhin* (lettre XXI) en 1842.

8 – Le "héros" quitte son frère jumeau pour un voyage circulaire à bord d'une fusée à une vitesse proche de celle de la lumière. Il voyage pendant quelques mois mais, pendant son absence, des années se sont écoulées et son frère est désormais beaucoup plus âgé que lui. D'autres récits analogues sont cités par Miss Tobin, loc. cit., p. 30-31.

9 – Voir notamment Pál Lakits, *La Châtelaine de Vergi et l'évolution de la nouvelle courtoise*, Debrecen, 1966.

10 – Pour Lakits, *Graelent, Guingamor, Lanval* sont des "contes courtois".

11 – Dans *La Queste del saint Graal* (éd. A. Pauphilet, Paris, 1923, p. 112) la fée des légendes celtiques révèle sa nature véritable : elle n'est autre que le Diable en personne !

12 – Loc. cit. p. 137.

13 – Voir *La Mort le roi Artu*, éd. J. Frappier, Genève-Lille, 1954, § 193.

Chapitre III

UN MOTIF DE CONTE DANS LES NOUVELLES DE B. DES PERIERS : LES CRIS BESTIAUX

1 – L. Sozzi , *Les contes de B. Des Périers*, Turin, 1965. - H. Weber, "Le bon mot du Pogge à Des P." in *Humanism in Fr. at the end of the M. A.*, Manchester 1970. - K. Kasprzyk, Introd. à l'éd. des *Nouv. Récr. et Joyeux Devis*, P., 1980.

2 – Voir Garcia de Diego, *Diccionario de Voces naturales*, Madrid, 1965 et B. Miot, *Dict. des onomatopées*, P., 1968, f° IX.

3 – C'est par *hin* que le *Dict.* de Garcia de Diego marque le cri du cheval.

4 – Voir Cicéron, *De Oratore*, 2, 221.

5 – Pour Garcia de Diego (p. 359) *ha* marque un rire bruyant et agressif ; le cri de *formage* annonçait traditionnellement le fou (voir la n. d'E. Philippot à son éd. de *Six farces normandes*, P., 1939, p. 91).

6 – Sozzi, *D. P.*, p. 103 ; "one of the most popular of stories" (Hassell, J. W., *Sources and analogues of the N. R. J. D.*, t. I, 1957, p. 64).

7 – Hassell, *Sources*, p. 160.

8 – Voir Sozzi, *D. P.*, p. 127-28. Un ancien conte hellénique et le folklore allemand attestent la circulation orale de cette histoire.

9 – Une même confusion se retrouve dans une facétie allemande (*Um den ledigen Wiben*) où un rival heureux accueille par des aboiements l'entrée de l'amant ahuri (Küchler, "Die *Cent Nouvelles*" in *Z. f. frz. Sp. u. Lit.*, 1906, p. 287).

10 – *Sermon joyeux d'un dépucelleur de nourrices* in *Rec. de poésies fr. des XVe et XVIe s.*, éd. Montaiglon, P., 1857, t. VI, p. 207.

11 – F. Liebrecht, *Zur Volkskunde*, Heilbronn, 1879, p. 141 : "Der verstellte Narr" ; le *Motif-Index* de Stith Thompson (K. 1818-3) fournit d'autres indications ; cf. Aarne-Thompson, *Types*, n° 100.

12 – Ed. A. Jeanroy, 2-1927, p. 8 ; cf. M. Raynouard, *Choix des poés. originales des Troubad.*, t. V (1820), p. 119.

13 – Cette variante est indice d'authenticité ; on la trouve dans le recueil rhénan du début du XVIe s., *Schimpf und Ernst* de Pauli (un fou de cour ne répond que "mum mum mum", sachant la vérité dangereuse).

14 – Ed. Philippot, *Six farces*, p. 105.

15 – Hassell, "The Proverb in D. P. short stories" in *J. of Amer. Folkl.* 1962, p. 35.

16 – Voir V. Morin, "L'histoire drôle" in *Communications* * (1966), p. 102-19 et Cl. Brémond, "Morphologie du conte merveilleux fr.", in *Sémiotique narrat. et textuelle*, P., 1973, p. 96-121.

17 – Cf. R. Barthes, "Introduction à l'analyse structurale des récits" in *Poétique du récit*, P., 1977, p. 7-58.

18 – *La Nouv. fr. de la Ren.*, t. I, Turin, 1973, p. CXXVII-CXXIX ; cf. Sozzi, *D. P.*, p. 305 ; 330 ; 361 n. 99.

19 – A. Jolles, *Formes simples*, P., 1972, p. 183.

20 – Cf. R. Klein, *La forme et l'intelligible*, P., 1970, p. 433-50.

21 – Ed. des *N.R. J. D.* de 1572, B. N. Rés. Y 2. 1989, f° 48 ; f° 158, il discute longuement sur le rapport de la dame *guespine* avec une guêpe ; f° 136 r°, il note que les cris de charretier sont "sans raison". Mlle Bricout signale avec à propos le motif du mimétisme animal dans les contes populaires : voir M. L. Tenèze, *Le Conte popul. fr.*, t. III, P., 1976, p. 17-29 : "mimologismes", et Aarne-Thompson, *Types*, n° 106.

22 – R. Barthes, "Introd. à l'analyse structurale des récits", p. 16-32.

Chapitre IV

LE CONTE HUMORISTIQUE EN AMERIQUE

1 – Ce texte de caractère oral est dû à l'humour de M. James Austin, Professeur de littérature anglaise et américaine aux Etats-Unis. M. Austin a écrit plusieurs ouvrages sur l'humour américain.

DU FOLKLORE AU ROMAN

Chapitre I

LES DEUX CHEMINS DU PETIT CHAPERON ROUGE

1 – Quant à la version des frères Grimm, elle oppose le chemin au sous-bois dans lequel l'enfant s'attarde. Cette version est du reste probablement inspirée de celle de Perrault, comme l'a montré Paul Delarue (*Le conte populaire français*. Tome premier. Paris, Maisonneuve et Larose, 1976, pp. 381-382).

2 – *Ibid.*, p. 383.

3 – Ces trois formulettes m'ont été communiquées par Rémi Cabanac, 6 ans (Lyon).

4 – Eugène Rolland. *Rimes et Jeux de l'enfance*. Paris, Maisonneuve et Larose, 1967, p. 211.

5 – *Les contes de Perrault. Culture savante et traditions populaires*. Paris, Gallimard, 1968, p. 157.

6 – Eugène Rolland, *op. cit.*, p. 36.

7 – *Les Comptines de langue française*. Recueil collectif. Paris, Seghers, 1979, p. 98.

8 – Sur l'histoire de ces deux corporations, cf. Alfred Franklin. *Dictionnaire historique des arts, métiers et professions exercés dans Paris depuis le XIIIe siècle*. Marseille, Laffitte Reprints, 1977, p. 11 et pp. 308-309.

9 – Marc Soriano, *op. cit.*, pp. 80-81.

10 – Cf. sur ce point l'ouvrage de Joseph Seguin (*La dentelle*. Paris, J. Rotschild éd., 1875, p. 153) et celui de Béatrix de Buffevent (*L'industrie rurale de la dentelle au XVIIe siècle*. Thèse de 3e cycle, E. P. H. E., VIe section. Paris, 1975, p. 39).

11 – L'expression est de Robert Mandrou.

12 – *Mémoires d'Antoine Jacmon, bourgeois du Puy*. Le texte de l'ordonnance est reproduit par Louis Lavastre. *Dentellières et dentelles du Puy*. Le Puy, impr. Peyriller, Rouchon et Gamon, 1911, p. 6.

13 – *La Révolte des Passemens*. The Bulletin of the needle and Bobbin Club, vol. 14, 1930, p. 64. Le texte de l'ordonnance, datée du 27 novembre 1660, est reproduit en fin d'ouvrage.

14 – *Ibid.*, p. 31.

15 – Substitution signalée par Alfred Franklin, *op. cit.*, p. 308.

16 – Elle ne comptait pas moins de quatorze maîtres en 1691. Chiffre cité par Lucien Gachon (*L'Auvergne et le Velay*. Paris, Maisonneuve et Larose, 1975, p. 219). La version de la Haute-Loire oppose d'ailleurs le chemin des aiguillettes au chemin des *espiounettes*.

17 – *La vie d'autrefois au Puy-en-Velay*. Saint-Etienne, impr. de J. Thomas, 1912, p. 233. Souligné par nous.

18 – P. Avit et P. Dutheil, *Manuel pratique pour apprendre à faire la dentelle aux fuseaux*. Le Puy, impr. Peyriller, Rouchon et Gamon, 1910, p. 29.

19 – Mick Fouriscot. *La Dentellière*. Paris, Berger-Levrault, 1979, p. 93. En 1690, Furetière indiquait déjà : "La dent de loup est chez les artisans ce qui leur sert à polir leur besogne".

20 – Chiffre cité par Alfred Franklin, *op. cit.*, p. 308.

21 – Eugène Rolland, *op. cit.*, p. 207.

22 – Paul Delarue, *op. cit.*, p. 378. Cette version porte dans le *Catalogue* le n° 21.

23 – Version n° 25 du *Catalogue* Delarue.

24 – Formulette anonyme citée par E. D. Longman et S. Loch. *Pins and Pincushions*. Longman, Green and Co, 1911, p. 131.

25 – Dans le *Catalogue* Delarue, ces trois versions portent les n° 8, 20 et 24.

26 – *Façons de dire, façons de faire*. Paris, Gallimard, 1979, pp. 203-204.

27 – Dictionnaire de Furetière (1690). Souligné par nous.

28 – Yvonne Verdier, *op. cit.*, pp. 203-204.

29 – Chanson recueillie par Henri Pourrat auprès de Madame Lachal (82 ans), cultivatrice à Flaites. Fonds Henri Pourrat, B. M. I. U., Clermont-Ferrand.

30 – *Psychanalyse des contes de fées*. Paris, Robert Laffont, 1976, p. 219.

31 – Yvonne Verdier, *op. cit.*, pp. 236-246.

32 – Paul Delarue, *op. cit.*, p. 377. Version 15 du *Catalogue*.

33 – Arnold Van Gennep. *Manuel de folklore français contemporain*. Tome premier, II, Paris, A. et J. Picard, 1976, pp. 435-436. Souligné par nous.

34 – *Ibid.*, tome premier, I, pp. 329-330.

35 – *Ibid.*, tome premier, II, pp. 437-451.

36 – Cf. par exemple les versions 17 et 20 du *Catalogue* Delarue.

37 – Arnold Van Gennep, *op. cit.*, tome premier, II, pp. 445-446.

38 – Sur ce point, cf. par exemple l'ouvrage d'Evariste Carrance : *le mariage chez nos pères. Récits et légendes.* Paris, Alphonse Lemerre, 1872. Dans le département des Deux-Sèvres, cette coiffe est appelée *Chaperon*. Les petites filles y piquent des épingles dans l'espoir d'être mariées plus tôt (pp. 69-71).

39 – Dieudonne Dergny. *Usages, coutumes et croyances.* Abbeville, E. Winckler-Hiver éditeur. 1888. Tome II, pp. 318-321.

40 – Evariste Carrance, *op. cit.*, p. 66. D'autres offrandes, qui rappellent la nourriture confiée à l'héroïne dans telle ou telle variante, sont mentionnées par cet auteur ; petits pains (p. 99) ; gâteaux ou tartes (p. 147) ; fruits ou galettes (p. 160).

41 – *Ibid.*, p. 98.

42 – Dieudonné Dergny, *op. cit.*, p. 359.

43 – Evariste Carrance, *op. cit.*, p. 225. Sur le rituel de la porte fermée et sa localisation géographique, cf. Arnold Van Gennep, *op. cit.*, tome premier, II, pp. 485-486.

44 – Sur l'importance de ces deux éléments, cf. Arnold Van Gennep, *op. cit.*, tome premier, II, pp. 390-391 et pp. 405-406.

45 – Paul Delarue, *op. cit.*, p. 374. Version nivernaise.

46 – Citation extraite de la moralité en vers de Perrault.

47 – Gaston III, dit Phoebus, comte de Foix. *La chasse.* Cité par Albert-Firmin-Didot. *Les loups et la louvèterie.* Paris, Firmin-Didot, 1899, p. 187. Cette information précieuse m'a été communiquée par Yveline Guesdon.

Chapitre II

DU "RELEVE DE FOLKLORE" AU "CONTE POPULAIRE" : AVEC HENRI POURRAT, PROMENADE AUX FONTAINES DU DIRE

1 – Chacun des termes cités constitue le titre d'un dossier de travail de Pourrat.

2 – Arnold Van Gennep, *Contribution au folklore des provinces de France*, t. V ; *Le folklore de l'Auvergne et du Velay*, Paris, Maisonneuve, 1942, p. 359

3 – Henri Pourrat, *La porte du verger*, Uzès, Editions de la cigale , 1938.

4 – Henri Pourrat, *Le trésor des contes*, t. I à XIII, Paris, Gallimard, 1948-1962.

5 – Bernadette Bricout, "Henri Pourrat et Arnold Van Gennep". Communication faite lors du colloque organisé à l'occasion du vingtième anniversaire de la mort de Pourrat. Clermont-Ferrand, décembre 1979

6 – Alors que les chansons sont très souvent en patois, les contes sont recueillis en français. Il faudra un jour tenter d'élucider les rapports qu'entretenait Pourrat avec le patois.

7 – Dans ses *Eléments abrégés de grammaire auvergnate*. Dialecte des environs d'Ambert (Puy-de-Dôme), Ambert, J. Migeon 1906, § 93, p. 54, Régis Michalias note : "Complément indirect avec préposition : *li* à lui ou à elle / *li, liour*, à eux, à elles. Notons que la forme *li* est la plus répandue.

8 – Par exemple pour le texte cité page 7, paru dans la *S. A.* n° 178, sous la forme : " ... et flanque le patias après elle. Il le leur flanque pas juste par les fesses !", la transcription de Pourrat (dans le cahier rayé) présente la forme "Il le *lui* (souligné par l'auteur) flaque pas juste par les fesses".

9 – Paul Vernois, *Le style rustique dans les romans champêtres après George Sand*, Paris, PUF 1963.

10 – Monique Parent, "Langue littéraire et langue populaire dans les "Contes" d'Henri Pourrat". Dans *La littérature narrative d'imagination* (Colloque de Strasbourg, 23-25 avril 1959), Paris PUF 1961.

11 – Voir "Défense et illustration du parler ambertois". Article publié par Pourrat sous le pseudonyme Jean Ducouen dans le journal l'*Echo de la Dore* du 4 juillet 1908 et du 11 juillet 1908.

12 – Voir comment s'est édifiée la mythologie des patois à partir de la révolution française par exemple dans Certeau M. de - Julia D. - Revel J. *Une politique de la langue - La révolution française et les patois.* Paris, Gallimard 1975, voir p. 126.

13 – Régis Michalias, *Glossaire de mots particuliers du dialecte d'oc de la commune d'Ambert (Puy-de-Dôme).* Paris, Champion, 1912.

14 – Voir référence note 9. Paul Vernois se fonde sur l'étude minutieuse du "Château des 7 portes" dans *Gaspard des Montagnes.*

15 – Willy Ball, *La comparaison : son emploi dans "Gaspard des Montagnes" d'Henri Pourrat.* Pub. de l'Université de Léopoldville (Congo ex-belge), 1959.
Les analyses de Paul Vernois et Willy Ball portent sur *Gaspard des Montagnes* mais de nombreuses remarques peuvent être transposées au style du *Trésor des Contes.*

16 – Voir par exemple *Récits et contes populaires d'Auvergne / 1* recueillis par Marie-Louise Tenèze dans le pays d'Aubrac. Paris Gallimard 1978 ou *Cherchapaïs*, Contes d'Auvernha et de Velai IEO Clermont-Ferrand 1978.

17 – Présentation de la collection *Récits et contes populaires* éditée par Gallimard. Ouvrage cité dans la note précédente p. 8.

18 – Souvent dans les oeuvres de Pourrat apparaissent des conteurs. C'est, par exemple, la "vieille Marie" qui est censée raconter *Gaspard des Montagnes* ou cette "vieille qui avait consenti à raconter le conte de la fille du roi qui se fit faire un manchon de la peau d'un pou" dans *Ceux d'Auvergne* (p. 148).

19 – Voir par exemple *Ceux d'Auvergne*, p. 153.

Chapitre III

DU CONTE AU ROMAN : *LE CONTE DES YEUX ROUGES* ET *GASPARD DES MONTAGNES* D'HENRI POURRAT

1 – Dédicace à Henri Lafont.

2 – *Trésor des contes* (1957, Tome VIII, p. 177-188). Réédité dans *Les Brigands* (1978), p. 398-407) (Gallimard).

3 – *Pays des histoires* (inédit de 4 p. dactylographiées accompagnant un exemplaire de l'édition de juin 1938 de *Gaspard des Montagnes*, p. 4).

4 – Vladimir Propp, *Morphologie du conte* (p. 31) (Au Seuil).

5 – Elles figurent, au Centre Henri Pourrat, dans le dossier : *Contes de la Ruse* (feuillets 147-182).

6 – Lettre à Joseph Desaymard du 9 janvier 1922.

7 – Lettre à Joseph Desaymard du 5 avril 1922.

8 – *Idem.*

9 – Lettre à Joseph Desaymard du 10 janvier 1924.

10 – Roland Barthes, *Introduction à l'analyse structurale des récits* (*Communications*, n° 8, p. 24, Au Seuil 1966 ; repris dans *Poétique du récit.* Au Seuil 1977).

11 – Paul Vernois, *Le Roman Rustique de George Sand à Ramuz* (p. 354, Nizet 1962).

12 – Oswald Ducrot et Tzvetan Todorov, *Dictionnaire encyclopédique des sciences du langage* (p. 28, Au Seuil 1972), cité par Philippe Hamon dans : *Pour un statut sémiologique du personnage* (*Poétique du récit*, p. 116, Au Seuil, 1977).

13 – Michel Mathieu, *Les acteurs du récit* (*Poétique* n° 19, p. 367. Au Seuil, 1974).

14 – Ces différents synopsis se trouvent au Centre Henri Pourrat, regroupés sous le titre *"Gaspard des montagnes"* à l'écran" dans la liasse HP 16-2 (185 feuillets numérotés de 48 à 233). Etablis, en partie du moins, en collaboration avec Mario Versepuy, ils semblent appartenir (si l'on se réfère à certains cachets postaux) à la période 1933-1936.

15 – "Montrer tout en action, ne pas dire les sentiments" (un des principes romanesques formulés dans les *Cahiers d'expressions*).

16 – *Le Château des Sept Portes* (I, 5).

17 – *Le Château des Sept Portes* (III, 5).

18 – Charles Lebelle, *L'avenir*, 29 juin 1922.

19 – Pierre Messiaen, *La Flandre libérale*, décembre 1922.

20 – Benjamin Crémieux, juillet 1922 (article recueilli par Henri Pourrat mais sans références).

21 – Jean Morienval, *Libre Parole* (article sans date, recueilli lui aussi par Henri Pourrat).

22 – Benjamin Crémieux, juillet 1922.

23 – *"Gaspard des Montagnes* à l'écran" (liasse HP 16-2, feuillet n° 52).

24 – Lettre à Joseph Desaymard du 23 décembre 1923.

LE CONTE DES ECRIVAINS – LE DOMAINE FRANCAIS

Chapitre I

LES CONSTANTES D'UN GENRE. LE CONTE MORAL DE MARMONTEL A ERIC ROHMER

1 – Nicole Gueunier, "Pour une définition du conte", in *Roman et Lumière au XVIIIe siècle*, Paris, 1970, Editions Sociales, p. 432.

2 – Cf. sur ce point : "Le conte moral est inventé, vers 1760, par un philosophe, par Marmontel". Daniel Mornet, *La Pensée française au XVIIIe siècle*, Paris, 1965 (IIe éd,), A. Colin, p. 146.
et : "Le conte moral appartient à Marmontel comme la fable à La Fontaine ou le conte philosophique à Voltaire". Jean Sgard, "Marmontel et la forme du conte moral", in *De l'Encyclopédie à la Contre-Révolution, J. F. Marmontel*, sous la direction de Jean Ehrard, Clermont-Ferrand, 1970, G. de Bussac, Coll. Ecrivains d'Auvergne.

3 – Jean-François Marmontel, *Oeuvres complètes*, Paris, 1819, A. Belin (Les Contes moraux figurent aux tomes II et III).
Eric Rohmer, *Six contes moraux*, Paris, 1974, Ed. L'Herne, coll. Romans.

4 – Cf. John Renwick, "J. F. Marmontel : the formative years, 1753-1765", in *Studies on Voltaire ...* LXXVI, 1970, p. 175, Institut et Musée Voltaire, Les Délices, Genève.

5 — Marion Vidal, *Les contes moraux d'Eric Rohmer,* Paris, 1977, Lherminier, Coll. Cinéma Permanent, p. 55 et p. 70.

6 — Henri Coulet, *Le Roman jusqu'à la Révolution*, Paris, 1967, A. Colin, Coll. U, p. 451.

7 — George May, *Le Dilemme du roman au XVIIIe siècle*, Paris, 1963, PUF, p. 152 et p. 250.

8 — Jean-François Marmontel, *Contes Moraux*, Paris, 1787, Ed. Née de la Rochelle, t. I, p. XII (Cette préface n'est pas reprise dans l'édition A. Belin).

9 — Les deux "vrais" contes moraux sont : *Les Deux Infortunées* et *La Mauvaise Mère* ; *Annette et Lubin* est présenté comme une "histoire véritable", et *Les Mariages Samnites* comme une "anecdote ancienne". Cf. sur ce point : S. Lenel, *Un homme de lettres au XVIIIe siècle, Marmontel,* Thèse, Paris, 1902, Hachette, p. 565.

10 — Denis Diderot, *Quatre Contes*, Edition critique avec notes et lexique, par Proust, Jacques, Genève, 1964, Droz, p. XXII.

11 — Marc Soriano, *Les Contes de Perrault : culture savante et traditions populaires*, Paris, 1968, Gallimard, p. 336.

12 — Roland Mousnier, *La famille, l'enfant et l'éducation en France et en Grande-Bretagne au XVIe et au XVIIe siècles,* Paris, 1975, CEDES-CDU, p. 275.

13 — René Godenne, *Histoire de la nouvelle française aux XVIIe et XVIIIe s.*, Genève, 1970, Droz, p. 174.

14 — Marion Vidal, ouvrage cité, p. 14.

15 — Claude-Marie Trémois, "Six héros fidèles à la fidélité", in *Télérama*, n° 1563 (26/12/1979) p. 88.

16 — Jean Ehrard, *Littérature Française : le XVIIIe siècle - I - 1720-1750*, Paris, Arthaud, 1974, p. 119.

17 — *Encyclopédie, ou Dictionnaire raisonnée ...*, vol. IV, p. III ; cf. in Gueunier, N., ouvrage cité, p. 430.

18 — Cf. Claire Devarrieux, "Eric Rohmer : une nécessité", in *Le Monde*, 25/10/1979.

19 — Il est curieux de constater en effet que Marmontel, pour s'assurer une gloire littéraire mieux établie, composa deux romans, et que Eric Rohmer, quand il publia ses Contes, leur donna comme sous-titre "Roman".

20 — Cf. sur ce point : Lenel, S., ouvr. cité, p. 566-7, et surtout : Brenner, C.-D., "Dramatizations of French short stories in the 18th century", in *M. P.* (Calif.), vol. 33 (1947), n° 1, pp. 1 à 34.

21 — Liliane Mourey, *Grimm et Perrault : histoire, structure, mise en texte des contes*, Paris, 1978, Minard, Coll. Lettres Modernes (n° 180), p. 48.

22 — Cité dans Gueunier, N., ouvr. cité, p. 426.

23 — Henri Coulet, ouvr. cité, p. 15.

24 — Denis Diderot, ouvr. cité, p. 66.

25 — Cf. sur ce point : Marmontel : *Mémoires* (Livre 4) - Alain Body, *Annette et Lubin, la légende et l'histoire*, SPA 1871. - D. Diderot, *Quatre Contes*, ouvr. cité, p. 101 et p. 149.

26 — Liliane Mourey, ouvr. cité, p. 83, écrit par exemple : "Le temps est en général linéaire et compte très peu de retours en arrière. Il se focalise sur les événements décisifs des personnages. La temporalité est égale, elle suit le héros, l'héroïne dans la tranche d'action qui lui est conférée".

27 — Gustave Lanson, *L'art de la Prose*, Paris, (éd. de) 1968, A. G. Nizet, p. 185.

28 — Cf. à ce propos : Smith, Horatio : "The development of Brief Narrative in modern French litterature : a statement of the problem", in *PMLA*, XXXII (1917), p. 582 à 597.

29 — Henri Coulet, ouvr. cité, p. 433.

30 — André Vial, *G. de Maupassant ou l'art du roman*, Paris, 1954, cité in Coulet, Henri, ouvr. cité, p. 14.

31 — Alain Bosquet (éd.), *Les 20 meilleures nouvelles françaises*, Paris. 1964, Ed. Seghers, p. 7. Cf. *Encyclopoche Larousse : Littérature et genres littéraires*, Le Conte (Lempert, Jacques) p. 70 où cette citation est reprise textuellement.

32 — Claude Brémond, "Les bons récompensés et les méchants punis. Morphologie du conte merveilleux français", in Chabrol, Claude (éd.), *Sémiotique narrative et textuelle*, Paris, 1973, Larousse, Coll. L, p. 96 à 121.

N. B. Toutes les citations extraites de (3) et (8) ont été référenciées directement dans le texte du chapitre avec indication de la page, et, éventuellement, du tome.

Chapitre III

QUAND UN RECIT S'INTITULE : "CECI N'EST PAS UN CONTE" (DIDEROT)

1 — Les références de cet article renvoient, pour *Ceci n'est pas un Conte* à Diderot, *Contes et Entretiens*, collection Garnier-Flammarion, 1977, et pour *Jacques le Fataliste* à Diderot, *Jacques le Fataliste*, collection Le Livre de Poche, 1972.

2 — *Contes et Entretiens*, p. 86.

3 — Laurence L. Bongie, "Diderot's femme savante", in *Studies on Voltaire*, CLXVI, 1977.

4 — Diderot, *Le Neveu de Rameau et autres textes*, coll. Le Livre de Poche, 1972, p. 87.

Chapitre IV

RETIF CONTEUR : L'UTOPIE, L'INCESTE, L'HISTOIRE

1 — Cf. A. Bégué : *Etat présent des Etudes sur Rétif de la Bretonne*. Paris, 1948.

2 — J. Dutourd. Présentation de *"Les Nuits Révolutionnaires"*. Notes et commentaires de B. Didier. Paris, Livre de Poche 1978. Toutes nos références renvoient à cette édition.

3 — Victor Chklovski , *Sur la Théorie de la Prose*. Trad. Guy Verret. Ed. L'Age d'Homme. Lausanne 1973 (p. 100).

Chapitre V

LES TROIS CONTES : UN CARREFOUR DANS L'OEUVRE DE FLAUBERT

N.B. Les citations référenciées dans le corps du chapitre renvoient à l'édition des *Oeuvres* de Flaubert parue dans la Bibliothèque de la Pléïade.

1 — Voir les *Trois Contes*, introduction de R. Dumesnil, p. XIX, Les Belles Lettres, 1948.

2 — *Revue des Deux Mondes*, 1er juin 1877.

3 — Thibaudet par exemple, dans son *Flaubert* (p. 178) reprend l'opinion de Brunetière, tandis que dans son *Histoire de la Littérature Française de 1789 à nos jours* (p. 343) il insiste sur la perfection de deux des trois contes.

4 — Lettre à Mme Roger des Genettes, 3 octobre 1875.

5 — Je passe volontairement sur l'influence que ce voyage a exercée sur d'autres oeuvres, *Salammbô* en particulier.

6 — Lettre citée du 3 octobre 1875.

7 — "La bibliothèque fantastique, dans *Flaubert*, textes recueillis et présentés par R. Debray-Genette, F. D. O., 1970, p. 172.

8 — *Le Constitutionnel*, 20 avril 1874. On ne peut non plus oublier l'admiration de Flaubert pour Goethe dont le génie, selon lui, ne s'explique pas sans son intérêt pour la philosophie spinoziste qui joue un rôle important dans *La Tentation de Saint-Antoine*. Voir *Correspondance*, I, 245 ; I, 429 ; III, 78 ; IV, 233.

9 — Thibaudet, *Flaubert*, p. 188.

10 — Lettre à Mme Roger des Genettes, 2 avril 1877.

11 — "Les ans passent vite dans un récit, dans la pensée, ils coulent vite dans le souvenir ...", *L'Intégrale*, I, 99.

12 — Surtout au début du chapitre III.

13 — Pierre Danger, *Sensations et objets dans le roman de Flaubert*, A. Colin, 1970, p. 116.

14 — Voir par exemple, dans le chapitre VI déjà évoqué, la confrontation entre l'instituteur Petit et l'abbé Jeuffroy, Pléiade II, 859-861.

15 — On notera par exemple l'expression "le grand ciel pur se découpait en plaques d'outre-mer", comme si le boulevard Bourdon était peint sur des panneaux de carton. Pléiade II, 713.

16 — Cet épisode a été rédigé avant les *Trois Contes*. Ainsi s'explique sans doute l'influence plus sensible du genre théâtral, mais déjà se remarque un authentique effort de stylisation, auquel Flaubert donne plus d'ampleur après avoir écrit les *Trois Contes*.

17 — Sur l'étude approfondie de cette construction, voir Michel Foucault, article cité.

18 — Flaubert y combine toutefois dans chacun de ses chapitres la triple présence de Rome, Salomé, et Jaokanann.

19 — Lettre à Mme Roger des Genettes, 19 juin 1876.

20 — Ce verbe **obséder** caractérise l'attitude de Flaubert à l'égard de ses sujets. Par exemple, le 14 mai 1879, il écrit à sa nièce : "Sais-tu ce qui m'obsède maintenant ? L'envie d'écrire la bataille des Thermopyles" (souligné par Flaubert lui-même).

21 — Lettre à Mme Roger des Genettes, fin avril 1876 : "Depuis quinze jours, je jouis d'un zona bien conditionné, autrement dit "mal des ardents, feu de Saint-Antoine", ce personnage m'occupant toujours. Calme plat dans les régions littéraires, si tant est qu'il en existe encore !".

22 — A la même : 19 juin 1876.

23 — Lettre à Louis Bouilhet, 14 novembre 1850 (*Correspondance*, Pléiade I, 708). Il est curieux de constater comment à cette époque déjà Flaubert conçoit la possibilité d'un triptyque.

24 — Lettre à Mlle Leroyer de Chantepie, lundi (30 mars) 1857. IV, 168, 169.

25 — L'Intégrale, I, 55.

26 — C'est *La Légende de Saint-Julien l'Hospitalier* qui est écrite la première, et non pas *Un Coeur simple*, placé en tête de l'ouvrage. *Hérodias* est le dernier composé.

27 — Thibaudet, *Flaubert*, page 197.

28 — Voir plus haut.

29 — Lettre à Mme Roger des Genettes, fin avril 1876.

LE CONTE DES ECRIVAINS – LE DOMAINE ETRANGER

Chapitre I

LA "LANGUE" ET LA "PAROLE" CHEZ BOCCACE

1 – H.-R. Jauss, *Littérature médiévale et théorie des genres*, "Poétique" I (1970), p. 89.

2 – H.-R. Jauss, *op. cit.*, p. 89.

3 – E. Sanguinetti, Gli "schemata" del "Decameron", dans *Studi di Filologia e Letteratura* II-III (*dedicati a Vincenzo Pernicone*), Genova 1975, p. 152.

4 – Cf. la communication de Alexander Cizek au Colloque d'Amiens sur "Le récit bref" (27-29 avril 1979), Paris, Champion, 1980, p. 157.

5 – P. Zumthor, *Essai de poétique médiévale*, Paris, Seuil, 1972, p. 293.

6 – H. J. Neuschäfer, *Boccaccio und der Beginn der Novelle*, München 1969, p. 54.

7 – K. Stierle, *L'Histoire comme Exemple, l'Exemple comme Histoire*, "Poétique" III (1972), p. 187.

8 – A. Jolles, *Formes simples*, trad. fr., Paris, Seuil, 1972, p. 144.

9 – Cf. M. T. Casella, *Il Valerio Massimo in volgare : dal Lancia al Boccaccio*, "Italia Medioevale e Umanistica" VI (1963), pp. 49-136.

10 – K. Stierle, *op. cit.*, p. 177.

11 – K. Stierle, *op. cit.*, p. 189.

12 – Cf. C. Segre, *Lingua, stile e società*, cit. dans M. Picone, *Codici e strutture narrative nel "Decameron"*, "Strumenti critici" II (1977), p. 443.

13 – M. Picone, *op. cit.*, pp. 438-439.

14 – Cf. L. Surdich, *La metamorfosi e il modello : II. La cornice e altri luoghi dell'ideologia del "Decameron"*, "L'immagine riflessa" III (1979), pp. 95-139.

15 – Avec la notion de "carnavalesque" je me réfère surtout à M. Bakhtine, *L'oeuvre de François Rabelais et la culture populaire au Moyen Age et sous la Renaissance*, trad. fr., Paris, Gallimard, 1970.

16 – Cf. l'introduction de F. Bornemann à son anthologie de textes. *Psychanalyse de l'argent*, Paris, PUF, 1979.

17 – Cit. dans R. Romano, *Tra due crisi : l'Italia del Rinascimento*, Torino, Einaudi, 1971, p. 142.

18 – E. Lausberg, *Elementi di retorica*, trad. it., Bologna, Il Mulino, 1969, cit. dans A. Paolella, *I livelli narrativi nella novella di Rustico ed Alibech "romita" del Decameron*, "Revue Romane", XIII (1978), p. 199.

19 – G. Boccaccio, *Il Decameron*, a cura di A. E. Quaglio, Milano, Garzanti, 1977, p. 363.

20 – S. Freud, *Il motto di spirito e la sua relazione con l'inconscio*, trad. it., Torino, Boringhieri, p. 204 *sqq.*

21 – G. Boccaccio, *op. cit.*, p. 363.

22 – G. Boccaccio, *op. cit.*, pp. 363-364.

Chapitre II

UN CONTE SUSPENDU A UN FIL : *JANET LA TORSE* DE
R. L. STEVENSON

1 — Titre anglais de ce récit : "Thrawn Janet", in *The Merry Men & Other Tales and Fables* New-York, 1887). On trouvera ce texte en français dans : R. L. Stevenson, *Olalla des Montagnes* ; traduction de Pierre Leyris (Mercure de France ; Paris, 1975).

2 — Nous nous inspirons de la thèse de Niel, dans son *Analyse structurale des Textes* (Paris, 1973).

Chapitre III

UN EXEMPLE DE REALISME MAGIQUE : *BLACAMAN LE BON,*
MARCHAND DE MIRACLES

1 — Une bonne illustration de cette non-équivalence est fournie par le colloque international qui s'est tenu du 9 au 12 mai 1980 à la Sorbonne, annoncé en langue espagnole comme "El cuento latino-americano actual" et en langue française comme "Le conte et la nouvelle dans les littératures de l'Amérique Latine d'aujourd'hui".

2 — Voir la revue Silex, n° 11, Grenoble. Dans les Actes du colloque cité dans la note 1, communications de Jacques Gilard et de Jacques Joset. (Actes à paraître, Université Paris IV et Institut Hispanique de Paris).

3 — Cette interview reprend les thèmes et les termes mêmes d'autres interviews de la même époque. A Gonzalez Bermejo qui lui demande si le roman auquel il travaille (*L'automne du patriarche*, désormais cité AP) sera de la même veine que *Cent ans de solitude* (désormais cité CAS), G. Garcia Marquez (GGM) répond :
"— Non, tout à fait différent. Quand je me suis assis pour écrire AP, je me suis rendu compte qu'il ressemblait tout à fait à *CAS*, mon bras était encore chaud et c'était une promenade. J'ai tiré la conclusion qu'il fallait démonter le style de *CAS*, et m'y prendre autrement. Comment m'y prendre autrement ? En partant de zéro. Et comment partir de zéro ? Je vais écrire des contes pour enfants. Alors j'ai écrit cinq contes ...". Après une allusion à leur parution dans la presse cubaine, il reprend : "Je ne les ai pas écrits en pensant qu'ils seraient publiés. C'était simplement des exercices de piano, à la recherche du style de mon nouveau livre. Quand je suis arrivé au cinquième, je me suis dit : voilà comment est le livre que je vais écrire."

4 — Très nombreux ouvrages et articles - Communications au colloque indiqué note 1. Egalement, Actes du colloque du XVIe congrès de Instituto de Literatura Iberoamericana, recueil intitulé *Otros mundos, otros fuegos - Fantasía y Realismo Mágico en Iberoamérica* - 1975 - Michigan State University - Pittsburgh, Pennsylvania.

5 — Interview citée note 3. Voir également : *Entrevista con GGM*, por Plinio Apuleyo Mendoza, *Libre* n° 3, p. 4 à 15. Cette entrevue a été traduite dans le numéro de *Silex* déjà cité (*Silex* n° 11) par M. C. Gateau Brachard,

6 — Texte selon l'édition du recueil *La increible y triste historia de la cándida Eréndira y de su abuela desalmada Siete cuentos*, Barral Editores, Barcelona 1972. Chaque conte porte une date, quatre d'entre eux étant datés de 1968, dont *Blacaman*. Traduction de C. Couffon, chez Grasset, 1977, *L'incroyable et triste histoire de la candide Eréndira et de sa grand-mère diabolique*.

Le titre même du conte, tant pour des raisons grammaticales, — *el bueno* ne peut se rapporter qu'au nom précédent : si *bueno* se rapportait au nom suivant, *vendedor*, la seule forme possible serait *buen* —, que par fidélité à la cohérence du texte, — le bon opposé au mauvais — , ne peut être celui que propose la traduction française *Blacaman, le bon marchand de miracles*, mais doit être *Blacaman le bon, marchand de miracles*.

7 – Todorov, *Introduction à la littérature fantastique*, Seuil, 1970.

8 – Interview citée note 3 : "Tu sais qu'entre le rationalisme de Descartes et l'imagination débordante et folle de Rabelais, en France c'est Descartes qui a gagné".

9 – Voir note 3.

10 – Les rapports avec la gnose et Simon le Magicien, dont le nom est cité dans le texte du conte, sont évidents.

11 – Le thème du mort vivant et celui du double correspondent à des angoisses personnelles, sans doute, en même temps que traditionnelles dans le folklore colombien. Dès les premiers contes qui ont été édités en recueil (*La tercera resignación*, 1947, *La otra costilla de la muerte*, 1948, in *Ojos de perro azul*, Gabriel Garcia Marquez, Plaza y Janes, Barcelona, 1974) elles sont essentielles. Sur le traitement différent de ces thèmes au long de la carrière de l'écrivain, une communication très pertinente a été présentée par Jacques Joset au colloque cité en 1.

12 – Entrevue citée, *Triunfo*, p. 16.

13 – Plantes dont les racines contiennent une substance toxique, paralysante.

14 – Traduction proposée : "avec mes chemises d'authentique chenille ..."! GGM emploie le mot "gusano" au sens cubain du terme dans de nombreux articles. "Chenille" choque, donc évite une lecture passive, et implique les deux possibilités "soie" et "parasitisme" à peu près comme "gusano" = "ver" et, parmi les vers, ver à soie.

15 – Todorov, *op. cit.*, p. 174.

16 – Interview citée, *Triunfo*.

17 – Nous sommes loin des propriétés pectorales du bouillon blanc de la traduction française, sauf si le bouillon blanc évoque le bouillon d'onze heures ...

18 – Par exemple : Asturias, *Hombres de maiz* ou Agustin Yañez, *Tierras flacas*.

19 – Dans un autre conte de 1968, *La mer du temps perdu*, on peut lire : " ... il avait entendu dire que les gens ne meurent pas quand ils doivent mourir, mais quand ils le veulent."

20 – Traduction proposée – accentuant le sens et effaçant le caractère banal de l'expression, ce qui est peu satisfaisant – ... en désirant de toutes mes forces que ce fût lui, et pas le lapin, qui allât s'écraser ...

21 – Communication citée de J. Joset au colloque Paris IV, 9-12 mai 1980.

22 – Interview par Plinio Apuleyo Mendoza, citée en note 5 (*Libre* 3).

Chapitre IV

GÜNTER GRASS ET LE CINQUIEME EVANGELISTE

1 – Les frères Grimm ont eu des sources littéraires comme Musäus, mais aussi de nombreuses sources orales (cf. la famille von Haxthausen). Un certain nombre de contes (une vingtaine) ont été recueillis sous la forme dialectale (n° 19, 47, 66, 68, 82, 91, 95, 96, 113, 126, 137, 138, 139, 143, 165, 167, 187, 190, 196, KL3).

2 – Le terme "Pisspott" (ou "Pissputt") n'a pas été sans intriguer les lecteurs. Certains ont voulu y voir une erreur de transcription de la part de Runge, qui n'aurait pas connu le terme de "Pisskat", un mot assez rare pour désigner une cabane misérable. Heinrich Seemann note que "Der Armenkaten heisst in manchen Dörfern Pisskaten" (*De Pissputt in dem Märchen von dem Fischer un siner Fru*, in : *Niederdeutsche Welt*, 1939, vol. 14, p. 55-56). Il semble pourtant qu'il soit vain de vouloir trouver une origine à ce qui est vraisemblablement une création de langage tout à fait conforme au conte. Il faut donc bien traduire par "pot de chambre".

INTERPRETATION DES CONTES
ET CONTES DE L'INTERPRETATION

1 — Roger Pinon, *Le Conte merveilleux comme objet d'études*, Liège, Centre d'éducation populaire et de culture, 1955, p. 3, "Introduction" de Paul Delarue.

2 — Ne serait-ce que par la foi exclusive dans le "cogito" conscient, dans le vraisemblable conforme aux données de la conscience (alors que Nietzsche, Bergson et Freud ont ouvert l' "ère du soupçon") ; et, en méthodologie, par le refus des conjectures abstraites, risquées et enrichissantes (ce que Popper appelle le choix de l'hypothèse la plus falsifiable, in *La Logique de la découverte scientifique*, Payot, 1973, p. 122 *sqq.*, et *Conjectures and Refutations*, Londres, Routledge, 1963, p. 230).

3 — Paul Ricoeur, *Le Conflit des interprétations*, Seuil, 1969, p. 11.

4 — Ces distinctions sont empruntées à F. Halbwachs, "L'histoire de l'explication en physique", dans *L'Explication dans les sciences,* Flammarion, 1973, p. 72-102.

5 — Voir *Conjectures and Refutations*, Londres, Routledge, 1963.

6 — Voir les amusantes parodies d'Iring Fetscher, *Wer hat Dornröschen wachgeküsst ? Das Märchen-Verwirrbuch*, Francfort/Main, Fischer, 1972 : l'explication de *La Belle au bois dormant* par un "classique", psychanalyste, un marxiste, trois brillants et fantaisistes réductionnistes.

7 — "L'Analyse structurale du récit. A propos d'*Actes X-XI*", dans *Exégèse et Herméneutique*, Seuil, 1971, p. 188. Et, comme en écho, ces lignes de Bruno Bettelheim : "Le sens le plus profond du conte est différent pour chaque individu, et différent pour la même personne à certaines époques de sa vie" (*Psychanalyse des contes de fées*, Robert Laffont, 1976, p. 24).

8 — *Op. cit.*, p. 189.

9 — Voir sur l'infinité virtuelle d' "intrigues", de séries, de syntaxes de faits en histoire, le beau livre de Paul Veyne, *Comment on écrit l'histoire*, Seuil, 1971, p. 45 *sqq.* La lecture de cet ouvrage a inspiré maint passage du présent chapitre.

10 — "L'inquiétante étrangeté", dans *Essais de psychanalyse appliquée*, Gallimard, "Idées", 1971, p. 163-210. Mais Freud exclut — se référant à ses propres impressions de lecteur et d'auditeur — le conte du champ de l'inquiétante étrangeté (*Ibid.*, p. 200-201).

11 — Voir sur cette dérive nécessaire de la contemplation vers la théorie l'évolution de Grimm dans A. Faivre, *Les Contes de Grimm*, Les Lettres Modernes, 1978, p. 11-14 et 41-45.

12 — Voir *La Cabale des dévots*, R. Laffont, 1976.

13 — E. Fromm, *Le Langage oublié*, Payot, 1975, p. 10.

TABLE DES MATIERES

LE CONTE DES ECRIVAINS - LE DOMAINE ETRANGER

INTERPRETATION DES CONTES ET CONTES DE L'INTERPRETATION

ACHEVE D`IMPRIMER
LE 22 DECEMBRE 1982
SUR LES PRESSES DES
PUBLICATIONS PERIODIQUES
SPECIALISEES
01600 TREVOUX

Dépôt légal n° 943
décembre 1982